エビス神信仰の研究

田中宣一◉著

岩田書院

はしがき

本書は、わが国民間信仰の有力な神として知られるエビス神の信仰について、民俗学の立場から考えようとするものである。民間信仰の神々は多かれ少なかれほとんどの人の心に潜んでいるもので、現代社会理解のために疎かにできない伝承だといえる。

えびす顔とは上機嫌のにこにこ顔をいい、福々しい顔で鯛を抱くエビスは縁起の良い七福神の一員として広く親しまれている。えびす大売出しも賑やかだが、十日えびすや正月の七福神巡りはますます盛んになるようで、えびすさん(えべっさん)は若者にも人気のあるキャラクターに育っている。七福神のなかで唯一わが国根生いの神でもある。広く親しまれている神ではあるが、その成りたちや本質、特性は何なのかというように研究の対象として対峙してみると、なかなか手強い神でもあるのである。

エビスは、記紀など神典に登場する神とは異なる。エビスという語は未開の異俗の人々というほどの意味で、この不思議な名を冠したエビス神が文献に登場するのは平安時代のごく末期、鎌倉時代初期だとされている。しかしそもそもの誕生がこの頃であったのかどうかは疑問で、西国漁民の間にはそれ以前からエビス神の信仰があったとも考えられる。室町時代中期以降になると摂津国(兵庫県・大阪府)の広田神社(西宮神社の以前の本社)のエビス神が、都において七福神の一つに数えられ、江戸時代になるとエビス神を主祭神とする西宮神社が独立した堂々たる神社として多くの人の信仰を集め、漁村部・都市部・農山村部において広く信仰されるようになるのである。本書の歴史的記述においては、早くから畿内において勢力をもった西宮神社のエビス神を中心にしているが、美保神社(島根県)や厳島神社(広島県)など、ほかにも早くから有力な発信地があったことであろう。

本書第一部においては、現在、豊漁をもたらす神、商売繁昌の神、豊作豊穣の神、すなわち生業の順調ならんことを願う神として信仰を集めているエビス神の、成りたち、信仰の伝播者、神としての特徴や信仰の特色など、エビス神信仰の全体像について考えてみる。身近かで親しみやすい一方で醜いなどというさまざまな側面をもち、複雑とも茫漠たる存在ともいわざるをえないエビス神信仰を、両義性という観点などから理解しようとするのも一つの方法ではあろうが、まずは全体像が明らかにならないと何も言えないのではないかと思うからである。

第二部においては、近現代のわが国諸地域において、エビス神が実際どのような神として理解され根づいているのかを、明らかにしようとするものである。これまでも個別地域の調査研究は多くなされてきており、これはそれらに加える著者のいくつかの現地調査によるもので、漁業地域・商業地域・農業地域にわたる比較的詳細な調査研究である。

本書が、長らく信仰され現在もさまざまなかたちで信仰されているエビス神と、その信仰の全体像解明に貢献でき、かつ科学文明進展のなかでの民間宗教としてのエビス神信仰の実態を知るのに役立つことができれば、幸甚である。

読者諸賢のご批正をお願いしたい。

令和五年　十月十九日

田中　宣一

エビス神信仰の研究

目　次

はしがき……1

序　章　エビス神信仰の多様さ――13

一　エビス神信仰の多様さ、とらえにくさ……13
二　エビス神の固有性……14
三　エビス神信仰の分布……15
四　これまでの主たる研究……19

第一部

第一章　エビス神信仰の展開――25

一　エビス神の登場……25
二　エビス神と西宮神社……28
1広田神社と浜南宮　2戎宮の鳴動

三　エビス神と三郎殿・百太夫……34
1エビス神と三郎殿　2エビス神と百太夫
四　エビス神と水蛭子・蛭児……38
五　エビス神と事代主神……42
六　広田神社以外のエビス神……44
第二章　七福神としてのエビスと大黒――49
一　七福神の成立と信仰の展開……49
二　エビスと大黒……51
三　エビス神・大黒天の像容……54
第三章　エビス神信仰の伝播者――57
一　エビス神の伝播……57
二　産所住民による発信……58
三　西宮社願人によるエビス神像札頒布……60
四　西宮神社以外の像札頒布者……63

第四章　西宮神社のエビス神像札頒布権の獲得――69
一　江戸時代の西宮神社……69
1広田社と西宮社　2西宮社内の体制　3朝廷および白川家との関係
4江戸幕府や藩との関係　5地域社会との関係
二　エビス神像札頒布権の獲得……81
1社殿の焼失と再建　2像札頒布権の獲得
三　「正徳の争論」について……85
1争論の背景　2争論の経緯と結果
第五章　「公儀御造営之御社」を錦の御旗として――97
一　周辺諸国の願人改め……97
二　東国の願人改め……101
三　江戸支配所の設置……105
四　願人から社人へ……106
第六章　海の神・漁の神としてのエビス神――113
一　登場初期のエビス神と海の神……113

二　安曇磯良とエビス神……114
三　近世期沿海域のエビス神信仰……117
1西国における信仰　2東国における信仰
四　近代の列島海域のエビス神信仰……121
1エビス神を祀る神社　2エビス神祭祀の単位　3神体と祀り方
4漂い寄る神体―流れ仏　5さまざまな祀り方

第七章　商業神としてのエビス神信仰――133
一　商業神エビスの登場……133
二　京・大坂の商業神エビス……134
三　江戸の商業神エビス……137
四　諸地域の商業神エビス……138

第八章　農業神としてのエビス神信仰――143
一　近世期までの状況……143
1農業神エビスの特徴（概略）　2近世期の各地の状況
二　近代農村部のエビス神信仰の特徴……148
1去来する神としてのエビス　2留守神の伝承

3外貌・性格についての伝承　4夫婦神の伝承　5祀り方の特徴
第九章　農業神の特徴とエビス神――159
一　稲の祭り……159
二　祀る時と場所……161
1播種儀礼　2田植儀礼　3虫送り・風祭り・雨乞い
4収穫儀礼　5予祝儀礼
三　農業神の特徴……168
1神名　2去来する神　3種籾に籠る神
4祭場と神体　5農業神の外貌と性格　6供物
四　アジア稲作地域の農業神……177
1比較の必要性　2稲の生育を見守り育てる神　3稲魂の観念
4儀礼への女性の積極的関与　5供犠のこと　6禁忌・卜占など
7不具神の伝承　8植え方など
五　エビス神と農業神……184

第二部

第一章　エビス信仰の伝播と神去来伝承の複雑化――195
一　去来する神……197
二　農村部へのエビス信仰の伝播……199
三　農村部のエビス信仰の内容……204
第二章　エビス神の一側面――不具神伝承について――211
一　足と目が不自由な神……213
二　耳が不自由な神……217
三　欲深かな神……219
四　エビス神の祀り方……220
第三章　橋板製のエビス・大黒像――225
一　『日本永代蔵』『百姓伝記』の大黒……226
二　松本市の橋板三枚目エビス・大黒像……227
三　穂高神社の場合……229
四　橋板使用の理由……230

第四章　エビス太夫と地域のエビス信仰――235
一　農神の春秋去来の伝承……236
二　エビス太夫関連の文書と江戸時代の実情……239
三　近代のエビス太夫の活動……244
第五章　信州大町市周辺のエビス信仰――253
一　エビス神の勧請と西宮神社創建……254
二　西宮神社の行事……256
三　神札の頒布とエビス講……257
四　地域のエビス信仰……262
第六章　松本平のエビス信仰(上)
――西宮恵比寿神社の神札頒布に関わらせて――269
一　西宮恵比寿神社の創建と神札頒布……272
二　村落内の神札頒布とエビス信仰――東筑摩郡本城村を例として――……280

第七章　松本平のエビス信仰（下）
――松本市商業地域のエビス社を中心に―― 289
一　深志神社のエビス 289
二　本町一丁目のエビス 298
三　四柱神社境内のエビス 304
第八章　漁民のエビス信仰 315
一　漁民の信じる神 316
二　エビスの信仰 319
三　「海村調査」「離島調査」との比較 321
第九章　真鍋島（岡山県笠岡市）のエビス信仰 337
一　瀬戸内のエビス信仰の概略 338
二　真鍋島の概観 340
三　真鍋島のエビス信仰 342

第十章　屋久島のエビス信仰――355
一　屋久島の概観……357
二　屋久島の漁業習俗の概略……359
三　エビス信仰の実態……365
四　エビス信仰の特徴……390
終　章――401
あとがき……405
索　引……巻末

序章　エビス神信仰の多様さ

一　エビス神信仰の多様さ、とらえにくさ

えびす顔とは上機嫌のにこにこ顔をいい、えびす大売り出しは、売る側には商売繁昌が期待できる嬉しい催事であり、買う方にとっても賑やかで楽しいひとときである。えびすさん（えべっさん）は七福神の有力メンバーで、正月などの七福神巡りなどをとおして、現在、若者にもなかなか人気のあるキャラクターである。

エビス[1]という語は、未開の人々、異俗の人々、というほどの意味であるから、にこにこ顔の形容に用いられたり、大売り出しの看板にされているのは不思議な気もするが、とにかくエビスは人口に膾炙し、親しまれている語である。この語を神名にいただくエビス神[2]の信仰は、都市部の商家から農山村部・漁村部の人々まで、全国各地で幅広く多くの人に伝承され、支持されている。

ところでわれわれが、神を祀り神に祈願するのはどういう場合であろうか。豊作、豊漁、商売繁昌、病気平癒、安産祈願、交通安全、恋の成就、入学や就職試験の合格、失せ物発見、さらには仇敵への呪《のろ》いなどという恐《こわ》いものまで、さまざまであろうが、それらをも含めて筆者は、神への祈願の内容は次の三つに大別できると考えている。一つは地域社会や一族・一家そして自らの安寧繁栄を祈るもの、二つ目は生業の順調発展を願うもの、三つ目は災害や病魔の

防遏・駆逐を求めるもの、である。

エビス神への祈願はこの三つのうち、支持する人々の立場や地域の相違にかかわらず、生業の順調発展を願う場合だといってよいであろう。そういう意味ではわかりやすい神だということもできようが、商家、農山村の人々、海に関わる漁業民、そして近年の都市部の人々では、願う内容は当然それぞれ異なり、エビス神にはそれぞれ特有の霊力が期待されているわけである。

エビス神の性格についての理解や祀り方は、(3)その人の生業など立場によって異なると同時に、伝承地域による差もあり、また、にこにこ顔の一方で醜いなどという伝承もあり、エビス神とエビス神信仰は多様多彩で豊かだといえる。そのため研究の対象として対峙するときには焦点が定めにくく、ある意味で茫漠、ある意味で複雑としか言いようのない手強い神であり信仰である。

二　エビス神の固有性

エビス神は元来、「記紀」等の神典に登場する何々尊(命・神)というような神ではない。もちろん阿弥陀如来とか地蔵・金毘羅というような仏教上の神でもない。天神さん(菅原道真)というような人神でもない。民間信仰で語られる田の神・山の神・水神というような自然神というのともまた異なる。これらの神々は、その名前固有の機能を発揮してくれるとして信じられているのだが、エビス神は、エビスすなわち異俗の人々というような意味しか有しない神なので、人々は相互になかなか統一したイメージをもち得ないのである。それだけに、みずからに引き寄せて各人各様に信じることのできる神だともいえる。エビス神の固有性だといってよいであろう。

異俗の人々というのは、一般多数の人にとって内なる存在ではない。その性格も、どこからやって来るのかも判然としない、不気味な存在である。とともに逆に、わからないがゆえにひょっとすると他にはない優れた能力を秘めた期待できる存在であるのかもしれない、と思わせる面ももっているといえる。人々がエビス神に抱いているイメージの多様さ、あるいは研究するうえでの焦点の定めにくさ、そこからくるエビス神信仰のわかりにくさ、とらえにくさ、奥深さは、このような名称にも由来するのではないかと思われる。

三　エビス神信仰の分布

エビスという名を冠した規模の大きな神社はなく[4]、エビス神を主祭神とする神社もきわめて少ない。しかし小規模の神社においては、エビス神を主祭神もしくは祭神の一つに加えている例は多い[5]。吉井貞俊が、内務省主導で昭和初期に作成された各府県の「神社明細帳」などに基づいて調べたところによると[6]、地域による濃淡はあるものの、エビス神を祭神（もしくは祭神の一柱）としている神社は沖縄県を除く全国各地域に存在している。独立の神社としては約四〇〇〇社、境内社まで含めると五〇〇〇社以上にエビス神の祀られていることがわかっているのである[7]。なかでも中国・四国地方、および九州地方北部に多く、総じて西日本に多い。大江時雄がこれを表1のようにまとめているので[8]、掲出させていただく。吉井が資料としたのは、近代社格制度の存在していた戦前の無格社以上の神社についてであるが、このほか小祠まで含めるとその数は倍増三倍増にもなるのではないだろうか。そのうえ、各地の事業所（漁協など）、商店、さらには個人宅においてもエビス棚を設けて祀る例は多いのである。

文化庁は昭和三十七年から三か年間、全国の民俗資料緊急調査を実施した。各都道府県からそれぞれ三〇か所前後、全国計一三五〇か所ほどを調査対象地域にした大がかりなもので、その結果は昭和四十四年以降、平成十二年にいたるまでの間に、分野ごとに『日本民俗地図』全一〇巻に、調査データおよび解説、そして「民俗分布図」一四七枚としてまとめられている。筆者も若い頃、神奈川県においてこの調査に一部参加したが、その経験によると、調査は、第二次世界大戦以前の大正時代から昭和初期の民俗（伝承文化）に焦点を当てて進めるように求められていたように思う。地域によって調査・記述に精粗濃淡はみられるものの、この成果から、日本列島の近代の民俗が多分野にわたって俯瞰可能となったのである。

『日本民俗地図』のうち、エビス神に関係ありそうな第Ⅰ巻（年中行事1）の25・26（亥の子・十日夜の行事名称・内容）、第Ⅱ巻（年中行事2）の53・54（二十日正月の行事名称・内容）、第Ⅲ巻（講）の65（民間信仰関係A）、および第Ⅹ巻（住生活）の147（屋内神の呼称と仏壇の位置、柱の呼称）という六枚の「民俗分布図」を重ね合わせ

1位～10位	都道府県	エビス神崇敬の関係神社	境内社	エビス神の神社実数	特徴（1位～10位）
4	徳島	252	76	176	西宮神社が7。事代主社27社。
	香川	147	27	120	
8	高知	233	51	182	夷石神社が。寄神信仰の色が。
5	愛媛	244	91	153	境外末社33。明治末に合祀か。
1	福岡	507	261	246	実数で二位。恵美須社が242も。
	大分	131	57	74	
	佐賀	37	5	32	
	長崎	117	38	79	
	熊本	45	9	36	
	宮崎	45	5	40	
	鹿児島	76	2	74	
	沖縄	—	—	—	
	総計	5,608	1,789	3,812	

註：大江時雄『ゑびすの旅―福神学入門』（海鳴社、1985年）225・226頁（図3ab）による。

表１　エビス社の全国分布

1位~10位	都道府県	エビス神崇敬の関係神社	境内社	エビス神の神社実数	特徴（１位～10位）
	北海道	62	29	33	
	青　森	3	—	—	
	岩　手	4	—	—	
	秋　田	33	2	31	
	山　形	37	5	32	
	宮　城	29	5	24	
	福　島	46	5	41	
	栃　木	95	9	86	
	群　馬	52	15	37	
	茨　城	44	9	35	
	千　葉	61	14	47	
	埼　玉	66	19	47	
	東　京	28	18	10	
	神奈川	22	1	21	
	山　梨	37	13	24	
	新　潟	74	4	70	
	富　山	54	7	47	
	石　川	78	12	66	
	福　井	66	30	36	
	長　野	186	34	152	
10	静　岡	208	40	168	三島32。西宮36。蛭子夷子16。
	愛　知	77	40	37	
	岐　阜	69	31	38	
	三　重	122	22	100	
	滋　賀	146	77	69	
9	京　都	221	149	72	蛭子・恵比須45社。西宮19社。
	大　阪	128	79	49	
	奈　良	135	8	127	
	和歌山	172	93	79	
6	兵　庫	243	79	164	蛭子社53。西宮11。戎社20社。
	鳥　取	66	4	62	
3	島　根	293	131	162	恵美須社86。美保神社が10社。
7	岡　山	237	79	158	三穂神社が５社。恵美須74社。
2	広　島	428	86	342	実数で一位。珍しい胡子社も。
	山　口	152	18	134	

てみると、祀り方や内容に相違はあるものの、また地域による濃淡の差は小さくないものの、エビス神は、近代において日本列島のほぼ全域において信仰されていたことがわかる。先にエビス神を祀る神社が沖縄を除く全都道府県におよんでいると述べたことと符合しているのである。

このことは、筆者の関係した『えびすのせかい（全国エビス信仰調査報告書）』(9)によっても明らかである。『えびすのせかい』は近現代に調査し刊行された厖大な数の「民俗誌・民俗調査報告書」に当たり、そのなかから各都道府県（沖縄県を除く）四、五〇例前後に絞って、全国二〇〇〇以上にわたるエビス神信仰関係の事例を一定の基準によってコンパクトにまとめた成果であるが、これによっても、近代のみならず現代においてもエビス神信仰が全国に普く分布していることは間違いないといえるのである。従来もそうであろうと考えられてはきたが、ここにおいてエビス神信仰は、海神・漁業神、商業神、農業神として全国に広まっているのだと確言することができる。

全国にわたっていることを確認したうえで、次に海の神・商業神・農業神という三種のエビス神には分布上濃淡があるので、それぞれの分布上の特徴について若干述べておきたい。

海の神（海神・漁業神）としての信仰は、総じて東日本よりも西日本の方が盛んであるように思われる。とくに瀬戸内海地域から九州地方では浦ごとに祀られているのではないか、さらにかつては網組ごとに祀られていたのではないかと思われるほど分布している。北九州では浦という漁業集落単位とか、あるいは座などを組織して信仰している例が少なくないのである。南九州でも第二部第十章で詳述している鹿児島県の屋久島では、全二〇余集落すべてにおいて複数のエビス神が祀られているように、濃密に信仰している。

商業神としては、東北地方北部や九州地方南部においてはそれほどではないものの、全国の都市部において一様に盛んだといえる。かつて大きな商店においては、定まった祭日（秋が多い）に、取引先や得意客を招いて宴を張る例が多かったようである。

農業神としては、富山県の一部を除いて北陸地方ではほとんど祀られておらず、南九州においてもやや稀薄のようであるが、全国の農山村の多くの家で祀られている。

四　これまでの主たる研究

ここで近代以降のエビス神信仰の研究について、大筋のみではあるがたどっておきたい。

江戸時代中期のエビス神研究には、真野時綱『古今神学類』（「神道大系」首編）があり、その巻之三十三「神階篇」に七福神や恵比須大黒が論じられていて参考になる。ただここでは、エビス神とはあくまで「記紀」にいう蛭子・蛭児であるという考えに基づき、見解が述べられているように思われる。

近代になって本格的なエビス神研究に先鞭をつけたのは、長沼賢海である。長沼は大正前期に、『史学雑誌』を主舞台にエビス神および関係する大黒天について精力的に発表し、それらは大正十年に『福神研究・恵比須と大黒』（丙午出版社）としてまとめられた。現在でもしばしば参照される史的研究の偉大な成果だといえるが、対象は主として室町時代までのエビス神信仰である。

長沼と同じ大正から昭和初期に、刺激しあいつつ研究を進めたもう一人の先達は喜田貞吉である。研究は自らが主宰する『民族と歴史』に発表され、これらは戦後に『福神』（宝文館出版、昭和五十一年）としてまとめられている。その書名が示すように喜田は、エビス・大黒を主にしながらも七福神さらには福神というもの全体を広く論じている。長沼と喜田には、厳島・広田両神社のエビス神の先後関係など相容れない見解もあるが、ともにその後の研究に大きな影響を与えている。

西宮神社歴代の神職には研究者が多く、これまで吉井良秀・吉井良尚・吉井良隆・吉井貞俊などが自社のエビス神を中心に精力的に研究を発表している。その一つ、吉井良尚『西宮神社の歴史』（西宮神社社務所、昭和三十六年）は同社の啓蒙案内を意図したものながら、研究書的性格も具えている。

昭和前期までは文献を主にした史的研究、および大黒と並ぶ福神の代表としてのエビス神研究が中心であったが、その後、民俗学の勃興発展とともに全国各地域のエビス神信仰の実情が徐々に明らかになり、柳田国男・中山太郎・桜田勝徳など多くの研究者によって、西宮神社とか七福神の関係からは離れ、漁村や農村部のエビス神信仰へ目を向ける論考が世に問われるようになった。それらの主たる成果は昭和六十二年の宮本袈裟雄編『福神信仰〈民衆宗教史叢書20〉』（雄山閣出版）、平成三年の北見俊夫編『恵比寿信仰〈民衆宗教史叢書28〉』（雄山閣出版）、平成十一年の吉井良隆編『えびす信仰事典』（戎光祥出版）に収められている。これらには、収載はされなかったものの重要な関係論文一覧が付され、エビス神の研究史についても触れられている。

昭和とくに三十年代以降には、先に述べた文化庁の民俗緊急調査の報告や、個人や各種団体による民俗誌・民俗調査報告書の刊行が相次ぎ、そこにエビス神信仰の実態が掲載されることになった。各自治体史・誌の刊行も相次ぎ、そこにも報告されるようになった結果、各地の現状が明らかになってきた。先に触れた『えびすのせかい（全国エビス信仰調査報告書）』には、平成十年頃までのそれら報告の要点がコンパクトにまとめられている。

昭和後期から平成時代になると、エビス神信仰を広く俯瞰しようとした大江時雄『ゑびすの旅—福神学入門』（海鳴社、昭和六十年）や、西宮神社を中心にしながらもエビス神信仰のさまざまな現状を広く全国にわたって探り分析しようとした吉井貞俊『えびす信仰とその風土』（国書刊行会、平成元年）が世に問われた。

平成二十年代になると、西宮神社の所蔵する諸資料が組織的に研究され公刊されるようになり、現在、研究は新たな展開を見せ始めている。その成果はすでに西宮神社文化研究所編『西宮神社御社用日記』一・二・三・四（清文堂出版、平成二十三・二十五・二十七・令和二年）、同研究所編『西宮神社文書』一・二（清文堂出版、平成二十九・三十年）、同研究所編『近世諸国えびす御神影札頒布関係史料集』一・二（西宮神社、平成二十三・二十九年）、およびそれら諸書に所載されている関係者の諸論考、さらには同研究所編『えびすさま・よもやま史話―『西宮神社御社用日記』を読む』（神戸新聞総合出版センター、令和元年）として公刊されている。

なお、このうちの『西宮神社御社用日記』は令和五年七月現在で、元禄七年（一六九四）正月から寛保二年（一七四二）三月までの約五〇年分が活字化されており、今後も継続されるはずなので、さらに研究の進展が期待される。

註

（1）エビスは、恵比須・恵比寿・恵比酒・恵美須・夷・胡・胡子・戎・蛭子・蛭児・えびす（ゑびす）などさまざまに表記されているが、以下本書においては、引用文やそれぞれの地域で固有の表記として用いられている場合を除いて、「エビス」で統一したい。
なお、『西宮神社御社用日記』の元文五年（一七四〇）七月十一日の条には、幕府寺社奉行関係役人からエビスの正しい表記を聞かれた神主が、元来は蛭子と書いてエビスと訓ずるのが正しいのだが、蛭子では一般人には読みにくいので、われわれは万葉仮名で恵美須と書くのだと返答している。そして夷・戎とも書くが、この表記では未開の異族を連想させるのでいかがかと述べている。そう述べながらも同日記には夷・戎もしばしば用いられているのである。

（2）エビスさんなどといって親しまれ、エビスは現在一般にすでに神を含意した語になっているが、本書ではより明確にするためにエビス神とすることが多い。

（3）　また本書では、神とは人が信じる超人間的超自然的存在一般であるというふうに、神を広い意味で用いる。本書においては原則として、神まつり全体を意味するときは「祭り」と表記し、直接に神をまつる行為そのものをいうときには「祀り」「祀る」を用いる。

（4）　近代社格制度時代の官・国幣社、県社にはみられない。

（5）　この場合、祭神名に事代主神とするものも含めている。

（6）　吉井貞俊「えびすさんの全国調査」（吉井『えびす信仰とその風土』国書刊行会、一九八九年）。

（7）　このなかには、エビス（恵比須・戎・蛭子など）を祭神かつ社名とする神社が多いのであるが、事代主神を祭神とする神社も多い。西宮神社（兵庫県）・今宮戎神社（大阪府）・厳島神社（広島県）・美保神社（島根県）・三島大社（静岡県）等々、エビスを祭神の一柱にする地域の有力神社で祀るエビス神を、祭神に勧請したものが多いと思われる。

（8）　大江時雄『ゑびすの旅―福神学入門』（海鳴社、一九八五年）二二五・二二六頁。

（9）　『えびすのせかい（全国エビス信仰調査報告書）』（成城大学大学院文学研究科日本常民文化専攻 田中研究室、二〇〇三年）。同書は平成十四年度の大学院の授業の成果を佐藤智敬が中心になってまとめたもので、これには都道府県単位の事例報告の要約のほか、佐藤智敬・松田睦彦・高木大祐・美甘由紀子・林絢子・岩渕睦・亀井好恵らのエビス関係の論考が掲載され、エビス関係の伝承ごとの分布図も七点附載されている。

第一部

第一章　エビス神信仰の展開

一　エビス神の登場

エビスという不思議な名の神が文献に表われるのは、平安時代末期である。

早くに長沼賢海は、『芸藩通志』所載の厳島神社(広島県廿日市市)の文書である仁安三年(一一六八)の神主の解文中に、同社の祓殿に祀る小社に「江比須」と号すと注記されていることに着目し、この頃から神としてのエビスが広まっていったのではないかと述べている。(1)その後の研究書や『西宮市史』(2)も、このことが神としてのエビスの初見だとする見解をほぼ認めているので、文献へのエビスという神の登場は、平安時代の末期だと考えてよいであろう。ただそれがどのような神であったのか、神格までは明らかでない。

エビス神信仰史において重要な位置を占める西宮神社(兵庫県西宮市)におけるエビス神の登場は、いつ頃であろうか。西宮神社は江戸時代末までは同地域の広田神社の摂末社の一つだったので、ここでは今、広田神社へのエビス神の登場としてみていくことにする。承安二年(一一七二)の「広田社歌合」(3)の題「述懐」二十四番の右方・安心の作に、広田神社の神として「世をすくふえひすの神の誓には、云々」などと詠われていることや、その少し後年の『伊呂波字類抄(十巻本)』(4)の巻十の広田神社の記述中、「夷」に「ヱビス」と注記されていることが、ごく初期の例かとされている。したがって広田神社においても、文献上、平安時代末期から鎌倉時代初期にエビスという神が祀られていて、そのことが、都市人士にもある程度知られていたことがわかるのである。

このような厳島神社と広田神社のエビス神の関係については、関係の有無をも含めて諸説あるが、本書においてその当否を述べることは荷が重すぎるので、これ以上の言及は控えたい。

ところで、エビスという語そのものはいつ頃から用いられていたのであろうか。『日本霊異記』(5)では蝦夷という名の人物にエビスと訓じていたり、『新撰字鏡』(6)にもエビスが見え『倭名類聚抄』(7)でも草木類に衣比須と注しているので、エビスという語は、少なくとも平安時代前期には広く用いられていたものと考えられる。そしてこれらのエビスは、当てられている蝦夷・夷という字から推して、都から遠く離れた所の異俗の人々というような意味だったことは間違いないであろう。本居宣長の『古事記伝』(8)によると古く蝦夷・夷は延美斯(えみし)と呼ばれていたようであるから、もともとエミシに当てられていた蝦夷・夷という表現が、いつの頃からかエミシがエビスに転訛した結果、蝦夷・夷をエビスと読むようになったのであろうというのが、現在おおかたに認められているエビスの語源説である。

ではなぜ異俗の人々をエミシと呼び、これに蝦夷・夷の字を当てるようになったのか。夷が当てられているのは大陸伝来の東夷西戎南蛮北狄の使用例から理解できるとしても、蝦夷についてはわからない。宣長は異俗の人々としてアイヌを連想したのであろうか、『古事記伝』(二七)では彼らが多く立派な髭を蓄えているので、甲殻類の蝦(海老)が長い触角を持つのになぞらえて蝦夷の字を当てたのであろうとしている。興味深い連想だが、この説は広く承認されるようになっているわけではないように筆者には思われる。

以上が現在認められている文献へのエビスとエビス神の、ごく初期の登場である。しかしエミシ→エビスの転訛はわかるとしても、明らかでないのはそれにつづくエビス→エビス神である。エビスになぜ神格が認められてエビス神信仰が芽生え、エビス神として祀られるようになったのだろうか。これはなかなかの難問である。

また、文献への初出とはいっても、もとのエビスからエビス神を観念するようになったのはおそらく文字を操る人（知識人）ではなく、現地の少なからぬ人にエビスという神が伝承されていた事実を知識人が知って、文字として定着させただけのことではないだろうか。このように考えることが許されるとすると、いつからか実年代など到底わからないものの、エビス神信仰は平安時代末期よりもある程度遡る時期に、どこかの地で芽生えていたとみてよいであろう。単に文字に定着させられなかっただけで、厳島神社や広田神社周辺地域を含む西日本の広い範域のどこかにおいて、エビス神信仰が平安時代末期以前から存在していたという可能性は、念頭に置いておかなければならないのである。

ここで一つ確認しておきたいことがある。往々にしてエビス神を記紀神話の蛭子・蛭児と一体のものとして捉えようとする考えがみられるが、後述するように、エビス神を蛭子・蛭児と表記するようになるのは、鎌倉時代中後期以降のことで、文献に登場した頃のエビス神は、先にみたように蝦夷・夷、さらには戎という表記に馴染む神だとみられていたということである。したがって記紀神話に記される蛭子・蛭児の表記をもって、初期のエビス神の性格を考えることには慎重でなければならない。同時に、江比須や衣比須という表記だったことからわかるようにエビスであって、初期のエビスをヱビス（ゑびす）と記すことにも慎重でなければならないのである。

二　エビス神と西宮神社

1　広田神社と浜南宮

厳島神社になぜエビス神が祀られるようになったのか。弥山を信仰の中心としながらも、神社所在地は瀬戸内海の小島であるため海に関わる人々の信仰が強かったからなのか、あるいは安芸国などこの周辺域に多く展開し異族からなるとされる佐伯部の人々の信仰が影響を与えたのかなど、諸説あるが、確かなことはわからない。とにかく厳島神社のエビス神はその後も祀りつづけられて現在にいたっているのであるが、その史的実態は必ずしも明らかでないのである。

一方、西宮神社のエビス神は鎌倉時代以降しばしば文献に登場するようになる。かつ室町時代になると、畿内では七福神の一つに数えられてさらに広く信じられるようになり、西国はもちろん、江戸時代以降は東国方面にも伝播していったことが明白なので、以下、西宮神社のエビス神を中心にエビス神信仰の展開を追っていきたい。

西宮神社とは、兵庫県西宮市に鎮座する西宮神社のことである。なお、西宮という社名の由来には諸説あるが[9]、本書では追究しないでおく。

西宮神社は、社格上は、明治時代初頭の神社制度の改革によって広田神社が官幣大社、西宮神社が県社にそれぞれ指定されるまでは、歴史上、広田神社の摂社の一つであった。ただ鎮座地が山寄りに位置する広田神社に比して、西宮神社は街道に面し港にも近いという地の利に恵まれていたため、参詣者が多く、比較的早くから独立した神社として信仰を集めるようになっていたようである。そうなる時期について確たることはいいがたいものの、遅くともすでに室町時代後期においては、西宮社もしくは西宮大明神というように、西宮を冠した独立した神社のごとく広く信仰を集めるようになっていたことは、間違いない。

参詣者数で早くに広田神社を凌駕し、かつ江戸時代には、後述するように祭祀面でも西宮神社の神職が両社の祭祀を兼ねるようになっていたとはいえ、諸資料には、明らかに西宮神社の事柄であっても、室町時代のある時期までは広田神社のこととして記録されることが多かったので、以下、エビス神についても広田神社のこととして述べることのあることをお断りしておく。

広田神社がこの地に祀られたのは古い。『日本書紀』の「神功皇后」摂政元年二月の条に、神功皇后がいわゆる三韓征討から難波への帰途、皇后の乗る船が摂津国武庫郡の沖合いあたりで急に旋回しはじめ航行に難渋したとき、天照大神の霊が顕現して「我が荒魂をば、皇后に近くべからず、当に御心を広田国に居らしむべし」(日本古典文学大系)というように述べたと記されており、これによって広田神社が創祀されたのだとされている。航行の難渋をおさめたこの霊は、三韓征討に向かうさいに船を先導した荒魂と関係がありそうである。また『日本書紀』には、広田神社とともに近辺に事代主尊(神)を祀る長田神社のほか、生田神社、それに住吉大社など、海に関係ある神社も同時に祀られることになったと記されている。これらのことから広田神社は、創祀のときから海に関係深い神を祀る神社であったと考えられていたとみてよいであろう。

広田神社はこのように天照大神の荒魂を祭神とするゆえ、平安時代中期以降、朝廷から奉幣を受ける二十二社の一つに定められて勢威を誇る。そして、先にも述べた『伊呂波字類抄』によると、平安末期から鎌倉初期の広田神社(当時は広田社)には五所大明神すなわち五祭神が祀られ、その摂末社として左の諸社が存在していた。

矢州大明神　南宮　夷　児宮　三郎殿　一童　内王子　松原　百大夫　竈殿

これだけの記述では、これら摂末社の所在地は明らかでないし、最初に記されている矢州大明神など、その後の消息の不明な神もある。しかし南宮・夷・三郎殿・百大夫などというのちのちの西宮神社に縁のある神名もみられるので、所在地は明確でないものの、これら摂末社はばらばらに祀られていたのではなく、何社かは（あるいは多くの社が）まとめて本社とは異なるどこかに祀られていたものかと思われる。そのどこかとは、現在の西宮神社の地ではないかと推測されているのであるが、それは平安時代中後期に、本社の所在地とは別に、すでにここに広田神社の神領の存在していたことが明らかだからである[10]。

少し下って、その確たる成立年はわからないものの鎌倉時代中期の記録かとされる『諸社禁忌』[11]が、畿内とその周辺地域の当時の二一の大社を列挙するさい、「伊勢太神宮　石清水……吉田　広田　同浜南宮　祇園……」というように、広田社につづけて「浜南宮」を挙げている。この浜南宮社には〝同〟とつけられていることから、広田社と深く関わる神社、すなわち広田社の摂末社であったかと思われる。そして社名からみてその所在地が、広田社より南方の浜寄りにあったことは明らかである。このことは重要な事実で、広田神社と関わりは深いがすでに独立した神社として固有の名の認められていた浜南宮という神社が、鎌倉中期にはすでに、広田神社の南方の浜寄りの地にまぎれもなく鎮座しており、伊勢太神宮をはじめ石清水や賀茂など畿内の多くの有力神社に混って、本社の広田社と肩を並べる有力神社として広く認められていたことがわかるのである。

そしてこの地は、現在の西宮神社の地以外には考えられないであろう。さらには、『伊呂波字類抄』に挙げられていた神々（あるいは神社）と同じかと思われる児御前・衣毗須・三郎殿・一童・松原という神が、浜南宮社の摂末社のようにして祀られているとも記されるようになっていたのである。

繰り返すようだが、以上のことから推して、平安末・鎌倉初期には、現在の西宮神社の地は、いまだ広田神社の摂末社のいくつかの鎮座地としてしか認識されていなかったのであろうが、鎌倉時代中期には、本社広田神社に比肩しうる浜南宮という神社を中心にした大きな信仰圏として発展を遂げていたのだといえる。あくまでも広田社の摂末社の一つではありながらも、かつて同じように本社の摂末社であった諸社を自らの小社のように位置づける浜南宮社が、独立した堂々たる神社として中央においても認められるようになっていたのである。そしてこの浜南宮に、衣毗須（エビス）と三郎殿という神が、それぞれ不動明王とか毘沙門という強持《こわも》ての本地仏をもつ神として祀られていたのである。

このへんの事情を地域の発展と関わらせて『西宮市史』(12)は、次のようにまとめている。

南宮（引用者註：これは『諸社禁忌』にいう浜南宮のことであろう）の発展はいちじるしく、多くの摂社が、本社（北）ではなく南宮に付着するにいたった理由は、北社付近に集落が発展せず、山林中の閑散の地であったに対し、南宮付近が集落として発展がいちじるしく、諸方より人々が来り住み、参詣も多かったからであろう。それには舟の便があったということもあろう。そして集まってきてこの地に住みはじめた人々に、夷神を発展さすべき人々や、百大夫を信仰する人々がいたと考えられる。

このような発展は、平安時代末の平清盛による一時的な福原遷都もあって、この周辺一帯が人々に広く知られるようになったことも大きな理由として挙げられるかと思われる。

ところで浜南宮社に祀られていたエビス神は、どのような神として信じられていたのであろうか。

『西宮市史』では各種文献にあたりながら、当時のエビス神は「西方極楽往生をみちびく神、軍神、博奕の勝を守る神、人に憑依して顕現しやすい神、みさきをよく現ずる神」であり、百太夫は男の愛を祈る神として信仰されていた、というようにまとめている(13)。これらは「広田社歌合」のなかの「世をすくふ神」にも通じるもので、このようなことが、都市人士に知られていた平安末から鎌倉時代に人々が抱いていたエビス神観だったのであろう。西方往生を導いてくれる神とか、博奕の勝を守る神、ミサキをよく現ずる神、世を救う神だという伝承に、わずかでも漁民信仰や、のちに大きくなる福神信仰の認識がみられることには注目しておいてよいであろう。

このようにエビス神信仰は、広田神社本社への信仰というよりは、南方の浜寄りの地に、独立した神社のごとく認められはじめていた浜南宮社に祀られていた小社エビス神への信仰であり、この神への神威の期待であったことがわかるのである。周辺地域には、以前から集住していたであろう農民や海辺の漁民のほか、徐々に商人や貿易に従事する人も増え、地域はマチ(町)的様相をもちはじめていた。エビス神は、前々から近辺に住んでエビス神に深く関わっていたとされる傀儡子(これについては後述)など一部芸能人を含め、次第にこれら多数の人の祈願の対象となっていったと思われる。しかしいまだ文献のうえには、海神的性格や商いの神の性格が際立つものとしては、現われてきていないように思われる。

2　戎宮の鳴動

右のほか、当時の人々のエビス神観、そして浜南宮社におけるエビス神の立場を考えるさいに無視できないので、鳴動事件についても少し触れておきたい。

広田神社は二十二社の一社として、神祇伯を世襲した白川家(伯家)と関係が深かった。近くに白川家の所領もあったようで、たびたび伯家の参拝もあった[14]。そのためであろうか、広田神社は伯家の記録にもしばしば登場している。その一つ『伯家五代記[15]』の「仲資王記」の建久五年(一一九四)の条に、次のようなことが記されている。

(七月)十八日広田末社戎宮　去十五日――時、同六日共巳、令鳴動事、伝告送云々、神官等委可注進之由、下知

了。此事去月両度云々、而先例依不分明、不奏聞之処、重有此、事可恠歟、
同廿二日、広田社末社戎宮鳴動怪異等、付注文於官了、使官人代也、
鎌倉時代の初期に広田社末社の戎宮、すなわちエビス神が鳴動したというのである。この当時、神社鳴動の噂は各地でさして珍しいことではなかったであろうが、この場合は同じようなことが前後に何度かつづき、朝廷からはそれを鎮めるために奉幣使が派遣されるまでになっていたのである。朝廷まで巻き込んだこの鳴動事件は、他には記録として残っていないようではあるが、広田神社南方の摂末社周辺地域（浜南宮周辺地域）の住民にとっては大騒動だったに違いない。同時にエビス神が鳴動したと感じられたことには、エビス神が、神社関係者や当時の少なからぬ人々を畏怖させる存在として認識されていたからであろうことを、うかがわせるものでもある。

地域の人々にそれまでにもよく知られ支持されてはいたであろうエビス神ではあるが、右のような鳴動事件が生起すると、いよいよただならぬ神として人々の間で存在感を増し、その結果、広田神社南方にまとまっていたであろう他の摂末社を次第に圧倒するようになっていったであろうことは想像に難くない。そして独立した神社として認められはじめていた浜南宮社の小社群のなかで、特異な存在としていっそう信仰を集め、エビス神は浜南宮社の信仰の中心をなすかのような神として成長していったものと推測されるのである。

エビス神が現在の西宮神社の地において主たる神としての地位を占めていった理由や年代・経緯については、すでに歴史学者・神道学者のさまざまな研究がある。それらには本書でも学恩を蒙っているが、資料的制約からであろう、管見のかぎり、どの研究も確たることを言い切るにはいたっていないように思われる。本書も推測の域を出るものではないが、右に述べてきたことは、従来の研究に照らして決して的外れな推測ではないと思う。

三　エビス神と三郎殿・百太夫

1　エビス神と三郎殿

ここで浜南宮社の小社のうち、エビス神と関わり深そうな神について考えておきたい。『伊呂波字類抄』の広田社摂末社の列挙からわかるように、平安末期・鎌倉初期において、エビス神・三郎殿・百太夫[16]の三神は、明らかに別の神として祀られていた。しかし関係深い神と考えられていたようで、この三神は先にも述べた石清水八幡宮・日吉社等の諸社に一セットのようにして勧請されていたのである。とくに三郎殿は、古来、西宮神社のエビスにきわめて関係深い神、ときには同神であるかのようにみられていたのである。

よく引用されるように、『源平盛衰記』[17]には、平康頼の硫黄島流罪の箇所に、彼の岳には夷三郎殿と申す神を祝ひ奉り云々……此の島は扶桑神国の内の島なれば、夷三郎殿もなどか住みたまはざらん、と語られているように、エビス神と一体の神として考えられていたのである。この語り物のこの箇所がいつ定まったのかわからないが、鎌倉時代末にはもう、二神は、混同あるいは一神とみなされはじめていたと考えておいてよいようである[18]。

そしてずっと後世の章句ではあるが、エビス人形を操る芸人は、

西の宮の恵比須三郎左衛門の尉、生ま月日は何時ぞと問えば、福徳元年正月三日、寅の一点まだ卯の刻に、なるやならずや安っと御誕生なされた、云々

というように、恵比須を姓、三郎左衛門を名として唱え、各地を巡遊していたのである。

関係あると考えられた理由はいま一つ明らかでないものの、長沼賢海と喜田貞吉に見解がある。長沼は二神間に親

子関係を想定し、三郎殿はエビス神の子だとみなされていたが、次第にエビス神に圧倒されて独立神としての姿を失っていったのではないかと考えた。[19]

喜田貞吉はもっと踏み込んで考えようとしている。[20] 喜田は西宮神社の前身として『延喜式』所載の大国主西神社(摂津国菟原郡)を想定する研究者なので、大国主西神社の祭神が大国主神であることからエビス神を大国主神のことだと考え、『古事記』において大国主神の三番目に生まれた子である事代主神が、三郎殿だと考えるのである。そして記紀神話において海とか魚釣りに関係深い事代主神の特徴が、次第にエビス神の性格に吸収されていき、ついにはエビス神が海とか漁業に関わりのある神になっていったのであろうというのである。長沼は大国主云々については述べていないが、エビス神と三郎殿に親子関係を想定し、エビス神を主とみる点で両史家の見解は一致している。注目してよいことであろう。

このほか、吉井良秀には、三郎殿は「侍(さぶ)ろう殿」ではないかとの考えがあるようで、[21] この説でも三郎殿が従の立場の神だったとみなされている。

とにかくエビス神には、関係深い神として三郎殿がおり、それが徐々に同神のごとく考えられていった結果、のちのちまでもエビス神がエビス三郎などとして一神のように呼ばれるようになり、三郎殿は次第に独立した神としての姿を後退させていったのだということができるのである。

2　エビス神と百太夫

現在、西宮神社本殿の向かって左横に百太夫社が祀られているが、元来はエビス神と同様に広田神社の摂末社の一つであった。現在地に遷されたのはずっと遅く天保十年(一八三九)前後のようで、それまでは、西宮神社後方の西安寺の近くにあり、産所村（現西宮市産所町）に集住のエビスカキ（一般に夷舁きと表記される）と呼ばれる人形操り師の一団によって祀られていたのである。[22] エビス神と百太夫という神は早くから関係が深いかのように思われており、百太夫を信じる人形操り師という芸能集団とエビス神の関わりは、エビス神信仰の伝播を考えるさいに重要なので、不明な点は少なくないが、ここで少し百太夫についても考えておきたい。

百太夫という神は古く道祖神と同じだと考えられていたようだが、それはそれとして、平安末期・鎌倉初期の流行歌謡の集成である『梁塵秘抄』[23] に、「遊女の好むもの、……男の愛祈る百大夫」（巻二・三八〇番歌）と歌われているので、当時そのような神だと思われていたらしい。同書には次のような歌も収められている。

京より下りしとけのほる、島江に屋建てて住みしかど、そも知らず打ち棄てて、如何に祭れば百大夫、験無くて、花の都へ帰すらん（巻二・三七五歌）

引用した日本古典文学大系の『梁塵秘抄』の註によると、「とけのほる」とは傀儡子のことで、この場合には傀儡子のなかの遊女の事だと解されている。歌意は、傀儡子めが、男の愛を祈る百太夫をどんな祀り方したものか、ききめがなくて、島江に家を建てて住んでいることにも男が気づかず打ち棄てて、そのまま花の都へ帰るのを引き留めえないとみえるというもので、ぼんやりしていて男に去られてしまった遊女をからかう歌である。これらの歌がもともとどの地方の歌謡だったのかは不明であるが、[24] 百太夫という神が遊女たちに祀られていたことは、平安末期の都において多くの人の共通認識だったことがわかる。そしてこのような百太夫が広田社に摂末社の一つとして祀られていたのだった。ということは、この頃すでに広田神社信仰圏内の産所村一帯に、遊女を含む遊芸・技芸を専らとする傀儡子の集団が形成されていたと考えてよい。そして彼らは比較的早い段階から、エビス神との結びつきをも強めていたのだと考えられるのである。

平成十六年に(財)世界人権問題研究センターによって『散所・声聞師・舞々の研究』[25]がまとめられ、洛中・山城国・近江国の散所の実態がだいぶ明らかになった。西宮のこの産所も後述(第三章)するように、これらと同様に広田社あるいは浜南宮社に属し、同社の雑役を担当する集落だったのである。[26]

さて、西宮の町の発達については先に触れたが、発達する町の一角に右のような百太夫を信仰する集団も存在していたのである。そして彼らは広田社の雑役にも従事していたわけで、当然、エビス神信仰とも深い関わりをもっていたことは間違いないであろう。

時代は下って『お湯殿上日記』によると、安土・桃山時代から江戸初期にかけて「ゑびすかき」という芸能者がしばしば宮中に参入し、人形芸を披露していると記されている。たとえば天正十八年(一五九〇)には正月だけで四、五回も訪れているので、[27]これらは同一人物ではなく、同様の芸能者が多数いて次々に訪れていたものと思われる。彼らが直接西宮から来た芸能者であったかどうかはわからないものの、「ゑびすかき」という名称からみて、西宮のエビス神と無縁の者であるとは思われず、この時代には完全にエビス神が傀儡子と深い関係をもち、都や宮中においてまでもごく普通の存在になっていたわけである。そして同日記のエビス神は「ゑびすかき」と表記されていることから、恵比須などと漢字表記されるようになった福神としてのエビス神であったこともわかる。彼らは都において人形操りの芸を披露するとともに、当然エビス神の福徳をも宣布していたことであろう。

また、西宮と海峡を隔てた淡路国にも、早くから百太夫を信じエビス神を奉じる操り人形師の一団があり、その流れは近代にまで継承されていた。これも西宮のエビス神と無縁ではなく、各地のエビス神信仰の流布に一役も二役もかっていたはずである。

江戸時代になると、あちこちに散在していたであろうエビスカキが、西国のみならず東国においても活躍するようになった。この頃にはエビス神は堂々たる神として西宮神社の主神におさまり、百太夫社は西宮社に添うように遊芸の神社として存続した。そして後述するように産所村の人々は西宮神社の配下に組み込まれ、エビス神札頒布などに従事するようになるのである。と同時に本来の芸から少しずつ離れていき、江戸中期になると西宮における人形操りの芸はだいぶ後退してしまったようである。その結果、百太夫社が西宮社の境内に遷されることになったのである。

以上、西宮神社のエビス神と関わらせて百太夫について考えてきた。そして百太夫という神は、畿内の大社にもエビス神と関係あるかのように勧請されていったのである。

なお現在、百太夫は西日本において神社の摂末社の一つとして多数祀られている。それらのいくつかを調査した吉井貞俊によれば、芸能に関わる神として以外にも、八幡神に関係ある神として、あるいは道祖神のようにしても信仰されている（あるいは信仰されていた）ようである。(28) このようなことがいつ頃からかはわからないし、すべてがかつて西宮神社や芸能と関係のある神だったのかどうかもわからないので、ここではこれ以上は述べないが、念頭に置いておくべきことではあろう。

四　エビス神と水蛭子・蛭児

現在各地で祀られているエビス神は、単にエビス神として祀られているほか、神典に登場する水蛭子・蛭児（蛭子神・蛭児神）(29)、もしくは事代主神として祀られているものが多い。神社の摂末社として祀られているエビス神はとくにそうである。そのうち蛭子は、ほとんどすべて西宮神社系のエビス神だと考えてよく、事代主神の多くは美保神社系のエビス神とみてよいように思われる。ただ、明治初期の神社政策による祭神届け出のさい、それまでエビスと伝承し蛭子と表記してきたものの、事代主神の方がいかにも神様らしいという理由で事代主神にした例もあるようであるから、[30]事代主神であっても一概に美保神社系ともいえないことは注意すべきであろう。

蛭子は「ひるこ」と訓み、『古事記』ではイザナギ・イザナミ両神のオノゴロ島における初出の子とされている。しかし水蛭子などと記されたように、骨なしのような子だったので葦船に入れて流し去られてしまう神となっている。『日本書紀』においては、イザナギ・イザナミ両神が数々の島と山川草木を生み出したあと、日神・月神の次に蛭子（蛭児）を生んだが（その次にスサノオノミコトが生まれる）、三歳になるまで足立たずの子であったために、天磐櫲樟船に乗せて流し棄てられてしまう神とされているのである。出生の状況は記紀で異なるが、船に乗せて流されてしまいその後の消息が不明な点は同じである。『日本書紀』の一書には他の伝承も記され、編纂の段階で伝承の錯綜していたことがうかがえるが、記紀ともに水蛭子・蛭児はヒルコと訓まれているのである。

では、エビス神がこのようなヒルコ（水蛭子・蛭児）に比定されるようになった時代と理由はいかがであろうか。エビス神が文献上に現われる平安末期・鎌倉初期にはまだ、蛭子には全く結びつけられていない。それが鎌倉中末期に著わされたかという『神皇正統録』[31]や『源平盛衰記』[32]になると、

・蛭児トハ西宮ノ大明神夷三郎殿是也。此御神ハ海ヲ領シ給フ。（『神皇正統録』上）

・蛭子は、……（奇形だったので大海に流されてしまったが）摂津国に流寄って海を領ずる神となりて、夷三郎殿と顕れ給ひて、西宮におはします。（『源平盛衰記』剣巻）

と記されるようになり、西宮のエビス神は蛭子であって、船に乗せて流されたという記紀の伝承を前提に、海に深く関わる神であるとの理解が広まっていたことがわかる。

年代の確実な文献として吉田兼右の『二十二社註式』[33]の広田社の箇所に「戎社。三所、今二所、蛭子也、海神歟」

と記されているので、室町中期にはもう、エビス神は記紀にいう蛭子という神であって、海神であると考えられていたことがわかるのである。

このようにエビス＝蛭子となった時代はわかるとしても、その理由については歴史家も明らかにできないようである。そのなかで『西宮市史』では次のように考えている。

エビスとは異俗の人々の意で、普通そういう人は外部世界から訪れ来たるわけである。瀬戸内の海辺の民にとって外界というのは目の前に広々と存在している海であるから、エビスという名の神がもともと海の彼方からやってきたと考えられていたとしても不思議ではない。文献にこそ取り上げられてこなかったが、社伝として、あるいは西宮の海辺近くに居住していた漁民とか航海従事者の信仰として、エビス神をそのように考える伝承が比較的早くからあったことは充分に考えられることである。鎌倉時代中期以降、神道家たちが『日本書紀』神代巻研究を進めるなかで広田神社の祭神を考えるに当たり、西宮周辺の海民の伝承に触れた結果、エビス神に蛭子を付会させるようになったのではないか、というのである。(34)

自然な推測で、筆者もこれは妥当な見解かと考える。なお西宮に限らず海辺の民によるエビス神信仰については、第六章において考える予定である。

関連して筆者の考えることが三点ある。一つは、海に流し去られてその後の消息が明らかでないという不思議さ、二つ目は、海の彼方から訪れ来たるであろう神という理由、それに加えて三つ目は、蛭子が骨なしのような子であるとか三歳になるまで足立たずであったという異常さで、これらに注目すべきではないであろうか。

その理由は二点あり、一つはエビスそのものが異俗の人々というわけで、一般尋常の姿ではないということで水蛭子・蛭児とどこか通じるものがあるという点である。二つ目も一点目と関わることではあるが、本書の第二部第二章・第三章で詳述するように、各地のエビス神には神体が尋常でないという伝承が少なくなく、エビス神と蛭子は一脈通じるものがあるのではないかということである。現在の各地の伝承が鎌倉時代まで遡りうるかどうかはわからず、またエビス＝蛭子が定着したあとに生じた伝承であるかもしれないので強くは主張できないものの、エビス神に水蛭子・蛭児を比定した理由として、考えるべきであると思うが、いかがであろうか。

かくして西宮神社の祭神エビスは蛭子であるという考えが定着していき、一般の人々にも次第に受容されるようになっていったわけである。

なおここで、エビス神＝蛭子について、神話研究を背景にした興味深い別説のあることも紹介しておきたい。『日本書紀』において太陽神である日の神（天照大神）が出現して大日孁貴（オオヒルメムチ）と名付けられたが、記紀神話としてまとめられる以前の蛭子（ヒルコ）の伝承では、ヒルコとはこのヒルメ（日女）と一対のヒルコ（日子）という神だったのだろうと考え、ヒルコは天照大神と同様に太陽信仰の神だったのだという説である。そして太陽神崇拝は南方系民族においてとくに顕著なので、ヒルコはそもそも南方系の海人族の信仰に発した神なのだろうという。しかしそれが、記紀編纂のさい二神一対だったヒルコ（日子）は天照大神の信仰に同化吸収されてしまい、蛭子（蛭児）などという不思議な字を当てられ、日神的性格を喪失させてしまった。とはいえ、一般海民の間には中世の頃までも記紀以前からのヒルコの信仰が連綿と継承されていて、ヒルコが海に関係深いエビス神と結合していったのであろうというのである。(35)

五　エビス神と事代主神

先にも少し触れたように、現在、全国のエビス神信仰は、夷・蛭子などと表記されるエビス神と事代主神とが二分しているといってよいであろう。蛭子・事代主神はともに記紀に登場する神ではあっても、エビス神という祭神として祀られる場合の蛭子は、記紀におけるようにヒルコと呼ばれることはまずなく、エビス・エビスさんと呼ばれる。一方の事代主神は、記紀の訓どおり、あくまでもコトシロヌシノカミではあるが、口頭では一般に多くエビス・エビスさんと呼ばれることが多いのである。

事代主神は大国主神の子として記紀に登場し、国譲りに重要な役を演じる神としてよく知られている。魚釣りなどに出かけていた事代主神が、天からやってきた使者に対し、葦原中国を天照大神に譲ることを承知して青柴垣（紀では八重蒼柴籬）に隠れてしまったことになっているので（これは海中波の中に隠れてしまったことだと解されている）、海や漁にかかわり深い神なのであろう。

ただ事代主神は、『日本書紀』において、先に述べた広田社創祀伝承に関連して託宣役として登場したり、天武天皇の壬申の乱の条において神懸かりしたりする、何かわけのありそうな神ではある。託宣といえば八幡神が思い浮かび、八幡神といえば神功皇后、そして広田神社・エビス神というように連想され、ここには深い連鎖が隠されているように思われるが、そこまで追究することはできないので、一面的な見方になるかもしれないが、ここでは海に関わり深い神として考えていく。

事代主神を祭神とする神社のうち、全国に最も広く知られているのは島根県の美保神社であろう。その美保神社の祭神は事代主神と三穂津姫命である。しかし事代主神が、ミホという名から地元に関わり深い神かと思われる三穂津姫命と並んで、美保神社の祭神になった時代と理由は、必ずしも明らかではない。決して古い時代からではないであろう。それでも室町時代には相殿の神として祀られてはいた。それが主祭神の一角を占めはじめるのは、江戸時代中後期に神道家など識者による古典研究が盛んになって、記紀の神々のなかで事代主神が重要な神として認識され出してからのようである(36)。

美保神社は日本海に突き出した小さな岬の内側に鎮座しており、周囲には古くから海を生業の場とする人が多く居住していたことと思われる。周辺地域の浦々には、沖合の隠岐島や長くつづく山陰の海沿い地域、さらには北陸地方や九州地方まで交流をもつ人も少なくなかったであろう。彼らには海に関わる深い信仰も形成されていたことであろう。彼らの信仰内容は今では知る由もないし現在にいたるまでには生成変容もあったであろうが、そういう人々の信仰がいつの頃かに事代主神の伝承と接触し、事代主神が美保神社の信仰に取り込まれていったのではないであろうか。それには当然、出雲国（島根県）一帯で広く知られていた大国主神の伝承が背景をなしていたものと思われる。

ただ地域の信仰と接触したとしても、事代主神がどうしてエビスと呼ばれる神になったのかは、明らかではない。厳島神社において仁安三年（一一六八）の文書にエビスが表われ、そのしばらく後に広田神社にエビスが登場したのと同じように、文献にこそ表われてこないものの、美保神社周辺地域にも自然にエビスと呼ばれる神の信仰が芽生えてきて、それに事代主神の伝承が関わるようになったものかもしれないし、瀬戸内地域のエビス神伝承との交流があったのかもしれないが、確かなことは何ともわからないのである。

現在、九州一円の海辺にもエビス神信仰が濃厚に分布し、事代主神を祭神の一角に加える神社が少なくないが、あるいはこれも海辺の人々の何らかの信仰であったところに、美保神社の信仰や御師による出雲信仰が被った結果だろうと思うこともできる。しかし、なぜそれをエビス神と呼ぶようになったのかは明らかでない。

あるいは中世・近世の海上交通の発達盛行に伴って、西宮神社や住吉大社を信仰する摂津国(大阪府・兵庫県)の海辺地域の航海者がエビス神信仰を伝播していった結果、それまであった各地域独自の海の神がエビス神と呼ばれるようになっていったこともあろうが、これも今のところ確かなことは何も明らかではない。今後の研究が待たれるところである。

要するに、現在、蛭子とともにエビス神信仰を二分する重要な事代主神については、全国に広くエビス神として信じられてはいるが、そう信じられはじめた時代と理由については、中近世期の古典研究が背景にあると思われるものの、残念ながら不明な点が多すぎるといわざるをえないのである。エビス神信仰のわかりにくさ、研究の難しさの一つである。

六　広田神社以外のエビス神

鎌倉・南北朝期から(あるいはそれ以前から)、広田神社以外にも、摂末社など小社の一つとしてエビス神を祀る神社はあった。先に述べた厳島神社のほかでは、現在の住吉大社(大阪府)・龍田大社(奈良県)・石清水八幡宮(京都府)・日吉大社(滋賀県)というような大社のエビス神が知られている。(37)それぞれのエビス神の出自は明らかでないものの、三郎殿や百太夫も一緒に祀られている例が多いので、その多くは鎌倉時代など早くに広田神社から勧請されていったものかと思われる。そしてさらにのちのち、これら大社から各地に勧請されていったエビス神も多いことであろう。

このうちの住吉大社は、すでに述べたとおり、『日本書紀』によると広田神社と同時期に創祀されたとされる。そして古くには（少なくとも鎌倉時代には）、境内の江比須社の前で、広田御狩神事という広田神社ゆかりの祭祀が行なわれており、また広田神社においても住吉神を祀っていたというから（現在でも住吉大神が祀られている）、両社は古くにはきわめて関係が深かったと思われ、住吉大社周辺にも早くからエビス神信仰圏の形成されていたことは想定してよいであろう。

石清水八幡宮のエビス神は、関東の鶴岡八幡宮（神奈川県）にも伝えられていった。鶴岡八幡宮は源氏の尊崇を得、鎌倉幕府成立後、御家人など武士団により各地へ勧請された。これに伴って、全国へ広まっていったエビス神もあったと考えてよいだろう。詳しい経緯は明らかにできないものの、八幡神社の摂末社にエビス神の祀られている例が多いので、そう考えてよいであろう。

後章で述べるように、エビス神信仰は室町時代の福神信仰以降、江戸時代に入って信仰域を全国に拡大していくことになるのであるが、これら商工農民の信仰とはまた別の流れとして、それ以前の段階での鎌倉武士による各地への八幡神勧請に伴ってのエビス神信仰の浸透も考えられるのである。

このほか、先に述べた美保神社と山陰地方などのエビス神や、現在九州の海辺地域や島嶼部などに広く分布する海神色の濃いエビス神も、早くから広田神社とは別の信仰圏を形成していたという可能性を考えておかなければならないであろう。

このように広田神社の浜南宮社（西宮神社）以外にも、瀬戸内海の厳島神社をはじめ、早くにエビス神の信仰圏が複数存在し、それらが各地においてエビス神あるいはエビス神的な神として信仰されていた可能性は、本書では充分追及できないものの、研究上、念頭に置いておくべきであろう。

註

(1) 長沼賢海『福神研究 恵比須と大黒』(丙午出版、一九二一年)上篇第一章。
(2)『西宮市史』第一巻(西宮市役所、一九五九年)、四七七頁。
(3)「広田社歌合」(『群書類従』第十二輯 和歌部、続群書類従完成会、一九六〇年)。
(4)『伊呂波字類抄(十巻本)』(正宗敦夫校訂、風間書房、一九六五年)。ただし「エビス」ではなく「ヱビス」であるのは気になる。
(5)『日本霊異記』下巻(日本古典文学大系本)第二十二話の「他田舎人蝦夷」のこと。
(6)『新撰字鏡』(臨川書店、一九六七年)。
(7)『諸本集成・箋注倭名類聚抄』(臨川書店、一九九三年)。
(8)『古事記伝』(二七、景行天皇)。
(9)『西宮神社の歴史』(西宮神社社務所、一九六一年)「(四)浜南宮と西宮」。
(10)『西宮神社の歴史』(前掲)「(三)広田神社と浜南宮と夷社」。
(11)『諸社禁忌』(『続群書類従』第三輯下 神祇部、続群書類従完成会、一九五七年)。
(12)『西宮市史』(前掲)四七一頁。
(13) 同右、四八八頁。
(14) 久保田収「神祇伯家と西宮」、吉井良隆「中富王の西宮社参記」(いずれも吉井良隆編『えびす信仰事典』戎光祥出版、一九九九年)。
(15)『伯家五代記』(『続史料大成』21、臨川書店、一九六七年)。

(16)　一般に百太夫と百大夫という二つの表記がなされているが、本書では引用文を除いて百太夫で統一する。
(17)　『源平盛衰記』（三弥井書店、一九九三年）。
(18)　長沼註(1)書および喜田貞吉『福神』（宝文館、一九七六年）においても、そう考えられている。
(19)　長沼註(1)書、上篇第二章の(Ⅰ)。
(20)　喜田貞吉「夷三郎考」（喜田『福神』宝文館、一九七六年）。
(21)　『西宮市史』第一巻(前掲)四九一頁。
(22)　『西宮神社の歴史』（前掲）「(十八)西宮の人形操」。
(23)　『和漢朗詠集・梁塵秘抄(日本古典文学大系73)』（岩波書店、一九六五年）による。
(24)　『梁塵秘抄』には広田社のこともいくつか歌われているので、これらも広田社(浜南宮社)の百太夫社を歌ったものかもしれない。
(25)　世界人権問題研究センター編『散所・声聞師・舞々の研究』（思文閣出版、二〇〇四年）。
(26)　少し余談めくが、産所は散所・算所と書くのが普通だが、西宮では産所とされていた。しかし産所という表記が先か、平産に関わる人々がいたことからこの地を産所と記すようになったのかはわからないものの、現在にいたるまで長くこの地には、かつて産所村に祀られていた百太夫社は婦人が平産を祈る神であるとの伝承があるという(『西宮神社の歴史』（前掲）九一頁)。
　産所とは異なるものの京都の桂女は、応神天皇出産時の神功皇后の腹帯・産被を授けられたとの伝承を背景に、中世には婦人の平産にもかかわっていたように(拙稿「『桂女由来記』の使用文献」『柳田国男・伝承の「発見」』岩田書院、二〇一七年)、広田社も創祀伝承に神功皇后が絡んでいるので、百太夫社と産所村には、文献に表われないものの、古くからお産に関わる何らかの伝承があったのかもしれないと思うが、いかがであろうか。

(27)『御ゆとの、うへの日記』（『続群書類従』補遺三〈八〉、続群書類従完成会、一九五七年）。

(28)吉井貞俊「百太夫を祀る神社」（『えびす信仰とその風土』国書刊行会、一九八九年）。

(29)これらの神々は『古事記』では「水蛭子」、『日本書紀』では「蛭児」というように記され（いずれもヒルコと訓む）、表記は記紀でいくらか異なるが、以下本書では引用文を除いて、西宮神社において祭神としている「蛭子」で統一したい。また、コトシロヌシは「事代主神」で統一したい。

(30)吉井貞俊「エビス神信仰の研究」（宮本袈裟雄編『福神信仰』民衆宗教史叢書二〇、雄山閣出版、一九八七年）。

(31)『神皇正統録』（『続群書類従』第二十九輯・上　雑部、続群書類従完成会、一九五七年）。

(32)『新定　源平盛衰記』（新人物往来社、一九八八年）。

(33)『二十二社註式』（『群書類従』第二輯　神祇部、続群書類従完成会、一九五九年）。

(34)『西宮市史』第一巻（前掲）四八六～四九二頁。

(35)吉井良隆「えびす神研究―ヒルコとヒルメ―」、同「失われたえびす信仰の本源」、次田真幸「蛭児神話と太陽神信仰」、岡田米夫「西宮神社と海神信仰」（吉井良隆編『えびす信仰事典』戎光祥出版、一九九九年）。

(36)和歌森太郎『美保神社の研究』（弘文堂、一九五五年。国書刊行会、一九七五年再刊）第一章第二節。

(37)『西宮神社の歴史』（前掲）「（六）諸国へ勧請の夷神」。

第二章　七福神としてのエビスと大黒

一　七福神の成立と信仰の展開

幸せの内容は人により時代によってさまざまであろうが、それを神に祈るのは、じつに太古の昔から多くの人が行なってきたことである。しかし福神なる概念が芽生え、現在のようにエビス・大黒を中心にした七福神が形成され、畿内において七福神への参詣が流行しだすのは、ほぼ室町時代中末期からだと考えられている。福神は、のちのちエビス神の重要な属性の一つとみなされていったので、少し考えておこう。

喜田貞吉によると、(1) 七つの福神は、七難七福とか七福即生などという仏教思想を背景に、室町時代の中頃、禅僧の間で画幅扇面などに描いて楽しむ対象として選択されたものだろうという。同種のものを縁起のよい数だけまとめて楽しむという彼らの知的遊戯に発したことで、七という数は七福即生や大陸伝来の竹林の七賢に倣ったものかと考えられている。したがって、早くから七福神のメンバーであったエビス神・大黒天・毘沙門天なども、威厳に満ちたといおうか本来の強面の形相ではなく、戯れあう滑稽な挙措で表現されることが多く、自ずから福々しい神として人々に受容されるようになっていったのであろう。

時まさに京の町衆文化の生成発展する頃で、三所明神とか七観音などと名数を定めて社寺を巡拝する風があり、これらに倣って、禅僧の描く福神に関係深い社寺へ福を求めて参詣する七福神への参詣が、民衆間に流行するようになっていったのであろう。喜田の言を借りれば、七福神が諧謔に発し、次第に信仰の対象に進んでいったというわけである。

七福神は現在、エビス神（福神としては恵比須・恵比寿と表記されることが多い）・大黒天・毘沙門天・弁才天・福禄寿・寿老人・布袋の七神として定着している。このうちエビス神のみが日本古来の神であり、それ以外の大黒天・毘沙門天・弁才天はインドを源とする仏神であり、福禄寿・寿老人は大陸の仙人かとされ、布袋は弥勒の化身かとされる禅僧がモデルだと考えられている。

これらは元来は福神というわけではなかったが、畿内において当時、固有の聖性に魅かれて多くの参詣者の訪れていた社寺の神仏であったり、禅僧好みのキャラクターであったりしたため、自然に画幅扇面の題材に選ばれていったということであろう。具体的には、エビス神としては西宮のエビス神が、大黒天としては比叡山延暦寺の三面大黒天が、毘沙門天としては鞍馬寺の毘沙門天が、弁才天としては琵琶湖竹生島の弁才天が選ばれたのである。室町時代から七神ともほぼこの顔ぶれではあったが、現在にいたるまでの長いあいだには、これらに代わって多聞天とか宇賀神、能にも登場する猩々や、女神である弁才天の代わりに天鈿女命や吉祥天が加わる考えもあった。そのなかでエビス神と大黒天は一貫してメンバーを外れることはなかったのである。

なお大陸伝来の神が多いのに比して、当時同じように多くの参詣者を集めていたであろう上賀茂・下鴨両神社や、石清水八幡宮・稲荷大社などの日本の神々が七福神に加えられなかったのは、選択が最初禅僧の知的遊戯に発したことと、日本の神々は元来、仏神のように形象化して拝するというものではないからであろう。

江戸時代になると七福神信仰は江戸文化にも徐々に浸透し、同時に全国各地にも受容されていって、各地各様に七福神関係の社寺が選ばれ、正月などにおける巡拝の風が流行するようになっていった。現代でも、正月の七福神詣ではいよいよ盛んになっているかのように思われる。それには、宝船(2)に乗せられた七福神勢揃いの絵が正月初夢の縁起物として人気を博したり、各種芸能・絵画・文学の題材にされたり、暮れの大売り出しに駆り出されたりして、人々の心のなかに入り込んでいったからであろう。

二　エビスと大黒

七福神のなかでエビス神と大黒天は、エビス大黒というように一対にして扱われることが多い。しかしその理由について、広く認められる考えは出されていないように思われる。余談ではあるが、エビスダイコクは七音で語呂がよいからかと思ってみたこともあるが、エビスビシャモン・エビスベンテンも同じく七音と言えば七音で、それなりに語呂もよいわけで、そのような単純な理由から一対にされているわけではないであろう。

エビス神を祀る広田神社（西宮神社の前身かと思われる末社浜南宮社）は都から離れていたとはいえ、西国への街道筋地域に鎮座し、瀬戸内海・日本海へ、そして朝鮮半島・大陸への海上交通上の港にも近いという地理的好条件に恵まれていた。平安末期には都市人士にもよく知られるようになっていたし、鎌倉時代には白川伯家や諸僧の参拝が記録に残されている。また、石清水八幡宮や日吉大社・東大寺など畿内の名だたる社寺にも勧請されていたことは、すでに述べたとおりである。

百太夫を信じる人形操り師も近くに集住していた。そして鎮座地周辺は徐々にマチ的雰囲気をもちだし、そこの住民をも含めて広く多くの人に、エビス神とは西方極楽浄土に導いてくれる神、博奕の勝利を守る神、そして世を救う神など、さまざまな有益な神として知られるようになっていたのである。同時にもともと居住していたであろう近辺の海民には、早くから豊漁や海上安全、生活の向上を祈願する神として信仰されていたであろうことも、その後のいくつかの伝承から充分推測できることである。

ということで、広田神社の摂末社の一つであるエビス神への信仰が、室町時代中頃に京都の禅僧間の共通知識になって七福神の一つとされたことや、そのことが民衆間にも受容されて七福神参詣の対象になっていったということは、充分理解できることである。そして、後章において詳述するように、江戸時代になると、江戸をはじめ全国各地にエビス神信仰は受容されていくのである。

一方の比叡山の三面大黒天は、いかがであろうか(3)。

大黒天はもともとインドの仏神で、恐るべき戦闘神であったが、糧食を司る厨房の神として信仰される場合もあった。それが大陸を経て平安時代初期に天台・真言密教の僧たちによってわが国に伝来して以降、徐々に厨房を守る護法善神の性格を強めていったとされている。現在、寺院の台所や庫裡にも祀られており、住職の妻を大黒さまなどというのはそのためである。

比叡山延暦寺は京都の東に位置し、比叡の山々は都の人々には親しい。延暦寺には開創の頃から大黒天が祀られていたという。それが何時からどういう理由からかは必ずしも明らかでないようだが、その大黒天として三面六臂の大黒天が祀られるようになった。正面に大黒天、左面に弁才天、右面に毘沙門天の顔をもつ三面大黒なのである(4)。大黒天は悪調伏のためそして厨房の神として、寺院においてこれを敬えば衆僧が無事養われると信じられていたというが、そのことが次第に一般の人々にも知られる存在になっていったようである。

同じ比叡の山に鎮座し、延暦寺とも関係深い日吉大社の祭神の一柱である大物主神(大己貴神)すなわち大国主神と、延暦寺の大黒天とは、ダイコクという字音が通じるため、大黒天は大国主神と異神同体のごとく考えられるようになり、次第に都の多くの人の信仰を集めるようになっていったものらしい。そのため禅僧の画題にもなり、神話にいう袋を背負う大国主神の姿が大黒天の姿に投影され(もともと大黒天にも金嚢を背負う姿はあったらしい)、七福神の一つとしていっそう人気を集めるようになっていったという。

そこで次に、エビス神と大黒天がしばしば二神並祀されたりエビス・大黒一対として考えられる理由についてであるが、喜田貞吉と長沼賢海に次のような見解がある。(5)

第一章でも触れたが喜田は、西宮神社の前身は『延喜式』所載の大国主西神社だと主張し、その祭神である大国主神が次第にエビス神の性格を帯びていったと考えるのであるから、その西宮神社(喜田のいう元の大国主西神社)のエビス神と、大国主神の性格を帯びていった延暦寺の大黒天との間に親和性が認められるのは当然だといい、七福神はこの二神が核になって発展していったのだとも説くのである。

他方長沼は、延暦寺において大黒天が大国主神と習合したのちに穀物豊穣を祈る対象として信じられるようになるにおよんで、西宮において海神・商業神的性格をいよいよ強めていったエビス神とが、生業を守り繁栄させてくれる一対の神のようにして多くの人に信仰されるようになっていったのだろうと考えるのである。

筆者は両説の当否についてにわかに判断できない。江戸時代以降の東国に広まっていく農神としてのエビス・大黒一対の受容については、また別の考えをもっている(それは第八章・第九章での夫婦神の伝承において考えるつもりである)。

そして室町時代末頃には、エビス神と大黒天は一対の福神として、「夷大黒殿」「大黒連歌」などという狂言の題材になったり、お伽草子などにも取り上げられるキャラクターになっていった。さらに江戸時代になると、江戸をはじめ全国各地にエビス・大黒一対として伝えられ、大黒天も寺院において祀られるだけでなく、神事舞太夫や門付けの祝福芸人らによって地域や家々の信仰に浸透していくことになるのである。

そして江戸時代・近代を通し、われわれがよく目にするようなエビス・大黒を中心にしたさまざまな七福神の絵が描かれ、彫り物・挽き物が作られ、商家のみならず一般の人々の周辺も賑やかになっていったのである。

三　エビス神・大黒天の像容

エビス・大黒というと、すぐ、宝船に乗る絵像や社寺の発行する像札の姿を思い浮かべる人が多いであろう。室町時代の七福神信仰発生以降の、柔和な福々しい容貌である。そしてこの姿でもって二神は、江戸時代以降、全国に受容されていったのである。

日本の神には一般に、容姿は思い浮かべない。秀でた岩石や樹木、鏡、神札などを拝む対象にはするものの、これはあくまで神の憑依体としてであって、形姿を表現したものとしてではない。もちろん、神像を祀る神社はあるが、神像は仏教の伝来普及以降、仏像の影響を受けて作製されるようになったものとされ、神像はいまだに拝む対象として一般的になっているとはいえないであろう。

したがって神社においてエビス神像を拝することは、まずないであろう。しかし形姿を全く思い浮かべなかったわけではないようである。平安末期のものかと思われる石清水八幡宮の文書に、三郎殿の神像の注記として、この神は夷のようであり、魚を持っていると記されているようなので、早い段階においてエビス神が魚を持つ姿だと思われていたことがわかる。(6) このことは、エビス神信仰を考えるさい重要な事実である。ただそれが笑顔であったかどうかはわからないし、古い神像は残されていないようなので、エビス神像が一般に知られるものだったとも思われない。

後の第四章・第五章で詳述するように、エビス神信仰が全国（とくに東国）の農山村部にまで普く浸透していくのは江戸時代中期以降であるが、そのさい宣布者は神札の一つとしてエビス神の像札を頒布していた。この時期のものかと思われるそのような像札は残されているものの、像札の性格上、発行年月日が記されているわけではないので、確かに当時のものかどうかはわからない。推定ではあるが江戸時代中期のものと思われる像札のエビス神は、すでに烏帽子を被り、右手に釣竿を持ち、左脇に大きな鯛を抱いて海辺の岩に坐り、笑った姿になっていたことがわかるのである。したがって少なくとも江戸時代中期以降人々は、エビス神とはこのような神だと理解して受容していたのである。そのような像札のうち、西宮社発行の像札にはエビスの背景に必ず松が描かれているという(7)。松はここが神影向の場であることを示すのであろうから、幕府からエビス神像札の独占的頒布権を認められた西宮神社による、他の門付け芸人の配る像札との差別化を図ろうとする意図がうかがえるのである。

他方、大黒天は仏神であるだけに像は早くから存在し、それら像容の変遷については考察がなされているが、仏教美術史の専門的なことはさておいて、簡単に述べると次のようにいえるであろう。

もともと戦闘神であった大黒天の形相はなかなか恐いもののようで、それは日本に伝来以来、主として食厨の神として信じられるようになってもそれほど変らなかったという。それが延暦寺等において日本神話の大国主神と習合するにいたって、袋を背負う姿になった。これには、小さな金嚢を負う大黒像の存在していたことも関係しているであろうという。その後、台座が米俵に変り、小槌を持つ姿になっていったものらしいのである(8)。この姿は室町末から江戸時代に門付け芸人などによって像札として摺られて広く普及し、多くの人共通の大黒像になっていった。とはいえ、寺院の台所には柔和とはいえない短躯の大黒像が祀られるようになってもいるのである。

註

（1）喜田貞吉「七福神の成立」（喜田『福神』宝文館、一九七六年）。

（2）宝物の概念の変遷を考えるうえで宝船は興味深いものであるが、古い宝船の絵には宝珠や米俵が積まれており、それが次第に七福神に代っていったのであろう。そして七福神が船に乗せられているということは、それら福もしくは福神がどこから（海彼から・遠くから）もたらされると信じられていたかを知るうえで示唆的である。

（3）これについては長沼賢海『福神研究　恵比須と大黒』（丙午出版、一九二一年）と、喜田註（1）書に負うところが大きい。

（4）三面大黒天が、大黒・弁天・毘沙門という後に七福神のなかの三仏神すべての面貌を具えていることは、のちの七福神に関連するものであろうか。

（5）長沼註（3）書、喜田註（1）書。

（6）喜田貞吉「夷三郎神像考」（喜田註（1）書）。

（7）吉井貞俊「神影像について」（吉井『えびす信仰とその風土』国書刊行会、一九八九年）。

（8）喜田貞吉「大黒天像」（喜田註（1）書）。

第三章　エビス神信仰の伝播者

一　エビス神の伝播

広田神社は『延喜式』記載の神社であるとともに、平安時代中期に二十二社に選ばれた大社であるが、その摂末社の一つであるエビス神の社が文献上に名を留めだすのは、既述のとおり平安時代の末期から鎌倉時代初期のことである。

その後ほど経ずしてエビス神は、石清水八幡宮や日吉大社・東大寺など畿内の有力社寺に勧請されていったようであるし、和歌集や貴族の日記類にもその名が散見されるようになるので、エビス神は都の人々にも少しずつ知られていったものと思われる。平安末の一時的な福原遷都や源平の争乱などによって、交通の要衝である西宮周辺地域が多くの人に知られるようになる。貴族や武士のみならず彼らに随従する多くの人が街道や近辺海上を往来したであろうから、日記等を残すことのできない多くの庶人にも(すなわち記録には残されていなくても)、エビス神は広く伝えられていったと考えてよいであろう。エビス神の原形は海神・漁業神として周辺海域に早くから知られる存在だったとの推測が可能なわけで、海域住民同士の長きにわたる交流をとおして各地に伝えられていったものも、もちろん多いことであろう。

そしてまたそれら口コミによる伝播とは別に、広田神社（とくにエビス社関係者）からもエビス神の信仰は積極的に発信されていたわけである。これまで何度も繰り返し述べたように、エビス神の発信元は西宮に限らないであろうが、他の地域諸社の資料がほとんどないので、ここでは西宮からの積極的な発信伝播を中心に少し考えておきたい。

二　産所住民による発信

広田神社には、信仰を宣布し信者を獲得して歩く御師のような職分があったという資料は確認できないものの、神社には社人（巫女もいたようである）のほか、かつては僧侶もいたので、早くに彼らをとおして信仰が日常的に広まっていくことはあったであろう。それとともに、エビス社もその一角を成していた広田神社の摂末社群の一つである浜南宮社の近くには、神社と密接な関係を持つ産所と呼ばれる地域があり、ここの住民をとおしてエビス神が広まっていくことも相当にあったと思われる。[1]

産所は、古代中世期において権門や大社寺に付属した散所と同じものであろう。一般的に散所の住民は、所属する権門社寺の掃除その他の雑役に従事するほか、他所に出向いて陰陽師的な吉凶判断を行なったり、芸能を演じて生計をたてていたようである。[2]

西宮の産所住民も、室町時代に広田神社の用事で京都の白川伯家にたびたび遣わされた記録があるので、下級宗教者として神社の雑役に従事していたことは明らかである。とともに、地域に人形芸能の神として知られる百太夫社（鎌倉時代初期には広田神社の摂末社になっていた）を祀っていたわけで、[3]記録には表われないものの、彼らは早くから傀儡子として何らかの操り人形の芸をもって各地を巡遊することがあったと思われる。そして各地にエビス神を広めることにも寄与したであろう。

人形操り師の、芸能者としての活発な活動が歴史上で明らかになるのは、多くの芸能史研究者があげているように、『お湯殿上日記』に、安土・桃山時代から江戸時代初期にかけて、「ゑびすかき」（以下、芸能史研究者の用語にならって「夷舁き」とする）という芸能者が、正月などにしばしば宮中を訪れ人形芸を披露していたことが記されているのが初見である。夷舁きは正月に入れ替わり立ち替わり多数参入していたようで、それらすべてが西宮の産所住民であったかどうかは確かではないものの、西宮の産所と関わりをもつ芸能者も少なからずいたことであろう。もし産所と無関係の夷舁きが多数いたとしても、それはそれで、当時エビス神というものが西宮とは関わりなく芸能者間に広く浸透していた証左である。

その少し前の天文末年（一五五一～五五頃）に摂津国の傀儡子が九州一円を巡遊したあと山口に立ち寄り、さらに厳島（広島県）を訪れて人形に能を演じさせる芸を披露したことがあるようであるから[4]、この頃すでに西宮産所の住民が、夷舁きとして人形芸を以て各地を巡るのは珍しくなかったことと思われる。したがって『お湯殿上日記』に記すような夷舁きに、西宮産所の夷舁きが含まれていても不思議ではない。そして彼らは、このようなときには当然、エビス神信仰についても何らかの宣布は行なっていたことであろう。

なお彼ら芸能者は、夷舁きとは称していても（あるいはそう呼ばれていても）、エビス神の像を操り舞わせるのではなく、エビス神を信じる傀儡子たちが各種人形を操っていたということであろうとされている[5]。

福神信仰とともに発達した夷舁きの芸は、浄瑠璃や当時流行しだしていた三味線とも連携し、新たな人形浄瑠璃を生み出したといわれるように、エビス神は舞台にも取り入れられて、畿内都市部から次第に全国に浸透していったと思われる。また操り人形芸は西宮から淡路国などにも伝えられて、四国方面でも演じられるようになったし、『人倫訓蒙図彙』(6)などをみると、市井には首に小ぶりの箱を吊り下げそこで人形を操る夷舞わしという芸人も出現していたのである。また各地には、このような夷舁きの影響を受け、さらにこれをそれなりに真似てその地域を巡る芸人も生じていたことであろうし、彼らのなかにはさまざまな形でエビス神にあやかり、自ずからその宣布にかかわることになった者もいたことであろう。

このようにエビス神の信仰は、もともと産所住民の人形芸を介して広まっていった面も大きかったことと思われるのである。

なお、『西宮神社御社用日記』(以下『御社用日記』とし、年月日のみ記す)(7)によると、江戸中期に尼崎藩の姫君が何度も人形芸見物に西宮の産所を訪れているので、産所においては江戸時代に入っても人形操りの芸は演じられつづけたのである。しかしその後どういう事情からか次第に衰えていったようで、関係の衣装等も質入れされ、江戸時代後期には、彼らが信じる産所地域鎮座の百太夫社も西宮神社境内に遷されてしまった。

ただ人形芸は衰えても、産所の住民と広田神社(西宮神社)の関係は保たれつづけ、江戸時代中期以降も、神社の下願人のメンバーとしてエビス神像札の頒布には携わっていたのである。

三　西宮社願人によるエビス神像札頒布

西宮神社では祭礼等に参拝者を迎えるほか、エビス神の姿を描いた像札(ご神影像、「おみえ」と呼ばれている)を制作し、その賦与ないし頒布をとおして(8)エビス神信仰の宣布に努めている。中世末の戦乱等による火災によって、初期の実情のわかる資料が神社には残されていないので、(9)いつ頃から行なわれているのか確かなことはわからないものの、江戸初期にはもう神社に頒布担当の願人という職が設けられていて、頒布活動が行なわれていたのである。エビス神像札頒布による同様の宣布は、当時他のいくつかの社寺でも行なわれ、また民間宗教者にもエビス神像札を作って頒布し歩く者がいたことであろうが、江戸幕府は寛文年間前期（一六六三〜一六六七年ごろ）に西宮神社に像札（エビス・田の神・神馬の像札）の雛型を与え、他の諸社の頒布を規制して、西宮神社にエビス神像札の頒布者を支配させる権利を与えることにしたのである。(10)

頒布の独占権認可の理由と経緯については第四章・第五章において述べるが、西宮神社では、それ以降、従来にもまして頒布に精を出し、エビス神信仰を宣布するようになった。その過程で、それまで独自にエビス神に関わっていた各地の小社の神職や民間宗教者のような者を支配下に組み入れ、(11)彼らに頒布の免許を発行して頒布者を増やしていった結果、西宮神社関係のエビス神が全国に広がっていくことになったのである。以下、第四章・第五章と重なる部分もあるが、『御社用日記』によって江戸前中期の全国の頒布状況を概観しておきたい（括弧内の年月日は該当内容が記されている同日記の日付である）。

漠然とした述べ方にはなるが、江戸時代中期、現在の東北地方と関東地方、その周辺部の越後国（新潟県）・信濃国（長野県）・甲斐国（山梨県）には頒布者が五八七人と、思いのほか多くいたことがわかる（正徳四年〈一七一四〉六月一一日）。それに加え新興都市江戸には西宮出身の商人が多くいて、西宮神社でも彼らを頼りにして交流をつづけていたようであり、浅草の年の市ではすでに元禄期にはエビス神像札を頒布していたので、江戸には比較的早くからエビス神信仰がある程度広まっていたと思われる。幕府から規制されたとはいえ、後述するように西宮神社と無関係な像札頒布者も少なくなかったであろうから、それらの活動まで含めるとエビス神信仰は、すでに江戸時代中期、東国一円にある程度浸透していたとみてよいであろう

『御社用日記』には東海地方のことはあまり出てこないが、一時期、西宮神社の名古屋支配所が設けられていたくらいであるから[12]、尾張国（愛知県）にも頒布者はいたわけであるし、後述するように、尾張には次節で述べる熱田神宮関係の例でもわかるとおり、西宮神社関係者以外にもエビス神信仰を広める者はいたと思われる。

近畿地方は、畿内はもちろん丹波国（京都府・兵庫県）、丹後国（京都府）、紀伊国（和歌山県）、播磨国・但馬国・淡路国（兵庫県）には、毎年三月前後に次々に像札頒布の免許更新に西宮神社を訪れる頒布者の多数いたことが同日記に記録され、またその資格をめぐっての彼らの争いもしばしば記されているので、頒布者が相当多くいたことは間違いない。もっとも京都・大坂など都市部には、室町時代のある時期からエビス神が広く知られており、西宮神社に限らず各種発信者から宣布がなされていたのではあるが。

中国地方では、備前国・備中国・美作国（岡山県）に頒布者がいたが、それ以外の国のことは『御社用日記』からはあまり明らかでない。石見国（島根県）には社家の一人が毎年祈禱札を二一枚送っていたことが記されているので（正徳五年八月二九日）、厳島神社や同地域の美保神社発信のエビス神とは別に、西宮神社のエビス神信仰もそれなりに広まっていたことと思われる。

四国地方については、各地から漁業関係者がしばしば祈禱願いや神札受領に訪れているので、早くから漁村部にエビス神の信仰の広まっていたことは明らかである。しかし江戸前中期、四国地方の都市部や農村部には、いまだ頒布者のしかるべき組織化はなされていなかったようで、大坂の頒布者たちがしばしば四国各地への頒布の許可を西宮神社に願い出ていたのである（正徳五年六月一一日、享保二年五月一一日など）。ただその二十年ほど後の寛保元年（一七四一）に社家の一人が阿波国各地を巡って、エビス神像札頒布の実態を確認して「阿州淡州下向之日記」という記録を残している。これによると、漁村はもちろん城下においても頒布者のいたことがわかる。とともに城下には寺院の関係者がエビス神像札頒布に関係していて、彼らは巡ってきた社家の説得を受け、のちに西宮神社の配下に加わっていたことが記されており[13]、その後、次第に在地の頒布者も育ち、城下町や農村部にもエビス神信仰は広まっていったことであろう。

九州地方についても、薩摩国（鹿児島県）阿久根の漁師が定期的に祈禱や神札受領に訪れているので（元禄一〇年六月一〇日など）、西宮神社のエビス神信仰の影響が及んでいたことは確かであるが、『御社用日記』には頒布者のことは記されていない。しかし第六章で述べるような安曇磯良伝承や、近代の民俗調査によって明らかになったエビス神信仰の実態をみても、また序章の第三節で述べたようにエビス神を祭神の一柱とする神社の多さから判断しても、西宮神社との関係の有無は別にして、九州地方に何らかのエビス神信仰発信地と宣布者が存在していて、早くから信仰が広まっていたことを推測することは可能であろう。

四　西宮神社以外の像札頒布者

エビス神像札の制作は技術的にそれほど難しくないであろうから、受容者がいるとわかれば、いくつかの神社や地域の小社においても制作し頒布していたであろう。民間宗教者や芸能民、穢多・非人と呼ばれていた者のなかにも、稚拙ながら作って頒布し歩く者もいたかと思われる。幕府が規制までして西宮神社にエビス像札頒布の独占権を与えたくらいであるから、頒布者は各地に多く存在していたのであろう。しかし各種図会などでその一部の形姿をみることはできるものの、頒布の実情実態はなかなか明らかではないのである。

そういうなか、『御社用日記』や西宮神社の文書によって、江戸時代前中期の西宮神社以外の神社などにおける像札頒布の状況を垣間見ることができる。多くの神社や民間宗教者の自由勝手な頒布に対する幕府による規制のあと、頒布の独占権を得た西宮神社とそれまで頒布していた他社との間に、頒布をめぐって抗争が起きたりさまざまな問題の生じたことがあり、それらが記録として残されることがあったからである。そのいくつかについてみておこう。

商業神としての大坂の今宮戎神社や周辺のいくつかの神社の賑わいについては、第七章において触れるとおりであるが、今宮戎神社では少なくとも江戸時代前期にはもう、一月十日の十日エビス前後に像札を発行頒布していた。しかし西宮神社では、独占的頒布権の獲得後、それを楯に今宮戎神社の頒布を咎めて大坂寺社奉行所に訴え、結局、頒布をやめさせたことがあったのである（元禄七年三月一八日）。このこともあって今宮戎神社では、像札頒布活動を行なうことはなくなった。しかし、十日エビスの賑わいはその後も衰えることなく、現在にまでつづいている。

和泉国大鳥郡の石津神社でも像札を発行頒布していた。『西宮神社文書』(14)によると、西宮神社への独占的頒布権認可後も石津神社では頒布をつづけており、西宮神社の抗議に対し石津神社ではそのつど詫びを伝え、内々話し合って済ませていたようである。しかし明和五年（一七六八）、石津神社が、開帳に当たってまたまたエビス神像札の発行頒布を目論んでいるとみた西宮神社が、その差し止めを訴え出て表沙汰になった。

そのさいの石津神社の言い分は、西宮神社では蛭児尊を祀っているが自社の祭神は事代主命であること、像札はずっと以前から発行していて、正月に神主が周辺地域に頒布に廻っていたこと、同社では永仁年間（一二九三〜一二九九）の古い絵像も所蔵していることなどを理由にして、同じエビス神でも西宮神社とは系統が異なるゆえ、西宮神社の独占的頒布権には抵触しないというものだった。それらに対する奉行所の裁可は、他所へ頒布に繰り出してはいけないが正月に氏子圏へ頒布するのは差し支えない、という結果だったのである。

この二神社との抗争だけからでも、頒布権獲得以前はもちろん、以後においても、西宮神社以外にエビス神像札を制作頒布する神社の存在したことは明らかであろう。

抗争というわけではないが、江戸時代中頃の一時期、尾張藩の要請によって名古屋支配所を設けたさい、西宮神社ではその条件として藩に対し、「古来より熱田神宮ニ而正月二日(引用者注：エビス神像札を)弘候、是ヲ茂御停止、非人之類正月ニ夷舞与申事致廻リ候、是等ヲ茂尽ク御停止ニ被成候事」(元文五年正月八日〔江戸〕)とか、「只今迄賦与仕候陰陽師・修験等ハ堅ク御停止被仰付候」(元文四年一二月二五日〔江戸〕)などと求めたことが『御社用日記』に記されている。これだけでは熱田神宮が常時頒布活動をしていたかどうかは不明なものの、当時、西宮神社とは関わりなく熱田神宮でもエビス神宣布のため像札を発行頒布しつづけるほか、周辺地域でも修験者や民間宗教者、非人とみられる人々が像札頒布に関与し、ひいてはエビス神信仰を宣布していたことがわかるのである。

同じ頃、奥州の現状把握のために西宮神社が派遣した者から、南部地域(主として岩手県)において駒太夫という「殊外下賤成家業」の者が神像を領布していたので問いただし、「神像賦与之義ハ勿論、神号等迄も此妨ニ罷成候事も惣体堅ク」停止させた旨が報告されている(元文五年九月四日〔江戸〕)。こういう下賤と考えられていた職業の者による頒布が、幕府による西宮神社関係者以外の頒布規制後も、各地で多くなされていたことがわかる。西宮神社とは無関係な頒布者の存在は、当然のことながら西宮神社にとっては迷惑だったわけで、『御社用日記』にはしばしば取り上げられているのである。

前節で述べた社家による阿波国の像札頒布者の現状報告や右の奥州もその一例ではあるが、後述するように江戸時代中期以降、西宮神社では、本格的にこれら各地の頒布者の排除に向かうことになるのである。

註

（1）『西宮神社の歴史』（西宮神社社務所、一九六一年）「（十六）奉仕の神職社僧巫女」。

（2）世界人権問題研究センター編『散所・声聞師・舞々の研究』（思文閣出版、二〇〇四年）。

（3）百太夫社については、本書第一部第一章第三節「2　エビス神と百太夫」において述べてある。そこでは産所についても少し触れた。

（4）山路興造『近世芸能の胎動』（八木書店、二〇一〇年）二六五〜二六六頁。

（5）盛田嘉徳『中世賤民と雑芸能の研究』（雄山閣出版、一九七四年）一九七頁。なお、同書では「夷舁き」という語について、「ゑびすかき」の「かき」は古代の部曲の意で神社に隷属した下級神人のことだとする説もあるが、彼らが役務として祭礼にエビス神の神輿を担いだことから始まった呼称ではないか、と述べている（一九七頁）。

（6）『人倫訓蒙図彙』巻七（平凡社東洋文庫）二八一頁。

（7）この日記は『西宮神社御社用日記』などその年によって表題は異なったが、歴代の神主（宮司）が元禄七年（一六九四）正月から書き継いできた西宮神社の日記である。これらは現在（二〇二三年七月）、寛保二年（一七四二）三月分まで、西宮神社文化研究所編『西宮神社御社用日記』一〜四（清文堂出版、二〇一一〜二〇二〇年）として刊行されている。

（8）さまざまな像札については、吉井貞俊「神影像について」（吉井『えびす信仰とその風土』国書刊行会、一九八九年）参照。

（9）『西宮神社の歴史』（前掲）六一頁。

（10）西宮神社文化研究所編『西宮神社文書』第一巻（清文堂出版、二〇一七年）三頁。

（11）『西宮神社御社用日記』の元文四年（一七三九）八月十二日の条には、紀州のエビスを祀る小社の関係者が西宮神社を訪ねてきて、自分は屋敷内にエビスの小社を祀り長年エビス神像札を旦那方一五〇〇軒ほどに与えてきたが、このたび地元の役人から、そのような頒布者は西宮神社の配下になるように言われ御社にやって来たので、配下に加えて欲しい旨を述べたと記されている。このようなことから、幕府も積極的に、独自に活動していた彼ら各地の頒布者に対し西宮神社の配下に入るのを勧めていたであろうことがわかる。

(12) 名古屋支配所については、松本和明「近世西宮神社の名古屋支配所について」(西宮神社文化研究所編『えびすさま・よもやま史話―「西宮神社御社用日記」を読む』神戸新聞総合出版センター、二〇一九年)。

(13) 松本和明「えびす信仰と阿波」(註(12)『えびすさま・よもやま史話』書)。

(14) 西宮神社文化研究所編『西宮神社文書』第一巻(前掲)三番文書「石津戎宮出入裁許請書壱通」、および同第二巻(清文堂出版、二〇一八年)一四五番文書「吉井左京亮訴状壱通」。

第四章　西宮神社のエビス神像札頒布権の獲得

一　江戸時代の西宮神社

1　広田社と西宮社

文献上ほぼ畿内に限られていたエビス神信仰の実態が、その伝播を含めて全国的に少しずつ明らかになり始めるのは、江戸時代、それも中期といってもよい頃からである。それ以前においても、西国沿海地域においてエビス神信仰の相当盛んであったことは充分に推測可能であり(これについては第六章で考える)、この海域民の信仰は東国にも早くに伝播していたかもしれない。しかし全国都市部の商業神としてのエビス神信仰の盛行(これについては第七章で考える)や、近代の民俗調査によって全体像が明らかになる農村地域一帯のエビス神信仰(これについては第八章で考える)は、ほぼ江戸時代に伝播定着していった文化だと思われる。

これらの一端を具体的に教えてくれる貴重な資料が西宮神社に所蔵されており、序章で触れたように近年同社によって公刊が進められ、関係者によって多くの研究がなされているのは有難い。本章ではそれらのお世話になりつつ、エビス神信仰史にとって一つの画期となった西宮神社への、江戸幕府によるエビス神像札の独占的頒布権の認可について述べる。

それに先立ちまず本節では、江戸時代前中期の西宮神社について述べておきたい(西宮神社と称するのは近代以降のことなので、江戸時代について述べる第四章と第五章では、以下、西宮社として述べていく。広田社についても同様である)。

西宮社の本社は広田社ではあるが、『西宮神社御社用日記』(以下、『御社用日記』とし、引用にあたってはカッコ内に年月日を記す)[1]をたどるかぎり、江戸時代には、主たる祭祀や、年頭礼のさいに権威権力すなわち朝廷や幕府・藩主などに巻数《かんじゅ》献上する諸祈禱は、西宮社の神主が広田社・南宮社・西宮社それぞれ[2]の神前において次々に執行していたので、江戸時代にはこの三社が、西宮社神主によって「無差別兼帯之御社」(日記においてしばしばなされている表現)として祀られていたとみることができる。そして、三社共通に行なう祭祀は、神社としての長い歴史を勘案して、まず広田社の神前で執り行ない、つづいて同様のことを南宮社、そして西宮社という順序で執行することに決まっていたように思われる。もっとも広田社の五月の御田植神事や、西宮社の三月十八日の御世渡始(みしょうたいはじめ)と呼ばれてきた神事など、それぞれ伝統的と思われる各社独自の祭祀もあり、これらもそれぞれ西宮社の神主中心に執行されていたのである。

この三社の位置関係は、現在の兵庫県西宮市の北の山寄りの地に広田社が鎮座し(江戸時代中期まではさらに山寄りにあった)、そこからだいぶ南に離れた海岸寄り、すなわち山陽街道筋の現在の西宮神社の境内地域に南宮社や西宮社やその他の摂末社があるというように、大きく二地域に分かれていた。広田社とその摂末社が大きく二地域に分かれていることは、既述のように鎌倉時代あるいはそれ以前からのことである。その後次第に、西宮社という場合には、同じ境内に鎮座する南宮社を含めて西宮社と呼ぶようになり、さらにエビス神を祀る西宮社のみを念頭に置いて西宮社と呼ぶようにもなっていったようである(以下では後者の意味で用いる)。室町時代にすでにそうなり始めていたが、室町末から江戸時代には、街道筋のエビス神を祀るこの社が西宮社であるという認識が、一般的になっていたのである。

宝永八年（正徳元年、一七一一）、尼崎藩主交替のさいに神主が新藩主松平家に提出した書類の控えによると、それぞれの祭神は次のようであった（宝永八年六月一五日）。

・広田社（広田八幡宮と表記）

住吉大明神　神功皇后　応神天皇　諏訪明神　八祖神

・西宮社（夷社と表記）

蛭児尊　天照大神　素戔嗚尊

・南宮社

御時殿　豊姫　厳嶋

このうち広田社は本社ではあるものの、中世末の戦乱によって社殿が焼失し、神領も絶えたので、「神官ノ輩及困衰ニ……次第ニ神官も勤り不申」（元禄一七年九月一九日）という状態だったゆえに、西宮社の神主が兼務する形で由緒ある諸祭祀を継承し、周辺地域の信仰に対応していた。本来は広田社神殿にあるべき剣珠など伝来の多くの宝物も、特定の祭祀のさいに広田社において展覧する以外、日頃は西宮社で保管し（元禄九年六月二六日）、拝観希望者があるさいにはそのまま西宮社において見学に供するという有様であった。そういうわけで、江戸時代の広田社にはかつての官社の面影はなく、そのうえ地理上の不利もあって外部の参拝者も少なかったかと思われ、江戸中期に社地が移り社殿が移建新築されたとはいえ、実質は周辺数村のいわば地域神社として存続していたとみてよいのであろう。

三社のうちのもう一つ南宮社というのは、第一章第二節で述べた中世の『諸社禁忌』にいう浜南宮社のことであろう。そうだとすれば、南宮社は、江戸時代にはもう（あるいはそれ以前からかもしれないが）、かつて庇にいたはずのエビス神に母屋を譲るかたちで、西宮社境内の一社になっていたことになるのである。

その一方で西宮社は、歴代の神主家が存続していたうえ、神主以外に多数の神職もいた。そして幕府将軍家への年頭礼には西宮社の神主として参上していたのであるから、勢威として名実共に他の二社を圧倒する存在になっていたのである。西宮社は繁華な街道筋に鎮座しており、港にも比較的近く、エビス神の社として参拝者も多く、西宮の町のシンボルのようになっていたのである。このことは、中世以来の町の発展やエビス神の福神信仰化という趨勢の必然だったと思われる。

とはいえ、西宮社神主としては三社を「無差別兼帯之御社」として平等に祀ろうとしていた。しかし、氏子・信者側での三社に寄せる思いにはそれぞれ微妙に異なるものがあったようである。山寄りの広田社周辺の農村地域の人々がしばしば広田社へと指定して神饌を供し、豊作祈願や雨乞い、病気平癒などの祈禱を願い出ていたのに対し、西宮社周辺では西宮社を念頭に置いて、干鰯仲間や網仲間、商家などが寄進を申し出たり供御を献じることが多かったのである(この氏子意識はずっと継続して、明治初期の両社分離のさいにも表出することになったようである)。

このほか西宮社の鎮座する海寄りの地(西宮社境内ではない)には、中世初期から文献にも登場している浜の夷社・沖の夷社というエビス神を祀る社があり、これらは江戸時代には西宮社にのみ付属する社として、西宮社において管理運営をしていたのである。

2　西宮社内の体制

江戸時代前中期の西宮社の人的構成は、神職・神子・願人に三大別でき、三職ともほぼ世襲に近かったようである。その他、警備・清掃等に携わるような使用人も若干いたが、これらは除いて考えていきたい。かつては巫女もいたようであるが、もう江戸中期にはいなかった。社僧もいたようであるが、江戸時代の西宮社は唯一神道を唱えていたから存在していなかった。

神職としては、神主（一人）のほか、社家（複数人）・祝部（複数人）がおり、彼らが諸種の祭祀を司っていた。神職の序列は、神社の代表者として神主がおり、その次に社家、つづいて祝部という順だった。神主は江戸初期には二家あったが、その後は江戸時代を通じて（現代にいたるまで）吉井家が勤めている。

祭祀は神主が社家・祝部を率い、神楽の専門家集団である神子（複数人、男子）を従えて執行されていた（神子は神職には含まれない）。

神子とは、神楽の専門家集団である。祭祀のさいに神楽奏上は担当しても祭祀全体には直接タッチせず、平素は交替で境内の神楽殿に詰めて参拝者の神楽奉納の求めに応じたり、町内に旦那を得たりして、それらからの神楽料を収入としていたようである。神楽奏上という形で祭祀に関ってはいたが神職には数えられず、他の職業をも兼ねる町人だったのである。

以上、神職と神子が宗教者といえる人々である。

それに対して願人は二家あり、祭祀には直接タッチしない俗人だった。西宮社の場合の願人というのは、後述するように、もともと豊臣家の支援で再建された社殿の管理維持のために、賽銭を管理し社内雑用を担当する者として、氏子のなかから二〇人ほどが願人という職名で豊臣家に採用されていた人達である。江戸時代初期、そのなかから次第に中西家が頭角を現わしてきて、承応二年（一六五三）の社殿焼亡と寛文期の再建の後、親戚筋の辻家とともに願人職の専任になっていったものである[(3)]。そし正徳三年（一七一三）まではこの二家が神主を補佐するかたちで、神札・エビス神像札等の印刷や賽銭の勘定、そして地域への諸勧進に携わり、同時に祭祀には直接タッチしないものの神饌の準備を担当し、社殿の管理・掃除等も担当して神社に所属していたのである。

これら願人は勧進に出向くとともに、エビス神像札の準備と頒布、それに賽銭の管理などいわば財務面に関与していた。そのため、後述するように神社がエビス神像札の独占的頒布権を認可されて以降、全国の小社の神職やそれまで独自にいろいろなエビス神像札を頒布していた民間宗教者達を西宮社のエビス願人（いわば下願人・散在願人）として誘い入れていったようである。そして彼らを支配する頭分的存在、すなわち願人頭として統括していたのである（以下、神社所属の願人を願人頭、各地に散在する願人を下願人として述べていく）。

西宮社のエビス神像札頒布は「公儀御造営之御社」の社殿修覆費（これについては後述）に充当するための行為、いうなれば公的行為であるという神社の掲げる錦の御旗のもと、願人頭は、下願人を募り、像札の頒布圏を拡大していったものと思われる。頒布収入の一定部分は願人頭の収入となるので、願人頭も頒布拡大に一生懸命だったのであろう。[4]

江戸時代前中期のこのような神主から願人頭までの関係は比較的緩く、また社内に定法はあったものの、[5]その規律も厳しくは守られていなかったようである。神職身分ではない神子や願人頭は祭祀の執行そのものとはいくらか距離をとっており、自由あるいは勝手とも思われる社構成員の行動は、おそらく中世以来の慣例に従ってそれぞれの職分のみを担う、あるいはそれのみに専念していた結果だったように思われる。すなわち、神主が絶大な権限をもって社内を統制する体制になっていなかったようなのである。

たとえば神子が我儘をいって神楽を欠席した場合、神主の説得など社内のみでの解決が難しくて、神主が町の役人などに訴え出て社法に従わせざるをえないことがときどきあり、それに対して神子は長年の慣例に則った神子独自の主張をし、神主に対してのみならず、権威権力にも相当執拗に抵抗していたのである。[6]また願人頭は願人頭で、各地の下願人に対し神社を代表するような形で彼らを勝手に支配しがちであったし、社納金の管理においてもまま勝手かつ杜撰な取り扱いがあったようである。

神子・願人頭のみならず、神職身分の社家・祝部にもしばしば我儘がみられ、社内秩序は乱れがちであった。祭祀のさいに無断欠席することがあったり、神主への乱暴な言動がみられたりして、神主はそのつど『御社用日記』で歎いており、どうにも締まりがない。神職同士の言い争い・乱暴狼藉も珍しくなかったようである。

また町内のある医者が、神社に無届けで知り合いの者を拝殿に多数集め、座頭を呼び三味線を弾き浄瑠璃なども行ない、酒宴を開くという騒ぎまで起こしていた。氏子が境内に勝手に相撲場を設けるなどということもあり、社殿や境内も、神主ひいては神社の十全な管理下にあったとは思われないのである(元禄一四年三月一一日、同一五年八月二一日)。

しかし、後述するような一種の社内クーデターと言うべき正徳三、四年(一七一三、一四)の「正徳の争論」に対する幕府寺社奉行の裁可と、それを受けた神主の気迫・行動力によって、徐々に神主を頂点とする社内秩序が整いはじめることになる。全国散在の下願人も願人頭の支配から神主の直接統制下に置かれることになり、第五章で述べるように争論後の社内は徐々に一本化に向かっていったのである。

3　朝廷および白川家との関係

西宮社の朝廷との宗教的政治的関係についても、みておく必要があるであろう。

律令制の弛緩とともに、平安時代の末、西宮社周辺地域は神祇伯職を勤める白川家の庄園となっていた。そのため、広田社の末社としての西宮社も当然白川家と強い繋がりをもつようになった。鎌倉時代の中頃にはすでにそのようであったと思われる。関係はその後もつづいて、室町時代後期の戦乱で焼失した社殿再建には、白川家の斡旋によって朝廷の寄進を得ていたほどである。

江戸時代になっても中期までは、朝廷との関係には社家伝奏としての白川家を頼り、かつ白川家配下の神社として祭祀のあり方や神職の心構えについても、その専門職である白川家にしばしば相談し指導を仰いでいた。年頭礼はじめ諸種の機会に挨拶にも参上していた。しかし「正徳の争論」によって西宮社の伝奏は白川家から武家伝奏に変更になったため、長年つづいた両者の深い関係には終止符が打たれることになってしまったのである。

その後西宮社の神主は、相続のつど、武家伝奏を通じて従五位下とか陸奥守等の官位を得ることになるのであるが、朝廷から下されるこのような官位は、各地へのエビス神像札頒布のうえで無視できない権威となったのである。

4　江戸幕府や藩との関係

江戸幕府との関わりで特筆すべきは、将軍家への年頭礼のために神主が江戸に下り、正月六日に江戸城に登城して将軍に拝謁し、新年を寿ぎ御祈禱巻数を献上していたことである。そのため西宮社では、前年の十一月下旬から十二月初旬の吉日を選んで七日間、神職一同神前に天下泰平や将軍家の安寧・武運長久を祈り、神主がそれら巻数を携えて十二月中旬に江戸に向け出発していた。拝謁後はさらに老中や寺社奉行、領主(尼崎藩)の江戸屋敷などへも順次年頭礼に参上し、だいたい二月中旬に西宮に帰着していたのである。

このとき西宮社は、『御社用日記』に「伊勢・山崎ニ相並独礼之御席へ被為召出候」(元禄一六年一二月四日)などと、しばしば誇らかに丁寧に記されているように、伊勢神宮などと並ぶ格式の高い神社として遇されていたわけで、同社にとって重要な行事だったのである。西宮社神主の将軍家への年頭礼は、元和二年(一六一六)二月に徳川家康の病気平癒祈禱のために巻数を献上したことを契機としているようであるが、直接にはその後の寛永十二年(一六三五)、社

頭にて祈禱した巻数を幕府に献上したことに始まる。(7)
年頭礼は正月に神主が神社を留守にして江戸に下向するという、神社にとって大変負担を伴う行事であったものの、西宮社にとっては社格を誇る意味ある勤めだったと思われる。将軍家への年頭礼はその後元禄期末には、幕府の費用簡素化の方針によって遠国の社寺は隔年と決まり、さらに享保十六年(一七三一)の年頭礼簡略化の法令によって四年に一度となってしまった。西宮社にとってはそれだけ負担が減ったのではあるが、毎年のつとめでなくなったことは、『御社用日記』を読むかぎり西宮社として残念なことだったのである。

将軍への年頭礼において西宮社がなぜそのように格式高く遇されていたのか、その理由を筆者は詳らかにしないが、後述するように幕府の沙汰として社殿の造営がなされたことは(社殿のみならず幕府は神輿も拵えているのである。正徳二年正月二三日、二月一日)、このような格式とも無関係ではなかったであろう。社格については本書の主題といくらか離れるのでこれ以上述べないが、幕府の西宮社へのこのような遇しかたは、近代の社格制度と比較して、国学勃興以前の江戸時代初期の幕府の神社観を知るうえで重要な事実だと思われ、江戸時代の西宮神社を研究するさい深く考えるべきことかと思っている。

次に藩との関係であるが、西宮の地は江戸時代中期までの一五〇年ほどは尼崎藩領であり、その後は幕領となった。西宮社ではこれら地元権力とも一貫して良好な関係を保つように心がけ、活動をつづけていたのである。

尼崎藩から広田社に社領として田地二反歩、西宮社に三〇石が安堵されており、これは幕領になってもつづくことになる。しかし西宮社の場合には領地が与えられていたわけではなく、貢米相当の米九石余の給付だったようである。(8)『御社用日記』にはしばしば金銭のことが記されており、また金銭をめぐる社内紛争もあったが、神社財政の詳細について著者はよくわからない。しばしば有力信者の祈禱依頼や寄進があったり、周辺地域に勧進(初夏と初冬)

に出たりしていたとはいえ、宝永七年(一七一〇)五月の幕府巡見使来社のさいには、「神領断絶、社頭大破、神官極貧」(宝永七年五月一七日)などと言上している。いささか大袈裟ではあろうが、財政事情は楽ではなかったと思われる。したがって社殿修覆用のエビス神の像札頒布から得られる収入は、必要経費を差し引くとそれほど多額ではなかったと思われるものの、それでも貴重な財源だったのであろう。

藩領時代には、新年の寿ぎにはもちろん、歳末や端午の節供、重陽の節供など、さまざまな機会に神主が登城して祝いを述べ、祈禱巻数を献上していたし、朝廷や幕府に参上するさいにも、そのつど藩に許可や報告の挨拶に参上していた。またたびたび城主の社参を迎えたり、城主の厄年の祈禱や病気平癒祈願、参勤交代などのさいの道中安全祈願なども行なっていた。同様に藩主姫君の参拝もしばしば迎え、藩と良好な関係を保とよう心がけられていたのである。もっとも日常の案件は、藩出先の西宮町奉行所と連絡を密にしつつ処理していた。現代に生きる筆者からすれば、これほど事細かに挨拶・報告を繰り返さなければならなかったのかと驚きではあるが、権力との関係は疎かにできず、常に密接良好でありつづけようとしていたことがわかる。このような関係の保ち方は、幕領となったあとも、大坂町奉行所・西宮勤番所などとの間でつづけられていた。

このほか神社として当然のことながら、幕府の寺社奉行や大坂町奉行にも何か事あるごとに報告をし、指示を仰ぎつつ神社運営に注意を払いつづけていたのである。

幕府や藩との関わりとは少し異なるが、西国大名が参勤交代の途次に社参することもしばしばで、社参の連絡があると神社では丁寧に迎え、道中安全その他の祈禱を勤めていたのである。当時諸大名は江戸往復のさい、道中のいったいどれくらいの神社に参拝を繰り返していたのであろうか。西宮社にしばしば社参の申し入れがあったということは、それだけ西宮社の格式が重んじられ、同時にエビス神の名が大名間にも知られていたということであろう。

5　地域社会との関係

海にも近い街道筋宿場町の中心神社としての西宮社は、海神・商業神として信仰を集め、地域社会との関わりを保ってきた。かつて豊臣家の後援を得て社殿を再建したのち、二〇人ほどの氏子が願人として神社に所属し管理に関わったように、神社と地域社会との関係は密接であった。そして西宮地域の一画には、古来エビス神と関わりの深い産所住民もいたのである。『御社用日記』には、神社の運営や祭礼執行にあたって、庄屋など町の役人とも常に連絡をとりつつ進めていたことがしばしば記されているのである。また、西宮から江戸に出た有力商人との関係をもちつづけていたこともわかる。

神主が将軍家への年頭礼のため江戸に下向していたため、神主日記である『御社用日記』の最初の頃には、現在にいたるも有名な正月の十日エビスの賑わいの記されることはなかった。しかし下向が隔年さらには四年に一度になって神主が正月に在社するようになってからは、日記にも記されるようになる。それによると十日エビスに多くの参拝者を迎えていたことや、前夜の神社の忌籠りとともに、氏子中も慎みの時間を送っていたことがわかる。この夜に居籠ることは神社からいくらか離れた一般の人には不思議に思われたらしく、周辺地域の住民から、西宮社と町の周辺住民が門松を逆さにしたり慎み籠るのはなぜかなどという問いがあり、それに対し神主は、古来のことで、何時からどういう理由で行なわれているのか神社には伝承されていないと答えたりしている(享保一五年五月七日)。

このほか、正月には氏子中に祈禱札を賦与したり、十日エビスのみならず正月二十日にも多くの参拝者があったようである。また八月二十一日・二十二日の祭礼は、しばしば「群詣」と記されているように、参詣者で大賑わいだった(9)。

地元の干鰯商がエビス講を組み、ほぼ毎年二回(五月と九月が多い)初尾を献じるほか、豊漁や不漁のさいにも感謝や祈願に訪れていた。舟仲間からの初尾もあがっていた。このように、そのときどきの地域住民からの祈願申込みも多かった。主として広田社へではあったが、周辺農村からの雨乞いの申込みも多かった。家内安全や病気平癒の祈願もしばしば求められていた。それにしてもおかしいのは、西宮社の神職が疱瘡平癒祈願のために京都のある寺に参って護符を受けてきたことに対し、神主が、自社でも同様の祈禱をしているのに神職として自社の神徳を何と心得るのかと叱っていることである(享保一一年三月二三日)。

五月と初冬には、神社として氏子中を勧進に歩いていた。五月は麦の収穫時期に合わせたものらしく、麦勧進などと記されている。初冬は稲作収穫期に合わせた勧進であろう。

江戸時代も中期になると世のなかが落ち着いてきたためか、氏子・信者から境内整備の申込みや、太鼓・灯籠・大絵馬等の寄進が増えている。祭りの夜には多くの提灯が奉納され、しばしば「夜ちやうちん惣数五百八十三有之」(享保一八年八月一九日)などと誇らかに記されているのである。

いろいろ述べていけばきりがないが、西宮社は常時地域社会と密接なつながりをもちつづけていたのである。

また、周辺地域からというわけではないが、元禄十四年(一七〇一)十月二十日には伊勢国山田の僧が六十六部日本廻国の途次に法華経奉納に訪れている。江戸をはじめ各地からの巡礼者(西国巡礼や四国への遍路達であろう)も、目的地への途次、参拝に訪れていることが、しばしば日記には記されている。このような巡礼者は「群参」と記されるほど多かったようで、神社では彼らからの賽銭は有難いものの、彼らの落書きにはほとほと困惑し(この落書きは巡礼特有の「結縁書」であろう)、警備員を増員して対策を講じていたほどである。(10)

二　エビス神像札頒布権の獲得

1 社殿の焼失と再建

第三章において少し触れておいたが、西宮社では寛文年間(一六六一〜一六七三)に、当時各地にいたであろうさまざまなエビス神像札の頒布者を支配し、エビス神像札の独占的頒布の権利を幕府から認可されている(11)。それ以後西宮社は、それまで西宮社とは無関係に各地にいたさまざまなエビス神像札頒布の動きの排除に向かうことになった。それとともに、西国の西宮社周辺諸国はもちろん、それまで西宮社のエビス神信仰があまり及んでいなかったであろう東国にまで、積極的に頒布活動を展開することになったのである。この認可は西宮社にとってのみならず、エビス神信仰史にとって大きなエポックをなすことになった。なぜ幕府によって西宮社に、そういう頒布独占の権限が与えられるようになったのか、たどっておきたい。

西宮社の社殿は中世末の争乱により、二度焼失の憂き目にあっている(12)。一度目は天文三年(一五三四)であるが、このときは白川家の斡旋によって朝廷からの寄進を受けることができ、まもなく新社殿が完成した。二度目は天正六年(一五七八)であり、これも慶長八年(一六〇三)頃、豊臣秀頼により、その家臣片桐且元が奉行をつとめて再造営がかなったのである。

このように、焼失後さまざまないわば公的支援ともいうべき権威権力者の助力を得て再建されているということは、疎かにできない事実である。当時、戦乱による畿内社寺の焼亡は多かったであろうが、その場合の社寺復興への権威権力者の助力はいかがだったのか。多くの社寺に次々に助力していたわけではないであろう。もし西宮社が少数の例外であったとしたなら、エビス神を祀る西宮社が、その当時、相当な存在として認められていたということである。

しかるにこの社殿も、江戸時代になってからの承応二年（一六五三）の失火により、烏有に帰してしまった。そして今度はその十年後の寛文三年（一六六三）、四代将軍徳川家綱の時代に幕府の沙汰として再建に着手されたのである（このときの社殿は昭和二十年八月の戦災による焼失まで存続）。幕府の支援は社殿造営にとどまらず、既述のとおり神輿の新調にまで及んだのである。

その事情を記す承応から寛文期にいたる資料は発見されていないようなので、[13]なぜ江戸幕府が、社殿再建にとどまらず神輿まで拵えるというように西宮社を厚遇したのか不詳であるが、それまでの朝廷や豊臣家による同社の再建支援に倣ったものであろうか。また先にも触れたような、正月の将軍家への年頭礼において独礼座を許される格式を認められた神社だったからであろうか。理由はその両者なのであろうが、もしそうであったならば、神宮や官社を頂点とする近代国家の神社政策と比較し、国学勃興以前の江戸幕府の神社観と神社制度に基づいたエビス神を祭祀する西宮社の社格を考えるうえで、重要な事実ではないかと思われる。

2　像札頒布権の獲得

当時財政が相当に逼迫していた西宮社では、この再建を好機ととらえ、幕府の力によって再建のかなった社殿の今後の修覆や、その社殿における恙なき祭礼の執行費用に宛てるためという理由で、全国においてエビス神の像札（御神影札）を独占的に頒布する権限の賦与を幕府に願い出て、認可されたのである。そして寛文七年（一六六七）には像札の規範とすべきエビス神と田の神・神馬という三点の絵像が下付された。[14]同時にこれら頒布者は神職身分ではなく、頒布は西宮社の願人頭と同様に俗人が携わる行為とみなされてしまったのである（後述するようにこの制約はのちのちはずされるのだが、この制約によって当初はさまざまな問題が起きた)。

それまで西宮社以外にもエビス神像札を作製し頒布する者は、神社や民間宗教者など、全国に多くいたと思われるが、独占的頒布権獲得以降の西宮社では、新社殿をしばしば「公儀御造営之御社」であると誇り、その維持・修覆費をまかなうためのエビス神像札の頒布は「御定法」によるものであると主張して、西宮社の関わらないこれらの頒布行為の排除に乗りだし、彼らを圧倒していくことになるのである。

西宮社において、像札の頒布行為は俗人である願人頭の職分であったため、神主日記である『御社用日記』には、後述する「正徳の争論」以前の頒布関係の具体例の記されることが少なく、詳細はわからないものの、頒布権認可(西宮社の側からいえば獲得)後、願人頭は、それまで各地において独自にエビス神に関するさまざまな宗教行為や神札・像札の頒布に携わっていた小社の神主や民間宗教者を、頒布独占権を楯に排除しつつ彼らを、西宮社のエビス神像札の頒布に従事する者すなわち下願人として誘い込んでいったようである。

この勧誘は、西国各地域はもちろん東国諸国においても熱心に進められたようである。誘われた者のなかには、民間宗教者のほかに、少なからぬ小規模神社(西宮社のエビス神勧請社もあったであろう)の神主がおり、彼ら頒布者は俗人であるという決まりに抵触することになったため、その後各地でしばしば問題化することになった。

元禄十六年(一七〇三)に関東地方のある下願人が西宮社を訪ねて、次のように訴えたことはその一例である。すなわち、自分は長年小さな神社の神職をつとめるとともに、先年本社願人頭中西家の支配下に入ってエビス神像札の頒布も行なってきた。しかし同じ地域の神事舞太夫、陰陽師達から、神職と俗人である願人の両職を兼ねることはできないと執拗にいわれて当惑している。このことを寺社奉行に訴えても願人頭に伝えても何ら取り上げてくれない。そのうえ、廻国してきた願人頭の手代は、神職と下願人を兼ねても苦しからずというのだが、どういうことなのか本社神主に確認しに来たというのである。それに対する神主の返答は、幕府の裁許によって頒布者は俗人だというように決まっているので、下願人としてこのまま像札を頒布しつづけたいのなら、神職の方を止めて商人にでもなるしかないと、にべもなかった(元禄一六年一一月一七日)。

彼のその後の成りゆきは不明だが、これによって西宮の願人頭が、寛文期に認められた独占権を理由に、それまで独自に活動していた地域の小社の神職に対し、西宮社のエビス神像札の頒布者になることを慫慂していたこと、その結果として、小社の神職と俗人であるべきエビス下願人を兼ねるようになった者のいたことがわかるのである。同時に、このような兼職をめぐって他の民間宗教者との間に抗争の生じていたこともわかり、エビス神信仰の地方への伝播を考えるうえで興味深い例である。

それにしても、このような願人頭の勧誘の仕方と本社神主との見解の齟齬は、小社といえども自らの神社を護りつつ頒布に携わっていた少なからぬ地方神職達にとっては、困惑かつ深刻だったに違いない。また、小社の神主をも下願人として勧誘し彼らからの役銭納入を期待したい西宮社の立場としても、俗人でないという理由で小社の神職を頒布者から除かねばならないことは、苦しかったことであろう。

「正徳の争論」後、頒布に関係していたこのような地方小社の神職の不満は次々に明らかになり、西宮社としては対応を迫られて頒布の体制を新たにしていくことになるのであるが、これについては次の第五章において述べたい。

三　「正徳の争論」について

1　争論の背景

「正徳の争論」とは、一口でいえば正徳三年（一七一三）に起こった一種の社内クーデター事件である。翌四年、幕府寺社奉行の裁可によって結局は神主の勝訴となり、以後西宮社は大きな変化を遂げることになった。その全体像についてはすでに幡鎌一弘の研究があるが[15]、エビス神像札のその後の頒布活動にも大きな影響を与えた事件なので、筆者なりに、『御社用日記』によっていくらかたどっておきたい。

争論の背景は、⑴社内事情と社の体制、⑵伝奏白川家との関係、⑶領主尼崎藩との関係、という三方面からとらえることができる。

⑴社内事情と社の体制

まず一つ目の社内事情と社の体制についてであるが、『御社用日記』の書き始められた元禄七年（一六九四）から争論決着までの約二十年間の社内の規律は、既述のとおりだいぶ緩い状態だった。祭礼や年間の行事は欠かすことなく行なわれていたものの、無断で社務を休む者がいたり、神主にまま反抗的態度をとる者がいたり、神楽担当の神子が神主の命令に背いて広田社での奏上を拒むことがあったりして、何とも締まりがなかった。

当時の神主吉井良信は延宝三年（一六七五）の生まれ。幼少の頃、神主であった父が死亡したため、他神社から養子に入った前神主に養育され、その神主も間もなく没したため、元禄四年（一六九一）頃、いまだ十歳代後半にさしかかったばかりという若さで神主職に就いたのである[16]。若さゆえ当初は先輩神職の統制が難しかったのかもしれないし、短期間に神主の交替がつづいたという社内の落ち着かない事情もあって、社内の締まりが緩かったのかもしれない。

しかし新神主良信は弱冠ながら、現代にまで書き継がれることになる神主日記『御社用日記』を念入りに書き始めた人であり、社家・神子の我儘にはそのつど叱ったり詫び証文を書かせたりしてけじめをつけており、社内の緩みを、神主が就任時若年であったことや、まして神主の資質のせいにすることはできない。むしろ争論において勝訴に導いた経緯やその後の新体制の構築の手腕をみると、非凡な資質を具えた神主だったと思われるのである。したがって社内不統制の原因は、神社のあれこれに地域住民が容喙しうるようになっていた社の長年にわたる体制、あるいは慣習にあったとみるのが正しいであろう。

中世から江戸初期の社内体制は不明であるが、『御社用日記』を読み込んで感じるのは、神社と町、すなわち神社と地域住民との関係が深すぎ、神社の独立性が充分確立していなかったのではないかということである。

その一つの理由として、豊臣家による社殿再建を契機に、住民を社殿管理任務のため願人という資格で社内体制に組み込み、神主の指示の下ながら勧進をまかせたりエビス神像札の頒布にも携わらせて、神社の財政に関与させていたということが指摘できる。

また、地域住民として中世期の早くから関係の深かった産所の人々も像札頒布に携わるなど、彼らの神社との交流も深かった。そのためか、社家の有力な一人には産所住民と頼母子を組む者もいたようである。頼母子講のさい、産所地域に出かけて夕飯を共にするというその密着ぶりに、産所の者などと一緒にいたという理由で神主が咎めたりしているのである。そこには、神職の一部と地域住民との関係の深さがわかるとともに、神主の咎め方について、神主と社家などとの間で、住民への対処意識の相違を指摘することができよう（宝永三年二月一四日）。

神主の意に従わない神子のいたことは日記の書き始めから頻出する。今ここで両者の見解の相違には深入りはしないが、神子が神楽奏上に従事することを拒んでいるとき、町の住民からは、神楽がなくて淋しい、神子の言い分も聞いて早く再開するよう計ってほしいというような、暗に神子の肩を持ち神社を批判するような意見が社中に伝えられたりしている。同時に、そのような神子の肩をもつと思われる住民のなかには、神社の行なう勧進に対して、地域として拒否を呼び掛ける者が出たりしていた(元禄一五年八月二五日、同一〇月二日)。神子は宗教者ではあったが、神職とは異なって住民の一員としての日常生活を送り、また有力住民を神楽の贔屓筋にしていたようでもあるから、神子への地域住民の支持は強かったのであろう。

また、遠来のあらたまった参拝希望者や宝物の拝観を願う者は、しばしば町内の誰か(おそらく特定の有力者だったのであろうが)を介して申し出ていた事実も挙げられる。希望者が直接神社に願い出てもよさそうに思われるが、『御社用日記』には、彼ら特定の住民に取次ぎを依頼しないと希望が達せられなかったのではないかと思われるほど、このことが頻出する。そこには住民が社の運営にも何らかの関与をしていたシステムが見え隠れするのであり、これは中世の慣例を踏襲したものかもしれない。そして後述することではあるが、このようなことは、「正徳の争論」によって追放された者達への、後年の復帰嘆願の運動にもつながる住民心意だったのであろう。

よくいえば神社にたいし住民の強いバックアップがあったということになるのであろうが、中世末以来の住民との深い関わりが、当時の西宮社にとって独自の運営や社内統制を難しくさせ、神社の主導権をめぐる争論の一因になっていったのだと考えてよいのであろう。

⑵伝奏白川家との関係

二つ目として、伝奏白川家の思惑も争論の引き金になったということがあげられる。広田社そして西宮社は、古代末以来中世を通し、近世に入っても争論の始まるまでは、白川家と密なる関係を維持してきた。西宮社にとって白川家は伝奏家として朝廷へ導いてくれる公家であり、神祇伯として神祇の指導者でもあった。ところがその白川家も正徳前の宝永年間(一七〇四～一七一一)には、伯家職の相続や伯家神道の伝授をめぐって揺れていたのである。そして白川家では、他から入ってきていた学頭職の臼井左忠なる人物が頭角を現わしてきて、西宮社など配下の神社への干渉を強めようとしていたようである。(17)

そういうなか正徳二年(一七一二)十月九日、臼井左忠などの紹介状を持った薬売りが西宮社を訪れ、西宮地域における薬の販売に便宜を計って欲しいと願い出てきた。しかし神社ではそれに充分応えることをしなかったのである。このことを薬売りがどのように臼井左忠に報告したかは定かでないが、よい報告をした筈はない。臼井左忠の心証を害したであろうから、このことも争論の何らかの背景をなしたのかもしれない。

(3)領主尼崎藩との関係

三つ目として、領主尼崎藩との関係でいえば、正徳元年(宝永八年)四月に、藩主が青山家(青山幸秀)から松平家(松平忠喬)に交替したことが、何らかの背景をなしたかもしれないのである。

後述するように争論の発端となったのは、正徳二年三月における伝統ある祭礼でのお旅所への神輿の渡御をめぐる、社内意見の不統一だった。既述のとおりこの神輿は、寛文年間(一六六一～一六七三)の幕府による社殿再建のさいに幕府に拵えてもらっていたものである。渡御が幕府によるその神輿新造当初から中断したままでなされていなかったのか、行なわれはしたが何らかの理由で中絶したままだったのか不詳ではあるが、『御社用日記』を読むかぎり、元禄年間(一六八八～一七〇四)から宝永まで十五、六年程の間、伝統ある神輿渡御はなされていなかったのである。

ところが神社側では新藩主家に交替して一年も経たないうちに、いわば間髪を入れずのようなかたちで、伝統の渡御を復活させようとしたのである。日記にその理由は何も記されていないものの、それまで旧藩主のもとで何らかの理由で中止していた伝統的な渡御行事を、新藩主になってすぐ復活させようとしたわけで、そこには藩主家交替が影響しているとみることができる。

以上のような諸状況のもと、争論が起ることになったのである。

2　争論の経緯と結果

争論の発端は正徳二年（一七一二）正月に、同年三月十八日の御世渡始《みしょうたいはじめ》と呼ばれる西宮社（エビス社）の伝統ある祭礼において、神社では久しく中断している神輿の渡御を復活させようと考えた。そして神職達のその打合せの場へ戸田見竹というお旅所支配人を呼び出して話し合ったことに始まる。戸田見竹とはエビス社社殿建築の大工筋の家柄の者で古くからの町の住人であり、当時は医者をしていたようであるが、お旅所の管理も任されていた人物である（正徳二年二月二日、同三年三月一八日）。

神輿渡御復活については、神社では前もって白川家にその意向を伝え、お旅所にあげられた賽銭をすべてエビス社（西宮社）の社殿修覆にあてるという条件で承認されていた。ところが打合せの場に呼ばれた戸田見竹は、町の住人という俗人でありながら、お旅所への渡御の場合には、自分に対してお旅所支配人という立場にふさわしい神職的地位を要求し、かつ自らへの賽銭の配分をも求めて、賽銭すべてをエビス社に納めてしまうことに反対したのである。しかし神社側では戸田見竹の意見を無視し、藩や町役人など多くの人の協力を得て、神輿の渡御を復活させたのであった（祭礼には戸田も参加した）。

神社側からすれば、ことはそれで終わるはずであったが、その後、見竹のいわば暗躍によって、社内争論にまで発展してしまったのである。

祭礼後に戸田見竹は、神社に無断で上京して白川家学頭の臼井左忠に面会を求めるとともに、さまざまな伝手を頼って白川家当主にもお目見えを果たしたようである。そのさいの臼井左忠への戸田の話の内容は不明ながら、神社ひいては神主批判をしたことは想像に難くない。そしてこのことは、配下の西宮社への干渉を目論んでいた白川家にとって、渡りに舟だったに違いない。同時に戸田は、西宮社神主への相談など全くなく、勝手に白川家に神職待遇の地位を要求し、許されてしまったのである。翌正徳三年二月、将軍への年頭礼の帰途、白川家に新年の挨拶に参上してそのことを初めて知らされた神主は、西宮に帰着後すぐ戸田見竹を呼んで注意をしたが功を奏さないまま、神輿渡御復活二年目の三月十八日の祭礼日を迎えてしまったのである。

祭礼の直前には、戸田のみならず日頃とかく神主に反抗的であった願人頭の一人中西も、白川家を訪ねて神主の罪状なるものを告発している。この告発は、同じ西宮の住人同士である戸田に唆《そそのか》され、戸田の動きに呼応したものではないだろうか。それだけではなく、この願人頭・中西の告発に、神職である社家の大多数も同調していたのだった。神子の動向は明らかでないが、後述の裁判において神主が神子をも訴えの相手としていることから考えて、神子も同じ行動をとっていたものと思われる。すなわち、祝部達を除くすべての神社関係者が、いつの間にか神主の敵対勢力になってしまっていたのである。

さて祭礼当日には、白川家から学頭の臼井左忠が西宮に乗り込んできて、神主を差し置いて祭りの采配を振い（このことは西宮社にとって異例）、その采配によって戸田見竹が神主の注意を無視して神職の一員のごとく振舞いつつ、神輿渡御が執行されてしまった。神主は日頃、何かと世話になり指導を受けている白川家の意向に従わざるを得なかったのである。

そして祭礼後に神主は、願人頭とか社家の告発内容について、臼井の詰問をうけることになった。それに対し神主は一つ一つ反駁するとともに、臼井左忠から発せられていた祭礼執行や賽銭の分配法[18]に疑問を述べて臼井の賽銭配分の命に従わず、賽銭は初めの予定どおり、すべて社殿の修覆にあてるべきことを主張したのである。

ことはそれだけでは収まらず、神主は翌四月に白川家に呼び出され、諸種の告発に基づいて罪人扱いをされて神主職の罷免を申し渡され、以後、臼井主導によって神社の人事を一新すると告げられてしまったのである。驚いた神主は領主の尼崎藩に断ったうえで、京都町奉行に罷免の不当であることを訴え出て、受理された。その後、裁判は江戸の寺社奉行のもとに移され、翌正徳四年五月にようやく裁可されたのである。裁判の規模を知るために、訴訟人と相手方(訴えられた方)を述べておこう(正徳三年一二月一八日頃～同四年正月四日)。訴えた側は、神主と神主を支持していたすべての祝部(五人)である。それに対して訴えられたのは、臼井左忠、社家六人、願人頭二人、戸田見竹、その他関係者五人だった。それに加えて神子一〇人も訴えられた。すなわち、西宮社のすべての構成員が関係し、訴訟人と被訴訟人に分かれて争ったわけである。

裁判の結果は神主吉井良信の主張が認められて、神主側の勝訴となった[19]。その一方で、臼井左忠は追放処分を受け、社家は若年であったため争論に加わらなかった一人を除いて、西宮の地から追放等の処分を受けた。争論の中心の一人である願人頭の中西も追放となり、もう一人の願人頭の辻は閉門となった。事の火付役というべき中心人物戸田見竹は、お旅所支配人を免職になり閉門を命じられた。そして白川家は伝奏の役を解かれてしまったのである。

筆者が思うに、この裁判は、神主が藩主との連絡を密にし、かつ賽銭の使用をめぐってその使用を「公儀御造営之御社」修覆の費用に充てるべきだと終始主張しつづけたことが、寺社奉行を動かし勝訴を導くことに大きく働いたということであろう。

その後の西宮社は、神主として吉井良信が留まり、社家は若年のため争論に加わらなかった一人だけとなり、五人の祝部は争論において終始神主の命に従って行動したために元どおり祝部として留まることになった（したがって神職の人数は半分ぐらいに減ってしまった）。神子も何人かは残ることになり、願人頭の一人（辻）はその後閉門を解かれ、今後は神主の指示に従うと誓って復帰した。そして伝奏は白川家から武家伝奏に替わったのである。

右のような経過をたどって西宮社は中世の緩みを引きずったような雰囲気から脱し、祭祀面のほか財政面や社殿の管理面などすべてを、神主が掌握することになった。エビス神の像札も各地の下願人に神主が直接に頒布許状を渡し、下願人を全面的に掌握統制し頒布しつづけることになったのである。すなわち地域社会と協力しつつも、神主を中心とした神社の独立性を強めていくことになったのである。

そういう意味で「正徳の争論」は、江戸時代の西宮社にとって、中世の体制のつづきかと思われる社内の緩みから脱する、画期をなす事件だったと言えよう。

なお、寺社奉行の裁可結果が神主（ひいては神社）に与えた重みを理解するさい重要と思われるので、最後に、十年後に地元関係者から出された追放者への赦免願いにも触れておきたい。

享保八年（一七二三）正月、江戸に下向したさい神主は、寺社奉行から呼ばれ、追放された社家や願人頭の親類の者から赦免願いの出されていることを告げられ、意見を求められたのである。赦免願いの内容は、彼らを神社に復帰させることを願うものでは全くなく、争論後もう十年も経ったのだから追放を解いて故郷に帰らせ、今後はせめても親類と一緒に市井生活を送らせてやりたいというものだった。それに対して神主は、もし赦免されて彼らが地域に戻ってきたなら、西宮にはまだ彼らに心寄せる残党がたくさんいるのだから再び騒動になりかねず、神社としてはたいへん困ると、きっぱり赦免に反対したのである。寺社奉行は、よくわかった、彼らの願いは取り上げないと述べ、赦免云々のことはそれで終わったのである（享保八年正月一六・一七日）。

断固とした神主の返答から、争論が実は町の大勢を巻き込んだもので根深い背景をもち、解決までは神主にとっていかに困難を極めたものだったかが理解できるのである。それだけに神主が、裁決結果を、過去のいわば陋習を断ち切る絶好のチャンスだととらえ、その後の神社の管理運営へ覚悟を新たにしていたことがわかるのである。

註

（1）『西宮神社御社用日記』。この日記については、第三章註（7）参照。西宮神社文化研究所編『西宮神社御社用日記』一～四（清文堂出版、二〇一一～二〇二〇年）。

（2）日記で西宮社は、蛭子社・蛭児社・戎社・夷社・恵比須社・恵比酒社なども、表記されている。

（3）後述の「正徳の争論」によってこの両家は追放されたが、まもなく辻家だけ復職し、その後も存続することになる。江戸中期の西宮神社を考えるさいこの願人は無視できない職分であるが、願人および願人組織については、松本和明「近世西宮神社における願人」（『近世諸国えびす御神影札頒布関係史料集』第一集、西宮神社文化研究所、二〇一一年）がある。

（4）『西宮神社御社用日記』（元禄一〇年〈一六九七〉一〇月三日）には、収入の「六分ハ神主方、四分ハ願人方」と記されている。ただ、西宮神社文化研究所編『西宮神社文書』第一巻（清文堂出版、二〇一七年）九六番文書「西宮定書壱冊」（貞享二年〈一六八五〉）には、いくらか異なる記述があり詳細はよくわからないが、いずれにしても願人頭は生計上、一生懸命だったのである。

（5）貞享二年（一六八五）段階のことは、『西宮神社文書』第一巻（前掲）九六・一二〇番文書「西宮定書」から明らかであるが、それ以前のことは不詳である。

（6）自らの職分である神楽に欠席する場合、神子には、自分達は西宮社の神子であって、広田社や南宮社での湯立神楽などの義務はないとの意識が強かったようである。このことは江戸初期までの広田・西宮両社の関係を考えるさいの興味深い主張である。

（7）『西宮神社文書』第一巻（前掲）一四一頁。なお、年頭札の研究には、二木謙一「江戸幕府の正月参賀の成立」（林陸朗先生還暦記念会編『近世国家の支配構造』雄山閣出版、一九八六年）があるが、西宮神社の事情については、森本真紀子「江戸の年頭札」（西宮神社文化研究所編『えびすさま・よもやま史話―「西宮神社御社用日記」を読む』神戸新聞総合出版センター、二〇一九年）に述べられている。

（8）松本和明「江戸時代における西宮神社の社領」（前掲『えびすさま・よもやま史話』）。

（9）西宮社の祭礼や年中行事については、幡鎌一弘「『西宮神社御社用日記』にみる元禄期の西宮神社・広田神社の年中行事」（『西宮神社御社用日記』第一巻（前掲）解説）や、戸田靖久「西宮神社の年中行事（上・下）」（『えびすさま・よもやま史話』（前掲））にまとめられている。

（10）伊勢国からの僧が六十六部だということ、および巡礼の落書きが巡礼者特有の「結縁書」であろうというのは、小嶋博巳氏のご教示による。なお小嶋氏によると、元禄十四年（一七〇一）の六十六部訪社はまだ珍しいが、十八世紀半ば以降になると、摂津国に足を踏み入れた六十六部のうち三〇％の者が西宮社を訪れ、納経するようになったという。

（11）『西宮神社文書』第一巻（前掲）三号文書。その代わり、それまで西宮社の下願人は同時に大黒天の像札などを頒布することもあったようだが、大黒像札は神事舞太夫という民間宗教者のみが配ることにきめられた。その後、各地の下願人と神事舞太夫との間でしばしば争いが起きることになるが、それについては、佐藤晶子「西宮夷願人と神事舞太夫の家職争論をめぐって」（橋本政宣・山本信吉編『神主と神人の社会史』思文閣出版、一九九八年）がある。

(12)『西宮神社の歴史』（西宮神社社務所、一九六一年）六〇・六一頁。
(13)同右。
(14)註(12)に同じ。このほか同様の記述は『御社用日記』にもしばしば述べられている。
(15)幡鎌一弘「正徳の争論の経緯とその背景」（『西宮神社御社用日記』第二巻（前掲））。
(16)同右。
(17)同右。
(18)『西宮神社文書』第一巻（前掲）七三号文書「伯家申渡之条々壱冊」に、このとき臼井左忠が神主に与えた祭礼執行や賽銭の分配法について、述べられている。
(19)この裁判における奉行所の裁許内容については、『祠曹雑識』巻二三（『内閣文庫所蔵史料叢刊第七巻』汲古書院、一九八一年）に「西宮広田社一件裁許（正徳四年）」として残されている。

第五章　「公儀御造営之御社」を錦の御旗として

一　周辺諸国の願人改め

「正徳の争論」（第一部第四章参照）後しばらくの間、西宮社では、神主が指揮をとって各地に散在する西宮社のエビス神像札の頒布者、すなわち下願人の現状把握に忙殺されることになる。それまで彼らを直接掌握し指揮していた願人頭の中西家が追放という処分だったので、神社側として充分な引継ぎを受けることができなかったためである。

そのうち東国については、神主が年頭礼で江戸下向のさいに、それまで願人頭の手代として東国の下願人達を統率していた触頭を呼び出して全体状況を報告させたあと、東国のことは当分の間、その触頭に任せることにした。そしてまずは、畿内や播磨国・丹波国など周辺諸国の下願人掌握に着手したのである。

西宮社周辺諸国には、争論の起きる少し前に神社として近国の下願人達から社納された役銭を調べたところ、九八人分あったと『西宮神社御社用日記』（元禄一六年一〇月一七日の条）（以下『御社用日記』とし、年月日のみ記す）に記されているので[1]、下願人は一〇〇人前後はいたとみてよいであろう。

争論後これら周辺諸国の下願人は神社側の強い方針に従って、毎年一回、だいたい春の終り頃（三月頃）にそれぞれ西宮社を訪れ、前年の役銭（一人五〇〇文）を支払って神主から直接、当年のエビス神像札の頒布者としての免許証文を受けることになったのである（従来もそうであったのを厳格に守らせることにしたのかもしれない）。そのさい、最初のうちはいくつかのトラブルがあったものの、下願人達は神主から、頒布の役銭すなわち社納金は「公儀御造営之御社」の修覆に充てられるわけで、各自は大事な任務を負っているのだからしかるべき誇りある態度にて頒布に当たらなければならないと諭され、一年間の免許証文を受け取り地域に戻っていくことになった。このようなことを毎年繰り返すことになったのである。

そして神社側では、下願人が新たな旦那場を開拓して頒布に赴くときや、それまでの旦那場を前の下願人から譲り受けて新地に赴く場合には、免許証文のほか、当該地の役所宛にその旨の添状を持たせることもあったようである。また備中国のある下願人のように、地元の大庄屋・組頭・旦那寺から出された往来手形を身分証明書として見せ、免許証文交付を願い出る者もいたのである（正徳五年八月一九日）。

これら神主からの直接の説諭は、下願人に自分達は他の民間宗教者とは違う任務に従っているのだという意識をもたせるためであり、西宮社のエビス神の像札頒布を他と差別化する方途だったのである。同時に役銭の納入を確実にする方法だったのである。各旦那場での頒布の仕方や家々でのエビス神像札の祀り方はわからないものの、こうして西宮社のエビス神はさらに各地に浸透していったことであろう。

右の九八人という下願人の数に産所の下願人達も含まれていたのかどうかわからないが、神社近くの産所村は下願人の一つの集住地であり、当時、二〇人前後の願人がいた（正徳四年七月一九日）。ここにも争論の影響が及んだのであろうか、産所の太郎衛門という下願人が、争論の決着した翌年に、「丹波さゝ山町兵右衛門ト申者、近年太郎衛門先々より賦り来り候七ヶ村有之所ヲ奪取候」と訴え出てきたのである（正徳五年四月二〇日）。産所の下願人が旦那場をもっていたことは『御社用日記』の各所から明らかであるのだが、この訴えなどによって、彼らが近国へエビス神像札の頒布に歩いていたことがわかる。同時に、神主から直接頒布の免許証文を受けて自らの立場を自覚し、勢いを得てきたであろう各地の地元下願人との間で、旦那場争いの起きていたこともうかがえて興味深い例である。

既述のとおり産所村は、百太夫社を祀る人形操り師の一団が居住していた地である。同じ産所住民である人形操り師と下願人達との村内における確かな関係はわからないが、人形操り師は夷舁きなので両者には繋がるものがあり、そういう雰囲気のなかで右の太郎衛門らはこれまで活動しつづけていたのであろう。神主が大坂の下願人を神社に呼びつけるさいに、産所願人を遣いに出していることからみても（正徳四年一〇月八日）、中世のように神社の下働きもつづけていた産所の下願人は、一般の地域の下願人とは少々異なる立場にある者達だとみられていたのかもしれない。

しかしこの「丹波さゝ山」の訴えの出されたわずか四年後、彼ら産所の下願人達は「像賦役儀向後相勤申間敷布候」として神社に免許証文を返上してきたのである。神社では、長年勤めてきた仕事だからと宥めすかして翻意させようとしたものの、彼らの意思は固かったので、彼らを「軽キ者共之儀ニ候間」と考え、関係を絶つことにしたのである（享保四年三月二二日）（もっとも後で詫びを入れてきたのでその後も関係はつづいたが）。この一件から、神社側では産所願人を「軽キ者共」とみなしていたことがわかる。この産所願人観は先にも述べたとおり、神主が、頼母子講のさい産所願人宅で夕飯を共にした神職の一人に対して「法外之仕方」だと叱り、「已後堅左様ノまじわり仕間布候」と誓わせたという産所観に通じるものである。

同様の産所観は頒布先の各地域においてももたれていたはずであり、そのため、徐々に希望者が多くなり、かつ神社が自信をもたせるようにし始めていた地域の下願人達に、あちこちで年来の頒布先を奪われていくことになったのであろう。この推測が誤りでなければ、人形芸の衰退のみならず、右のようなことも産所村の衰退につながり、江戸後期に百太夫社が西宮社境内に移される遠因をなしたとみることができよう。

先の九八人に含まれているのであろうか、大坂にも多くの下願人がいた。争論前の元禄十年（一六九七）二月二十七日の『御社用日記』には、「大坂ニも大分新願人共出来候」と記述されており、江戸中期は下願人の増加期だったかと思われる。正徳の争論後、西宮社へ大坂での組頭だという下願人二人を呼び出して尋ねたところ、彼らは元禄の初めに願人頭だった中西家に願い出て頒布に従事するようになった者で、大坂その他、摂津・河内両国五六か村で頒布していると答えている（正徳四年一〇月一一日）。

しかし西宮社では、一年ほどの彼らとのやり取りのあと、彼らの活動には何かと不正の様子も感じられたので罷免し、新しい組頭を任命したのであった。このような組頭と称する者との話合いのつづけられていた期間にも、伝手を頼って何人もの下願人希望者が現われ神社では許可を与えているので、この組頭と称していた両人の活動以外にも、大坂における頒布活動は広く活発に行なわれていたようである。

「正徳の争論」後、大坂の下願人のなかには、市中や近辺諸地域のみならず、紀伊国や阿波・讃岐・伊予・土佐など四国地方や、長門・備後など山陽道方面、丹後国など、西国諸国へも頒布を願い出る者が何人も現われたことが日記には記され、神社側では彼らの身元を確認したうえで、免許証文や行き先の役所への添状を交付している。頒布の具体的状況を知ることはできないが、江戸中期、納める役料が「公儀御造営之御社」の修覆に充てられるのだという神社の掲げる錦の御旗のもと、西宮社の免許証文を得た多くの下願人がエビス神像札を新たな地域に頒布して歩き、西宮社のエビス神信仰は西国各地に広く伝播浸透していったと考えてよいであろう。

なお時代は少し前後するが、大坂では今宮戎神社でもエビス神の像札を頒布していたが、既述のとおり元禄七年三月、西宮社では幕府から認められているエビス神像札の独占的頒布権を楯に大坂寺社奉行所に訴えて、今宮戎神社の頒布を差し止めてしまった。しかし毎年正月の十日エビスの参拝者はその後もつづいたので、争論後、西宮社では寺社奉行所に願い出て、下願人達を用い、それら今宮戎神社への参拝者を目当てに、日本橋《にっぽんばし》や心斎橋など大坂市中の何か所かでエビス神像札を売り捌くことになっていたのである[2]。

また、「奈良ニ而夷之像賦ル者有之候ニ付、差止」めるために下願人を遣わしていることから（元禄一二年四月一〇日）、西宮社の関知外のところで、何らかのエビス神像札を配る者のいたこともわかり、それらへの対応もしている。同様の阻止は和泉国でも行なっていたのであり（享保一五年一〇月一三日）、『御社用日記』にはしばしば各地で同様の措置の講じられたことが記されている。阻止を受けた彼らは、その後は西宮社に圧倒されていったことであろう。

このような西宮社以外の像札頒布者への圧力は、第三章の「四　西宮神社以外の像札頒布者」のところでも述べたとおり、多々行なわれたことであろう。

二　東国の願人改め

争論以前の東国は、西宮社の願人頭二家が東国在住の二人の手代を雇って彼らを触頭に任じ、散在する下願人達を掌握支配し役料を納めさせていた。争論後に神社でその触頭を呼び出して現状を報告させたところ、所在地の範域までは日記に記されていないものの、総計五八七人もの下願人のいることが判明したのである（正徳四年六月一一日）。

この多くの下願人は、①早くからもともと西宮社の像札頒布に携わっていた者達なのか、②寛文期（一六六一～一六七三）の西宮社の頒布権獲得後に新たに頒布に関わるようになった者達なのか、③はたまた以前から何らかのエビス神像札を頒布していた小社の神主や民間宗教者であったのが、その後に誘われて西宮社のエビス神像札頒布に関わるようになった者達なのか、詳しくはわからない。おそらく①～③の三者ともであろう。いずれにしても五八七人という数からみて、江戸前中期といってよい頃には、東国にもエビス神信仰がさまざまな形で広まっていたとみて間違いあるまい。

右の③の例に関して中野洋平は、信濃国においてボンボクと呼ばれていた集団や、陸奥国各地でイタカと呼ばれていた人々、さらには越後国など各地で穢多・非人とされていた人のなかには、前々から西宮社とは無関係なエビス像札を頒布する者がいたであろうと述べ、江戸中期これらのなかから、西宮社のエビス神像札の頒布者に鞍替えする者が多く出たであろうと推測している。(3) 正鵠を射たものと思われる。

甲斐国の頒布者が「正徳の争論」後に西宮社に訪ねて来て、今までは西宮社と関わりなくエビス神像札を周辺地域に頒布していたが、これからは西宮社の免許のもと頒布したいと願い出てくることがあった（正徳六年閏二月一三日）。この例でもわかるように、このような鞍替え組は多くいたことと思われる。争論以前においても、西宮社の願人頭がこの種の者達を選択的に自社に誘い込んでいったことは充分に考えられることであろう。なお、東国における西宮社のエビス神像札頒布者の地域における実態研究は少しずつ進められており、(4) 今後さらに明らかになっていくことであろう。

ところで西宮社では、「正徳の争論」後、書面によってもたらされる各種情報や、年頭礼（この頃の年頭礼はすでに隔年になっていた）のため神主が江戸下向したさいの触頭の報告などによって、東国では下願人達からの役銭の延納や触頭への批判など、現地でさまざまな問題の生じていることを承知するようになった。しかし触頭にいくつかの指示を与えたり苦言を伝えたりしながらも、西宮社周辺諸国の下願人掌握に忙殺されていたために、東国では従来どおり触頭を通しての下願人掌握にとどめたままにしておいた。そして周辺諸国の掌握に一応のメドがついたので、東国諸地域下願人の本格的掌握に向かうことになったのである。

その間くすぶっていた触頭によるいくつかの金銭的不正が確認されたので、享保六年（一七二一）正月の神主江戸下向のさいに、触頭を罷免して、いよいよ神主が下願人の直接支配に乗りだすことになった。まず享保六年・八年の正月、神主の江戸滞在中に、現在のほぼ関東一円の下願人を宿泊先に順次呼び寄せて、願人改めを行なった。同時に水戸の下願人の組頭だという須藤但馬なる人物に依頼して、北関東から奥羽方面の下願人の実情を調査したのである。

すなわち享保六年と八年の正月に、常陸・下野・武蔵（江戸を含む）・上総・下総・安房・相模など比較的江戸に近い国々から約六〇人の下願人が、神主の滞在する宿を訪れている。各地域の願人組織の詳細は不明ながら、地域には組頭的下願人と並みの下願人がいたようである。やって来た者の多くは組頭的立場の者らしかったので、彼らの下に、先の五八七人に通じるこの何倍もの下願人がいたことと思われる。神主はやって来た彼らに順次会って直接に像札頒布の免許証を交付し（免許証には「神像札賦与免許状」と記されることが多かった）、西宮社周辺の下願人に諭したように、自らの職務は「公儀御造営之御社」修覆に寄与する誇るべきことなのだと説き、各下願人に年間五〇〇文の役銭を確実に納入すべきことを命じたのである。

エビス神の像札頒布に関わる者達や頒布行為が、他の民間宗教者の各種配札と同様にしばしば下賤の者とか下賤な行為とみられ卑職視されていた当時にあって、彼ら下願人には前々から、俗人である願人頭（中西家）からの免許ではなく本社神主から直接免許の交布を希望する者達がいたので、このような神主からの説諭と免許証文の直接交付は、下願人達にとって有難いことだったのである。

江戸の神主滞在先に呼び寄せるのと並行して西宮社では、下野・常陸・下総の三か国と遠くの奥羽各地の下願人の実態調査を、下願人の一人である前記の須藤但馬に依頼して実施した。但馬が享保六年の大半をかけて現地に赴き、直接調査したそのときの復命報告書が現在西宮神社に保存されているという。それを用いた志村洋の研究によると(5)、実務から退いていた若干の者を含めて当時の同地域には、二五〇人ほどの下願人のいることが確認された。復命報告書には稀に、三人の下願人で五〇〇軒の旦那に像札を頒布しているとか、他の下願人から二四〇軒の旦那を買い取って頒布しているという例が記されているので、これらから推測すると、江戸中期には奥羽地方にも相当数の西宮社関係の像札が頒布され、エビス神信仰の広まりはじめていたことがわかる。

この調査以前においても、西宮社を本社とする神社が現在の秋田市に存在していたことが明らかである（宝永八年三月二九日）。須藤但馬の出羽国調査は羽前（山形県）に限られていたので、調査がさらに羽後（秋田県）にまで徹底されていたならば、下願人数と頒布圏はより大きな数になっていたものと思われる。

それらに加え東北・関東地方以外の東国においても、越後・越中・信濃・甲斐・駿河など諸地域に、人数は不明ながら相当数の願人のいたことは、『御社用日記』の各所から推測することができるのである。

このように西宮社では、「正徳の争論」を経た江戸中期に、エビス神像札の頒布権獲得後に願人頭によって徐々に増やされていった東国各地散在の自社のエビス神像札頒布者の実態を把握し、神主の名でエビス神像札頒布の免許証を交付して、彼らを直接掌握し支配するようになっていったのである。

現在、江戸時代に東国各地の下願人に交付された、西宮社のエビス神像札頒布関係の免許証文が約八〇点確認されている。[(6)] そのほとんどが争論後に神主の名によって発給されたものである。このことからみて、争論後に神主が直接に交付した下願人（社人）の家が、その後それぞれの地において安定的に職務を継承していったことがわかり、そのため、交付関係の資料がそれら家々に現在にまで多く保存されることになったわけである（その一例として第二部第四章の例が挙げられる）。また下願人の家が安定していたからこそ、西宮社関係のエビス神信仰が農山村部に広く確実に浸透していったのだともいえるであろう。

三　江戸支配所の設置

東国の実態把握ができたものの、東国は西宮社からは遠い地であるうえに下願人の数も多い。また江戸は繁華な都市であるため、二年に一度（享保一六年〈一七三一〉からは四年に一度）の神主の江戸下向ぐらいでは、充分に掌握し統括しつづけることは困難である。西宮社では、神主の名で像札頒布の免許証文を発給するという直接支配の形は維持しながらも、その手交とか役銭の徴収という事務的作業を滞りなく行なうために、江戸支配所の設置を幕府（寺社奉行）に願い出て許された。そして、設置認可と同時に享保八年正月末には幕府から、東国に頒布するエビス神と田の神・神馬の絵像の三点が再交付されたのである。再交付というのは、エビス神像札の独占的頒布権認可のさいの寛文七年（一六六七）に西宮社のエビス神像札の規範として幕府から交付されながらも、その後社内争論などで行方不明になっていた絵像の再交付だったからである。そして幕府からは、以後これらの絵像をもとに板木を作って頒布するよう命じられたのである（享保八年一月二九日）。

当時下賤呼ばわりされることの多かった下願人達にとって、幕府から下付された西宮社の像札の頒布ということは、頒布が「公儀御造営之御社」のためという名目とともに、自らの頒布行為を、他の民間宗教者の諸札頒布から差別化する権威となっていったことであろう。

西宮社では早速享保八年（一七二三）二月末に永井外記なる人物を支配所の役人として採用し、彼の家を江戸支配所に定めたのである。(7) 江戸支配所は、東国の散在下願人の統括と世話、彼らへの神主からの像札頒布許可証文の手配と彼らからの役銭徴収、それの本社（西宮社）への納入を主たる任務とすることになった。同時に幕府との各種連絡や、浅草観音境内のエビス社での、年の市とか十月二十日のエビス講でのエビス神像札頒布などをも担当することになったのである。江戸支配所はその後、役人が何度か交替し、所在地も転々としながら江戸時代末まで続き、西宮社による東国へのエビス神信仰宣布の窓口であり、拠点として機能したのである。

このほか『御社用日記』には早くから、西宮出身かと思われる商人達による江戸のエビス講結成の動きが記されていて、彼らから西宮社へ寄進のなされたことが数々記されている（たとえば元禄九年一月二三日など）。このように江戸には、下願人によって宣布されたものとは別に、西宮出身者による西宮社のエビス神の信仰のあったことがわかる。なお浅草寺境内のエビス社のほかにも、江戸には日本橋界隈の宝田恵比寿神社や椙森神社などエビス神を祀る社があって信仰を集めていたが、それらと西宮社との関わりはなかったようである。(8)

また、繁雑になるかと思うので記さないが、このような支配所は、一時名古屋にも設けられていたのである。(9)

四　願人から社人へ

このようななか、西宮社の願人統括にとって重要な転機となる出来事が生じた。享保十四年（一七二九）、陸奥国白川郡（福島県）のエビス神を祀る神社の神主でありかつ同地域一帯の下願人達の組頭をつとめる者が中心になって、周辺地域の多くのエビス社（いずれも小規模神社だったと思われる）関係の神主から、本社神主に一つの訴えが告げられたのである（享保一四年二月二〇日）。訴えの内容は、われわれは以前から手続きを踏んで京都の吉田家へ神道裁許状の発給を願い出ようとしているが、同じ地域の吉田家配下の有力神主達から、エビス神像札の頒布という下賤な職にも関わる者達は神職として認めがたいとして妨害され困っている、本社（西宮社）としてどうにかしてほしい、というものだった。

当時全国の多くの神職たちは、幕府の定めた「神社条目（諸社禰宜神主等法度）」によって吉田神道の吉田家を通して神道裁許状を受けることにより、神職として公認されていたのである。この裁許状を受けるためには地域の役人や有力神主の添状が必要だったのであるが、彼らはその添状を受けることが有力神主達によって妨害されているために、神道裁許状の受領がかなわず困っていたのである。神道裁許状が受領できないことは、地域の神主達にとっては自らの神社や身分の存否にかかわる由々しき問題だったのである。そこで困惑を告げられた西宮社では、たびたび吉田家に掛けあってみたが、埒があかなかった。

六十年ほど前の寛文年間に西宮社が頒布の独占的権利を得たときに幕府から示されたのは、既述のように像札頒布の下願人は俗人ということだったので、小社の神主達の言い分は本来は通らないはずである。しかし彼らは、頒布には関係していても直接の頒布行為を身内の者（当然俗人であろう）に任せたり、神主ではない他の下願人を使ってさせていたわけで、頒布に関与しながらも、頒布という行為には直接はタッチしていないといういわば言い逃れを用意していて、われわれは飽くまでも神主であると主張し、神道裁許状の発給はなされるべきだと主張したのである。筆者が思うに、それまでの幕府の決まりからすれば吉田家配下の有力神主達の言い分はもっともであったし、第四章の二節2項で述べたように西宮社神主も常々そういう考えでいたのではある。しかし西宮社神主が、この場合もこう言い通していたのでは、小社の神主を兼ねる多くの下願人からの役料が入らなくなってしまう。

困った神主は相談を受けてから十年後、結局小社の神主の言い分に沿った内容で、添状を出さない地域の有力神社の神主達を相手どり、寺社奉行へ訴訟におよんだのである。その結果、元文四年（一七三九）にいたってようやく小社神主達の主張が認められたのである。[10] そしてその裁決内容は相手方には厳しいもので、像札頒布行為を卑職として小社の神主の神道裁許状受領を疑問視し、添状を拒んでいた地域の有力神主達の多くは、神職という職を解かれてしまったのである。

この訴訟結果のもつ意味は、西宮社にとってたいへん大きいものだった。地域小神社の神主達が西宮社のエビス神像札頒布に関わっていたとしても、それは下賤な業などではなく、「公儀御造営之御社」社殿の維持修覆のためであるという幕府見解が、明確に示されたからである。幕府は西宮社の掲げた「公儀御造営之御社」のためという錦の御旗を公的に完全に認めたわけで、像札頒布者を俗人とし、神職とは異なる立場の者としてきた寛文期以降の幕府見解を、時代を経て覆すものだったのである。そしてその後、地域において西宮社のエビス神像札頒布に携わる小社の神主達は、単なる下願人ではなく本社(西宮社)から社人とか神職と呼ばれるようになっていったのである。同社の発行するエビス神像札の頒布行為および頒布者が、世間から卑職とか下賤の者の行為とみられ困惑してきた西宮社年来の思いは、ここに解消に向かうことになったのである。このことと関わるかと思うが、『御社用日記』の記述をたどると、この頃から本社願人(願人頭)をも社人と記すようになっているのである。

訴訟の結果は、すぐに西宮社から東国各地域の関係者に伝えられることになった。翌元文五年正月の神主の江戸下向のさいに、東国の下願人達に頒布の免許状を与えるに当たって、従来にもましてエビス神像札頒布は「公儀御造営之御社」社殿の維持修覆のためである旨を諭し、彼らに自らの職務の意義を説いて誇りをもたせるようにしたり、その立場を明確にするために社人としての装束着用を守らせたり、下賤と見なされかねない行為を戒めるとともに、維持修覆料としてのそれぞれの役料の完納を促したのである(11)。そしてその二年後には、奥羽および越後の諸領主三〇か所余にまでも訴訟の結果を伝え、徹底をはかろうとしていったのである(12)。

このようにして西宮社では、東国各地域に散在する自社配下のエビス神像札頒布者が幕府公認の者であると宣布し、当時各地にいまだ少なからず存在していたであろう類似の民間宗教者や下賤とみなされがちな者との差別化を、いっそう強くはかっていくことになったのである。

たとえば、寛保元年（一七四一）五月十八日、西宮社によって地域（この場合、越後国蒲原郡かと思われる）の寺社奉行に提出された次のような願いには、西宮社発行のエビス神像札と、それ以外のエビス神像札（これらを西宮社では偽像札と考えたであろう）を差別化しようとする神社の強い思いが表われている。[13]

（前略）御領内之地ニ罷居候穢多之類之もの共夷神像・田ノ神像自分ニ板木ヲおこし、上に西宮太神宮与申神号ヲ書付、我侭ニ引賦り候段ハ以之外之儀与奉存候、依之公儀御定法茂相立不申、御修理料の妨ニ相成り、畢竟西宮本社共に相立不申、迷惑千万、（後略）

「穢多之類」の者が西宮神社を騙ってエビス神像札を発行頒布し、われわれ「公儀御造営之御社」社殿の修理料徴収の妨げになっているので、取り締まってほしいというものである。寛文年間に頒布権の独占が公認されて七、八〇年ほど経ってから後も、西宮社とは関わらないこの種の頒布者は各地に少なくなかったのであり、それゆえに西宮社としては、西宮社エビス神像札頒布者（社人）の行為の、卑賤イメージ払拭に努めようとする願い出だったのである。

『社用日記』の公刊が進行中なので、現段階（令和五年七月）では、その後の江戸時代中後期以降の実情は詳らかにしえないが、なかなか難しい面も多かったであろうと思われるものの、この流れはその後一段と進み、東国をはじめ、全国の農山村部へのエビス神信仰は一段と広まっていったものと思われるのである。

註

（1）『西宮神社御社用日記』。この日記については、第三章註（7）参照。西宮神社文化研究所編『西宮神社御社用日記』一～四（清文堂出版、二〇一一～二〇二〇年）。

（2）江戸時代の西宮神社と今宮戎神社については、井上智勝「西宮と今宮」（西宮神社文化研究所編『えびすさま・よもやま史話―『西宮神社御社用日記』を読む』神戸新聞総合出版センター、二〇一九年）がある。

（3）中野洋平「「えびす」にまつわる人々」（『年中行事論叢―〈日次紀事〉からの出発』岩田書院　二〇一〇年）。

（4）鈴木良明「近世西宮戎信仰の地域的展開」（圭室文雄編『民衆宗教の構造と系譜』雄山閣出版、一九九五年）、志村洋「近世の一農村における勧進宗教者の系譜―えびす・万歳・太神楽―」（関西学院大学人文学会『人文論究』六二―三、二〇一二年）、同「村共同体における勧進宗教者―信州諏訪地方を事例に―」（『東京大学日本史学研究室紀要〈別冊　近世社会史論叢〉』二〇一三年）など。

（5）志村洋「享保期、西宮神社による関東・東北地方の願人改めについて」（『西宮神社御社用日記』第三巻（前掲））。

（6）これらについては、『近世諸国えびす御神影札頒布関係史料集』第一集・第二集（西宮神社文化研究所、二〇一一・二〇一七年）に収められている。特に約八〇点という数については、第二集の「参考表・神像賦与免許状一覧」による。

（7）江戸支配所については、志村洋「西宮神社の江戸支配所」（『えびすさま・よもやま史話』（前掲））。

（8）戸森麻衣子「江戸・東京のえびす信仰」（『えびすさま・よもやま史話』（前掲））。

（9）松本和明「近世西宮神社の名古屋支配所について」（『えびすさま・よもやま史話』（前掲））。

（10）この訴訟の経緯については『西宮神社御社用日記』第四巻（前掲）に詳しく記されているが、これらに基づく研究として、井上智勝「享保中期から元文年間における西宮神社の配下組織」（『西宮神社御社用日記』第四巻）がある。

（11）　一例として、前掲註（6）『近世諸国えびす御神影札頒布関係史料集』（前掲）第一集所収の「藤田家文書一七〈諸国文配下申渡覚〉」とそれにつづく文書一八・一九や、第二集所収の「和久井家文書九・一〇」と、「同一一〈奥州仙台惣支配下へ申渡ス覚〉」などをあげることができる。そして、第二集所収の「参考表・神像賦与免許状一覧」によって、この一件を境に免許状の交付数の増えていったことがわかる。同一覧表は、しかるべき頒布者（社人）だったのであろう現在の家々に残されているものだけであるが、残されているということは、この一件後それだけ免許状を受ける人数が多くなりかつ各家々で大切にされたであろうことと、その後は他との抗争も少なくなり、家々が社人として連綿とつづいたことを物語るものであろう。

なおその一つ、第一集所収の「佐藤家文書」の所有者佐藤家（神職）では、現在においても、新潟県中央部において広く頒布活動をつづけているのである（本書第二部第四章参照）。

（12）　前掲『近世諸国えびす御神影札頒布関係史料集』（前掲）第一集所収の「佐藤家文書三〈乍恐以口上書御詔申上候〉」。

（13）　同右。

第六章　海の神・漁の神としてのエビス神

一　登場初期のエビス神と海の神

平安時代末から鎌倉の初期に文献に初めて登場したエビス神は、すでに第一章において述べたように、海の神としてではなかった。厳島神社の場合は江比須という神名のみの登場であるから何ともいえないが、広田神社の場合は夷と表記して、荒々しい神、軍神、願いを叶えてくれる神などとして考えられていたのである。ただこれらは都の知識人の認識であり、彼らにはいまだ海の神、漁の神としては知られていなかったからであろう。

しかし早くに、広田神社の創祀を神功皇后が海難を乗り切ったという神話に求めようとする考えのあったことや、大阪湾域に住吉大社・長田神社・生田神社という海に浅からぬ由緒をもつ古社をはじめ、海神信仰に関わる多くの神社が鎮座していることは、広田神社と海の深い関係を想定させる事実なのであろう[1]。

鎌倉時代の文書かという石清水八幡宮の「宮寺縁事抄」に、エビスの像が魚を抱いていた旨が記されていたり、また『和名抄』にエビスを海老主神と表記する例があるということから[2]、エビス神は文献への登場の頃すでに、あるいはそれ以前から、信仰する地域や関係者の間では、海の神、漁の神という認識がなされていたのかと思われる。記紀において海に流し去られた蛭子(蛭児)をのちにエビス神に比定するようになったのも、海を介して両者に通じるものを感じる心意があったからであろう。

また、現在は九月二十二日の西宮神社の例祭に神輿が近辺を巡幸するが、平安時代末・鎌倉初期には八月二十二日に広田神社の神輿が、離れた和田岬まで巡幸した記録が『山槐記』の治承四年（一一八〇）の条にあり[3]、織田信長時代に一時中断したものの、巡幸は江戸時代にもつづいていた[4]。治承四年の巡幸がエビス神の神幸だとの確証はないものの、西宮神社には、漁師の網に何度も入ってきた神像を和田岬あたりで引き上げて祀ったという古い漂着神伝承がまとわりついているというから[5]、エビス神の巡幸として行なわれていたのだと考えてよいであろう。

祭りには神出現の場と伝える場所へ神幸する例が多く、これもその一例と考えてよいと思われる。それゆえ、かつて広田神社（西宮神社）のエビス神が海上遥かから和田岬あたりへ漂着したとか、海中から出現したなどという伝承が、平安時代末・鎌倉初期には、神社の伝承としても地域の伝承としても、すでに存在していたと考えて間違いないであろう。この巡幸は夜に行なわれていたようであるから、神は夜に出現するという祭り一般の伝承に通じるものでもある。

したがって、広田神社の摂社であった西宮神社の祀るエビス神は、文献への登場以前から、海に関わり深い神だとして信仰されていたのだと考えてよいであろう。

二　安曇磯良とエビス神

海の神としてのエビスを考える場合、まだ確かなことはいえないものの、まず安曇磯良《あづみのいそら》伝承との関係を説く見解に触れないわけにはいかない。

磯良という神は、海に関わりがあり、かつ記紀に登場しない神という点で、さらには醜いともされる点で、エビス神に通じるものがある。また神功皇后や八幡信仰に関わる点で、広田神社やエビス神とどこかでつながっているのではないかとも思われ、エビス神の本質を考えるうえで重要な存在であるのかもしれない。

これまでのエビス神研究において磯良に触れたものは少なく、難しい問題ではあるが、磯良についての従来の見解は次のようである。

安曇磯良は、北九州海域を発祥の地とする海人族である安曇(阿曇)氏の奉祀した、いわゆる綿津見三神(底津綿津見神・中津綿津見神・表津綿津見神)の原形をなす神ではないか(6)というものである。しかし文献に登場してくるのは、鎌倉時代末の『八幡愚童訓』や『八幡御縁起』などからというように、遅いのである(7)。

磯良は『八幡愚童訓』のいわゆる甲本(8)の初めの神功皇后の三韓征討にさいし、船団の水先案内として常陸国(筑前国という伝承もある)の海底から迎えられる神として登場する。長年海中にいたため顔面が貝類に被われて醜くなっていたので、迎えに来られたとき少し躊躇したが、住吉大神の策による御神楽に誘われて出現してくるのである。そのさい醜さを隠すために袖で顔を覆い、御神楽に呼応するように、首に鼓を掛け細男《せいのお》の舞いというものを舞いつつ現われるのである。

その後磯良は、神功皇后の妹豊姫が皇后の命を受けて竜宮に旱珠・満珠を乞いに行くさいに付き従うなどの役目を果たす。そして磯良は、「筑前国ニテハ鹿《シカノ》嶋大明神、常陸国ニテハ鹿嶋大明神、大和国ニテハ春日大明神ト申ケリ。一体分身、同躰異名」の神だと記され、のち「竜女ヲモテ娘(御ヨメ)トス」とも記されているのである。この竜女は「当社(引用者註:石清水八幡宮であろう)第二ノ御前、姫大神」なのだというように記されているので、磯良は海の神であり、八幡信仰にも関係し、後世の御神楽にとって重要な役割をも果たす神だと考えられていたのである。

このような海神としての磯良の伝承は、現在、かつて安曇氏の信仰圏内であった対馬に現存している。かつ対馬は、漂着神としてのエビス神信仰の濃厚な地域である。このことに着目した真弓常忠は、神話学の知見を参考にしつつエビス神の原形を安曇磯良に求め、次のように考えるのである(9)。

すなわち、対馬をはじめとする海域の民は、かつて太陽神である日子(ヒルコ)を信仰しており、この神は東南アジアなどの海民の信仰から推して、海の彼方から水平に来臨する神だと考えられていたのではないか。しかし四、五世紀のわが国に大陸から朝鮮半島を経て垂直降臨する神信仰がもたらされ、その影響を受けた大和朝廷が、のち天照大神という太陽神を頂点とする神話体系を確立するにおよんで、海民の信じる太陽神である日子を葦舟に乗せて放逐することにした。そのため、後に西宮周辺海域において海に関わる神として信じられていたエビス神と、神話の蛭子・蛭児(ヒルコ)が結合することになったのであろうというのである。そしてのちのち、磯良に関わり深い対馬の漂着神に、エビス神を比定するようになったのであろうと考えるのである。さらに真弓は、広田神社(西宮神社)のエビス神もそもそもの淵源は対馬あたりに求められるのではないか、とまで考えるのである。

また鈴鹿千代乃は、御神楽によって海中から誘い出され、細男舞を舞いつつ出現する磯良伝承に着目し、この芸能を人形を用いて演じる宇佐八幡宮周辺の傀儡子と関係づけて考えるのである(10)。さらに鈴鹿は、広田神社のエビス神にまでは言及していないものの、傀儡子から西宮の百太夫のことに考えを進め、エビス社(西宮神社)に関与した傀儡子のことから、磯良はエビス神を考える場合に示唆に富む神ではないかというのである。

なお現在、元旦未明の和布刈《めかり》神事で知られる関門海峡に面する和布刈神社に、祭神の一柱として磯良神が祀られているように、北九州には安曇磯良に関わる神社が少なくないのである。

筆者は安曇磯良について論じることはできないものの、エビス神信仰を考える場合、右のような安曇氏の海の神信仰が、瀬戸内海から山陰・九州地方の全海域にわたっていたのではないかという見解、そして都に比較的近い西宮がその重要な一地域としてエビス神信仰の本拠地のようにみられるようになっていったのではないかという見解は、注目すべき見解だと思っている。今後の研究に期待したい。

このように、都市人士に知られ文献に登場するようになる以前、エビス神が海の神として西国海域の人々に信仰されていた歴史があったであろうことは、エビス神信仰研究において想定しておかなければならないであろう。

三　近世期沿海域のエビス神信仰

1　西国における信仰

現在列島沿海部に広まっている海神・漁業神としてのエビス神信仰が、近・現代において一気に伝播し定着していったとは考え難く、その多くは江戸時代のある時点から、あるいはそれ以前から徐々に受容されていた信仰が、大筋において近・現代にまで継承されているのであろう。その江戸時代のことを、これまで述べてきたことと重複する部分もあるが、ここでまとめて、『西宮神社御社用日記』(以下、『御社用日記』とし、年月日のみ記す)[11]から考えてみたい。

江戸前中期の西宮神社は、地元地域に干鰯仲間の夷講が組織されていて彼らからしばしば初尾が献納されていたほか(一例として享保五年〈一七二〇〉正月二〇日)、近辺の兵庫湊とも密接な関係を保っていた。周辺海域からも淡路国の網中の社参があったり(一例として元禄一五年〈一七〇二〉閏八月二二日)、大坂地域からかと思われる佐伯の漁師が、珍しく鰯が網にかかったということで社参に訪れたりしている(元禄一四年六月二七日)。後者の例は、大漁に恵まれると西宮神社にお礼に社参することが、周辺漁師の間である程度一般的であったことを示す例であろう。

大阪湾から少し離れたところでは、阿波国の者二人が「舟玉ノ御神楽頼申度」という理由で社参に来ている（元禄一五年六月一三日）。新造した船に納める船霊の祭祀に訪れたのであろう。この頃、四国一円での西宮神社からのエビス神像札頒布はどうだったのであろうか。この舟玉御神楽の件より十年ほど後に、大坂の下願人達五人が、それぞれ土佐・伊予・讃岐・阿波および長門各国の城下町への頒布許可を神社に申し入れしているところをみると（享保二年五月一一日）、地元に下願人がいて頒布が常時行なわれていたわけではなかったと思われる。この申し入れは城下町や農村部への頒布であるから、商家や周辺の一部農家を対象にしようとしたものであり、漁村以外のそれら地域におけるエビス神信仰はまだこれからという時代で、頒布地域はまだ限定されたものだったのであろう。しかし舟玉御神楽の件から考えると、それ以前にすでに海域の船関係者には西宮社のエビス神が知れ渡っていたのであった。

阿波の船霊関係者のみならず、同時期には、はるばる伊予国の宇和島からも網方の者達が祈禱を求めに訪れている（元禄一一年六月一〇日）、さらに遠くの薩摩国の網頭達も社参し、初尾を供え神楽を奉納しているのである（一例として元禄一七年五月一〇日）。彼ら薩摩の網方は現在の鹿児島県阿久根市地域の組織だったようで、毎年といってよいほど六月前後に祭祀を申し込んできている。一例を挙げると、『御社用日記』の元禄十七年五月十日の条には次のように記されている。

薩州阿具根町吉本吉左衛門与申者参詣、銀子三拾目為御初尾差上候、是ハ例年鯛（監修者注、網カ）中より銀六拾目宛差上候得共、今年不猟ニ付半減ニ仕候よし申、則六拾目宛差出候内三拾目神楽料ニ差上候よし申候、毎年御初尾六拾目・神楽料六拾目宛差上候得共、右之仕合ニ候ゆへ三拾目宛ニ仕候よし申候、

これは興味深い記述で、従来は毎年初尾として銀子六〇目、神楽料としても六〇目を神社に納めて祭祀（豊漁祈

願・豊漁御礼)を依頼していたが、今年は不漁だったため例年の半分の、それぞれ三〇目を納めるというのである。この記述から例年の様子がうかがえるとともに、不漁時の現実的な対応もわかって興味深い。こうされてはエビス神も、頑張って豊漁にさせざるをえない――、と思ってくれるだろうということなのだろう。魚種は不明ながら、今年は不漁だったというのだから、この網漁はもう五月の時点でこの網の今年の漁期は終わっているわけで、春から夏の初めにかけて群来する魚を獲る漁だったのであろう。

右に述べたことから、すでに江戸時代前中期、西宮神社のエビス神が、大阪湾から四国、さらに九州南部の沿海部に、漁業神として一定の信仰圏をもっていたことは間違いない。とくに薩摩の阿具根(阿久根)は、現在でもエビス神信仰の盛んな甑島や天草諸島に近いので、信仰圏は西九州方面にも広く及んでいた可能性があるのである。

このように近世初中期の西宮神社周辺、さらに西国各地沿海域には、漁業神としてのエビス神信仰がしっかり根づいていたのである。これはすでに述べたような、神社創祀以来の海の神としてのエビス神の伝承が、早くから広く知られていたからであろう。

2　東国における信仰

他方、東国ではどうだったのであろうか。

『御社用日記』には東国各地からの参拝者が多く記されているが、西宮神社のエビス神を明らかに漁業神と考えて社参していることの明らかなものは、正徳二年(一七一二)三月二十六日の「関東海上延沢網ノ杓屋八郎右衛門」の例など、ごく僅かしか記されていない。この例では神社が、その前年に同網中より寄進されていた戸張三流を、参拝に訪れた杓屋八郎右衛門に披露し、帰着後は網中の方々によろしく伝えてほしいと鄭重に対応している。このほか同日記には、千葉県房総半島や神奈川県三浦半島などからの参拝者にもしばしば言及されており、その中には参拝者の地名からみて海域の漁業関係者だったのではないかと思われる事例もあるので、すでに江戸時代前中期には東国にも漁業神としてのエビス神はある程度知られていたのだろうと思う。

江戸時代、紀州の漁師が関東海域へ移住した例は少なくないので、彼らを通して比較的早くにエビス神が伝えられていたのかもしれず、江戸時代の初めにすでに東国沿海域にも伝播していたことは充分に考えられるのである。そして江戸時代中後期には一般化していたことであろう。

時代は少し下るが江戸時代後期、菅江真澄は旅日記『つがろのおち』において、現在の青森県西津軽郡深浦、そして『牡鹿の寒風』においては秋田県南秋田郡琴浜という、ともに半農半漁の地域に、正月にオカエビス（岡戎）という供物をすることが述べられているので、当時両地域にエビスという神が知られていたことがわかる。真澄の『にえのしらがみ』には盲女・イタコが唱える祭文にエビスの登場する詞があったり、[12]『御社用日記』宝永八年（一七一一）三月二十九日の条に、現在の秋田市の「戎ノ社人」が西宮社を訪れ歓待されたと記されているので、こういうイタコやエビスの社人が近辺海域にもエビス神を持ち歩いていたことが推測できるのである。

しかし残念ながら、現在のところ筆者は、江戸時代前中期、西国のエビス神信仰圏をある程度面として捉えることができたようには、東国海域の信仰圏は捉えることができないでいるのである。

四　近代の列島海域のエビス神信仰

1　エビス神を祀る神社

序章において述べたように、吉井貞俊によると、昭和初期にエビス神を祀る神社は、摂末社をも含めて全国に五〇〇〇社以上あった。また吉井が、文化庁の「民俗資料緊急調査」の報告などによって、エビス関係伝承の所在地を県別に点として示している図を見ると、沿海部にも多く分布しており(とくに西日本には濃密に)、漁業神としてのエビス神を祀る神社は全国にゆきわたっていることがわかる(近・現代の漁業神エビスについては、第二部第八章もご覧いただきたい)。

2　エビス神祭祀の単位

近代になると、民俗誌や民俗調査報告書に地域のエビス神祭祀の実態が相当詳しく記されるようになり、エビス神が、伝える側の資料や識者の瞥見からのみではなく、受容し祀っている人々の側からも捉えることが可能になった。これらには古くから伝承されてきたものも、比較的新しく伝えられ始めたものもあるであろうが、いずれも近代における事実である。筆者の手元には近年のものを含めて全国の多くの興味深い資料があり、今それらを総覧するに、エビス神を祀る単位としては、地域・漁業組織・家に三大別できる。

地域単位で祀るというのは、漁業集落もしくは集落よりもう少し小さい単位の家々同士で、エビス神の小社とか祠を中心にして、決まった日に祭祀を行なうというものである。そのような地域組織には、漁家が中心であっても、農家やサラリーマン家庭なども含まれるわけで、エビス神の祭祀が、その地域全体の神であり、行事として当番を決め全戸参加で行なわれている。いわゆる氏神もしくは氏神に準じる神として、エビス神が祀られているわけである。

次に漁業組織単位としては、同じ船とか網仲間同士で祀るもので、なかにはその組織で一定の小社(祠)を有している例もあるが、多くの場合は船主とか網主宅に集まり、そこのエビス神を中心に祭祀の行なわれることが多い。正月など決まった日に行なわれるほか(かつてはそのとき年間の雇用関係の確認されることが多かった)、日は不定で、鯛・鰹・鰯など魚種ごとにその年の初漁や漁終了時などに、飲食を共にしながら大々的に何度か行なわれることが多い。漁期の途中に大漁があれば大漁祝いと称して感謝し、逆に不漁がつづけばマンナオシなどといって豊漁を祈願するというように、同じ漁期に何度か行なわれることもある。その漁の期間中、毎日獲れた魚のなかから毎日一尾を地域のエビス社に供えたり、網主宅のエビス神棚に供える例も多く、これらも祭祀といえるであろう。

また戦後、漁業協同組合で小社(祠)を設けたり、漁協の事務所内にエビス神棚を設けている例も多く、これらを中心にした漁協単位のエビス神祭祀もこれに含まれるであろう。瀬戸内海東部には、そのさい、エビス舞いなどといってその地に伝わる人形芝居をする地域もある。

家単位とは、家族で豊漁祈願をすることで、漁家ではエビス神棚を設けている例が一般で、正月など決まった日に特別な供え物をする。このことは、地域単位や漁業組織単位の祭祀と並行させて行なわれることが多い。

右のようにエビス神は一地域一種類ではなく、一つの地域には、家々で祀るエビス神のほか、幾種類ものエビス神が祀られているのである。具体例をあげると、第二部第十章「屋久島のエビス神信仰」において詳述するように、鹿児島県の屋久島では一八集落中、ほとんどの集落に複数のエビス神があり、そのうち幾集落かでは、町(村)エビス・浜エビス・網のエビス(複数)などというように、三種類から四種類ものエビスが祀られている。各個人各家は自家のエビス神を祀るとともに、それらのいくつもの祭りに参加しているのである。このような例は、各地の漁業集落には珍しくないのである。

3 神体と祀り方

エビス神の神体には神像・神札・アバ（網の浮子）・自然石などがあり、祀り方はそれぞれさまざまである。

神像としては木像・石像・陶製の像があり、これらは誂えて拵えたものや、売りに来た人から買ったものである。どちらか不明のまま代々祀りつづけているものもある。そのほとんどは鯛を抱いた福神型の像で、小社（祠）などを設けて祀っているほか、家の神棚に祀っている例もある。

神札としては、エビス神を祀るしかるべき神社から受けてくる紙製とか木製の神札で、正月とか祭日ごとに前年のものと取り替えることが多い。小社（祠）に納められているものもあるが、神棚において家単位で祀るエビス神はほとんどすべてがこれである。このなかには、これまで述べてきたような西宮神社で頒布しているエビス神像札も多く含まれている。

アバとは、漁網が沈まないようにつける浮子《うき》のことである。大きな定置網の中央とか魚の入る袋網の中央部につける大きな浮子（いくらか烏帽子型にしたものが多い）を、瀬戸内海中西部ではとくにエビスアバ（オオダマサマともいう）と呼んで漁の神として祀る対象にしているのである。(13) エビスアバは漁獲期以外には網からはずして小社・祠の中や網主宅の神棚に据えられ、正月とか漁期に向けての決まった日に仲間一同で祀るのである。アバは今では合成樹脂製が普通だが、かつては木製（桐など）だった。

自然石としてのエビスは、集落の辻や港入口の小祠とか岩礁の上に祀りつづけられているものが多い。南九州には網漁の開始期ごとに海中から求めてくる例が少なくなく、それらはエビス神信仰を考える場合重要な事例かと思うので、少し長くなるが川崎晃稔「南九州のエビス神」から、鹿児島県甑島の平良の報告を、要約引用してみたい(14)。

定置網の網入れ後、最初の旧暦十日にエビスカキということをする。港近くの小高い岡の上にあるエビス祠の壁を竹で整え、鳥居も竹で作り、砂利を敷くなどの準備をしたあと、このエビスカキにとりかかるのである。まず網仲間からエビスカズキと産婆役(抱人)をそれぞれ二人ずつ計四人選ぶ。エビス神は夫婦神だから二人ずつ選ぶのであり、これら四人は男カズキ・女カズキ、男抱キ・女抱キと呼ばれ、古くは両親の揃った者の中から籤で決めていたらしい。

四人は川で身を浄めたあと、男カズキは白の褌に白手拭、女カズキは赤褌に赤襷を身に着け、満潮を見計らって海に入る。胸ぐらぐらいの深さまで進むとカズキ二人はそれぞれ手ごろな石を足で探り、目隠しをして潜ってその石を抱え、石を、人の目に触れないように水面に出さないようにして戻ってくる。そして産婆役(男抱き・女抱き)の二人が、その石を苫で包み胸に抱き取って陸に上がる。そのあと皆は「叶大漁」と大書した赤い旗を先頭に白旗、女エビス(女カズキが抱きとって産婆役に渡して苫にくるまれたまま産婆役が抱いている石)、男エビス(女エビスと同様にした石)、男カズキ・女カズキ、網仲間達というようにつづき、一同は岡の上のエビス祠まで行く。祠の前では船頭がエビス(石)を抱き取って、女エビスを右に男エビスを左に置き、包んできた苫は祠の屋根に被せ、それまで置いてあった前年の石は、祠の周囲に積み上げておく。

これがエビスカキという行事で、そのあとは網の入っている期間中(すなわちその漁の期間中)は、毎月十日にお神酒と肴を供えつづけるのである。大漁のさいには船に大漁旗を立てその根元に魚二尾を腹合せに供えて戻って来るのであるが、岸に着くとその魚をエビス神祠に供えるのである。また、カズキと産婆役(抱人)の計四人はその漁の期間中毎日ずっと、祠の花替えと祠周囲の掃除を担当するのだという。

南九州には右の甑島のような例が各地にあり、目隠しをして海中から石を採り上げてくる点でほぼ共通している。目隠しをして抱き上げることは、神体石の選定採取に当たって、どの石がよいかというような人の意思が働いていないことを示すものである（最初に手に触れた石であることを強調する例もある）。そこには、神体を宿す石の方から寄ってくる、すなわち神が寄って来てくれるのだとの認識があるからであろう。産婆役が受け取ってすぐ苫に包んで運ぶというのは、祠に納めるまで神体石（すなわち神）を人の目に触れさせないという古い神祀りの作法を示すものであろう。そして不漁がつづくとその神体石を海中に戻し、再び同じことをして新たなエビス神を求めるという例が多いのである。

潜って採取するのではなく、平素の漁において、網にかかった石を海中に戻しても再びかかるので掬《すく》い上げてエビスの神体にしたという例は、南九州のみならず東北地方まで広く全国の沿海域に伝承されている。これも人の意思で神体が選ばれるのではなく、神性を帯びた石の方から流れ寄って来てくれるのだという心持ちを背景にした伝承であろう。

石以外にも何度か網にかかった物体を神体にしている例には、珊瑚、瓶、釣り針、鯨などの骨、難破船の破片、さらには神像・仏像等々、全国的にいろいろなものがあるのである。皆同じ心意から神体として祀っているのだと思われ、海域のエビス神信仰の大きな特徴である。寄りくるものを神とみる考えは全国に多い漂着神（寄り神）伝承というもので、先の磯良伝承にどこか通じるものを思わせる。

このほか、湾内近くまで魚の大群を追ってやってきた鯨を、豊漁をもたらせてくれるエビス神だと考えている地域もある。東北地方には、遡上してくる鮭の群れにエビス神の訪来を感じる伝承もあり、この伝承を背景にした東北の

鮭漁の儀礼には、特定の石を重視している例もある。(15)

4 漂い寄る神体――流れ仏

流れ寄る特異なものには、人の死体もある。現在ならば警察に届けてテレビの全国ニュースにもなりかねないところだが、筆者が民俗調査を始めた昭和三十年代中期には明治前期生まれの漁師経験者がまだたくさんおり、その人達の多くは一再ならず漂流死体に遭遇した経験をもっていた。かつてはそのような漂流死体は珍しくなかったようである。そしてほとんどの地域ではそれとの遭遇を幸運だと信じ、対処法を詳しく伝承していたのである。

漂流死体は流れ仏などと呼ばれて各地で丁寧に扱われ、それをエビスだと観念していることが多くの報告書によって明らかである。これについては早くに桜田勝徳その他に論考があり、近年も研究は続いているが、(16)ここでは多くの事例に当たり広い視野に立って考察した下野敏見の論考(17)を参考にして、伝承の種々相をまとめてみよう。

漂流死体は決して見捨ててはならず、丁寧に扱ってやれば豊漁をもたらしてくれると多くの地域で信じられている。海上で遭遇すると苫・筵などを海中に投げ入れて包み込み、迎えるのだという心持ちでこれを船の舳のトリカジ(左側)から引き上げ、岸に着くとオモカジ(右側)から下ろすなど、地域ごとに作法が定まっている。引き上げるときには、船中の一人が「漁をさせてくれるか」と死体に問いかけ、他の一人が死体役になって「させます、させます」などというように、問答をする例も多く報告されている。出漁時に遭遇したときには、漁の帰りに必ず取り上げてやるからといって海へ筵などを投げ入れて被せておくと、帰りには決まってそのままそこに漂っているのだとも各地でいわれている。

そして陸に上げたあとは僧侶に供養してもらい、地域の共同墓地に葬ったり、船主・網主宅の墓地の片隅に埋めるなどして、決して疎かには扱わない。漂流死体をエビス神だと考えて丁寧に供養すると、後日その船には豊漁がもたらされるのだと信じられているのである。

右のような漂流死体に遭遇したさいの伝承は、東北地方から九州地方まで全国の沿海域に広く存在しており、そして漂流死体をエビスと呼んでいるところが多いのである。

ただ、このようなことが古くからの伝承であるかどうかは、考えておく必要がある。さまざまな漂流物を神体として祀るという伝承は、南西諸島を含めてわが国に多いものの、南西諸島ではこれをエビス神と考える例がないことから、南西諸島を除く列島沿海域のこの伝承は、それほど古くからのものではないであろうと、下野は考えている。伝承発生の時期・年代や地域の推定などとてもできるものではないが、漂流死体をエビスだとする観念が東北から九州までのどこかで発生し（あるいは何らかの民間宗教者が喧伝し）、それがまだ南西諸島域まで伝播しきらないうちに、漂流死体そのものが極端に少なくなっていったのであろうと考えるからである。

一般にわが国の祭りでは、神と死は相容れない両極端のものとされる。しかしこのエビス神の場合は、死体を穢れとして忌み嫌うのでは決してなく、漂い寄ってくれた神だと考え丁寧に扱っているわけであり、漁業神としてのエビス神祭祀の大きな特徴だといえよう。

5　さまざまな祀り方

これまで述べた祀り方のほかに、三重県志摩地方などでは、海女が潜るさいに、カネという海女の道具などで舷を叩いて唱え言をする例がみられる。かつて対馬にやってきた熊本県天草地方や秋田県男鹿半島の漁師は、エビスサマと唱えてから海に飛び込んだというし、島根県隠岐の漁師は釣り糸を垂れるとき「チョツ・エビスエビス」と唱えた、という報告もある[18]。宮崎県砂土原町の漁村でも、海中に網を入れたり釣り糸を垂れるさいには「ちょいエビスさん」と唱え、潜りに入るときもエビスを念じるという[19]。同様の報告例は必ずしも多いわけではないが稀というわけでも決してなく、かつては全国に広く行なわれていたものかと思われる。これらもエビス神を漁の神、もしくは海の神と観念していた漁撈伝承なのである。

豊漁で賑わう他の地域（多くは当該地域より西方の地域）のエビス神（神像・自然石など）を盗んできて祀ると豊漁になるという伝承が、西日本の各地に多い[20]。わが地域より豊かで平安だと思われている地域に祀られている神体を持ってきて祀ると、生業が順調に発展するという伝承、それはすなわち幸いがもたらされたからだという伝承なのだが、同様の行為は田の神などにもみられるものの、エビスの神体を盗んできて祀るという例の方が圧倒的に多く、エビス神が他所からやって来て幸いをもたらしてくれる神だという伝承の、ゆがんだ形として広まっていったものであろう。

以上、第1項〜第5項で述べたように、近代の列島海域には漁業神としてのエビス神が多様多彩な形で伝承され、それらの多くは、海中もしくは海の彼方から、幸い、すなわち豊漁をもたらしにやって来てくれるのだという信仰に基づくものだったのである。個々の祀り方には新しい要素の加わったものもあるであろうが、総じて古来の心意を継承しているものだと思われる。

ここで留意しておくべきは、わが国一般の神観念と同じく、エビス神も訪来するとは信じられていても、漁業神としてのエビス神の場合には、後述するように、農業神としてのエビス神のように春秋の去来を伴う伝承ではないのだということである。また生業の順調ならんことを祈願する神としては同じながら、漁業神としてのエビス神は、商業神のように見るからに福々しい福神としてのイメージをもたれているようには思われない、ということでもある。

また、農業神や商業神としてのエビス神同様に、夫婦神だとか、エビス・大黒というように、大黒とペアで祀る伝承もあるとはいえ、漁業神の場合にはとても一般的とはいえない。さらに神体に障害をもつ神としての伝承もないわけではないが、漁業神としてのエビス神の場合には、農業神のように顕著とはいえないのである。いずれも留意すべき点であろう。

夫婦神だとか神体に障害をもつ神だとかいう伝承は、エビス神というものが全国各地に伝播していく過程において、農業神など地域の諸神と習合してエビス神に加わった性格であると思われる。それが逆に漁業神エビスにも影響を与えることになって、現在の漁業神エビスの一性格として伝承されているのではないかと思われるのであり、漁業神エビスの本来の性格ではないであろう。

なお、漁業神としてのエビス神については、第二部第八章〜第十章において地域を特定して考えているので、参照していただけると幸甚である。

註

（1）岡田米夫「西宮神社と海神信仰」（吉井良隆編『えびす信仰事典』戎光祥出版、一九九九年）。

（2）喜田貞吉『福神』（宝文館出版、一九七六年）の「夷三郎神考」、および長沼賢海『福神研究・恵比須と大黒』（丙午出版、一九二一年）一一八〜一三六頁。

（3）『山槐記』三（『史料大成』21、一九三五年、内外書籍）。

（4）『西宮神社の歴史』（西宮神社社務所、一九六一年）「（八）兵庫和田岬への神幸」。

（5）『西宮神社の歴史』（前掲）「（一）西宮の古伝説」。
（6）西田長男「安曇磯良」（『神道史研究』五―六、一九五七年）。同「安曇磯良続篇」（『国学院雑誌』六一―五・六・八・九、一九八六年）。
（7）安曇磯良については、真弓常忠「エビス信仰の源流」（『えびす信仰事典』（前掲））、鈴鹿千代乃「安曇磯良の原像―岩礁信仰を中心に―」（北見俊夫編『恵比寿信仰』民衆宗教史叢書28、雄山閣出版、一九九一年）、永留久恵『海神と天神―対馬の風土と神々』（白水社、一九八八年）に負うところが大きい。
（8）『寺社縁起』日本思想大系20（岩波書店、一九七五年）所収のものによる。
（9）真弓前掲註（7）論文。
（10）鈴鹿前掲註（7）論文。
（11）『西宮神社御社用日記』。この日記については、第三章註（7）参照。西宮神社文化研究所編『西宮神社御社用日記』一～四（清文堂出版、二〇一一～二〇二〇年）。
（12）『菅江真澄全集』（未来社）第三巻（一九九七年）に『つがろのおち』『にえのしらがみ』が、第四巻（一九九八年）に『牡鹿の寒風』が収載されている。
（13）『瀬戸内の海上信仰調査報告（東部地域）』（瀬戸内海歴史民俗資料館、一九七九年）。
（14）川崎晃稔「南九州のエビス神」（北見編前掲註（7）書）。なお、川崎の報告は小松重三『年中行事―島平良』（一九六八年）を参考にしたもの。
（15）菅豊「サケをめぐる宗教的世界―民間宗教者の儀礼生成に果した役割についての一考察―」（『国立歴史民俗博物館研究報告』第四〇集、一九九二年）。

（16）鶉橋晴菜「海上漂流死者への対応習俗研究」（第七十四回日本民俗学会年会発表、のち同「海に漂う「流れ仏」への対応習俗」〈小川直之編『民俗学からみる列島文化』アーツアンドクラフツ、二〇二三年〉としてまとまる）。
（17）下野敏見「エビスと水死体―ヤマト・琉球比較の視座から―」（北見編前掲註（7）書）。
（18）柳田国男・倉田一郎『分類漁村習俗語彙』（国書刊行会、一九七五年）三三八頁。
（19）『宮崎県史』資料編Ⅰ・民俗（一九九二年）四三七頁。
（20）小倉学『祭りと民俗』（岩崎美術社、一九八四年）によると、能登半島にもあるという（一七八頁）。

第七章　商業神としてのエビス神信仰

一　商業神エビスの登場

商業史の研究によると、市の出現ははるか古代に遡り、商業の発展とともに各所に設けられ、その守護のために市神が勧請されるようになったという。文献上、初期の市神としては、平安京の東市の守護神として勧請された宗像大神があり、[1]鎌倉時代においても宗像大神の一神である市杵島姫の祀られるのが普通だったという。それが鎌倉末から南北朝時代になると、乾元元年(一三〇二)に奈良の南市開設と同時に恵美須社が祀られたり、延文四年(一三五九)の大和常楽寺の市開設にあたって夷御社が創祀されるというように、[2]エビス神の祀られることも多くなり、エビス神に商業神としての性格がみられるようになってきた。それまで漁業という生業の神として信じられていたり、願いを叶えてくれる神として祈られていたからであろう。

室町時代になると福神信仰の発達とともに七福神の一つに加えられ、エビス神はいよいよ商業神としての性格を際立たせるようになった。それにともない、長享年間(一四八七〜一四八九)より百余年にわたって越前河野浦・山内の馬借達がエビス講を結成して互いの重要事項を話し合ったように、[3]各地にエビス神を中心に同業者仲間のいくつもの講が結成されはじめ、商業関係者の間に信仰が広まっていったのである。形を整えはじめていた城下町の有力商人には、エビス講を組織し、その地域において商いをするにはこの講に加入することを義務づけるようなこともあったようである。(4)

とはいえ、安土桃山時代や江戸時代のごく初期には、一般の人々への商業神としてのエビス神の浸透は未だしだったようで、当時の『日葡辞書』(5)には、エビス神を「漁師の偶像」としてしか説明していないのである。

商業関係者間でのエビス講結成の動きは年とともに強くなり、『日葡辞書』より半世紀ほどを経た江戸時代前期には、大阪（大坂）で干鰯商人や漆商人によるエビス講の存在したことが明らかであり、堺にも砂糖仲買人によるエビス講が存在していた。(6)これらはおそらく初期の事実の一部で、その後江戸時代の都市部には京・大坂・江戸はもちろんのこと、地方都市にも次第に多くのエビス講が組織されていった。そして講活動の活発化とともに、各商人個人宅でもエビス神を信仰するようになっていったと思われる。そういうなか、時代の推移とともにエビス大売り出しなどが考案されると、客としての多くの人々にまで福神・商業神としてのエビス神信仰が浸透していくことになったのである。

二　京・大坂の商業神エビス

室町時代に七福神信仰が京都を中心に広まりはじめ、同時代の末には既述のように夷舁きが宮中にまで入り込んでいたように、京都には早くからエビス信仰が知られていた。江戸時代の初期までの京都は商業の中心地でもあったので、エビスを広く商業神として崇敬することも他地域より早かったことであろう。

俳諧書である『毛吹草』(7)に十月二十日のエビス講は商人が祝うものだと記されているし、同じく江戸時代初期の作品『醒睡笑』[8]の話にしばしば語られているエビスも、また狂言等に登場するエビスも、商工に関わり深い伝説をもつ聖徳太子と関係づけて語られ描かれているので、京都における商業神エビスの定着は早かったといってよいのである。そして江戸時代前中期の『日次紀事』[9]にいたると、京都市内各所にエビス神が祀られており、正月と十月の二十日に商業神としてのエビスの祭りの定着していたことがわかる。

建仁寺門前のエビス社（現在の東山区の恵美須神社）や四条京極の冠者殿は、正月とか十月二十日にここに参詣すると、日頃商売で人を欺いている商人でもその罪が払われて罪から免れるのだと考えられていたように（いわゆる誓文払いである）、商人間では人気の神になっていたのである。[10]余談だが、この記述では当時の商人は人を欺きかねないものだと考えられていたようで、商いというものを考える場合何ともおかしい。『雍州府志』[11]を見ても、エビスは福神で農工商で祀るが、商人はとくに信仰していて、十月二十日には神社に参りかつ家々でも祀るのだと記されているのだから、もう江戸時代の前期には商家個々にも商業神としてエビスがすっかり入り込んでいたわけである。

これら京都のエビスが西宮神社とどのように深い関係にあったのか必ずしも明らかではないが、『西宮神社御社用日記』[12]（以下、『御社用日記』とし、年月日のみ記す）によると、江戸時代中期には京都の本屋達がエビス講を組織して西宮神社へ神供を献上したので、かれらの願いに沿って祈禱したとか（元禄一〇年〈一六九七〉三月七日）、京都のエビス講中から神社境内での勧進相撲興行の願いが寄せられる（元禄一七年六月二七日）などということがしばしば記されており、京都の商人達と西宮神社とのつながりは深かったかと思われる。同日記からは右のようなことのほかに、エビス神像札頒布の願人が京都に複数存在していたこともわかるのである。

一方、室町時代末・安土桃山時代以降、大都市としての形を整え、商取引の大中心地となっていった大坂はどうだったのであろうか。

江戸時代前期には、既述のように干鰯商人など同業商人によるエビス講がいくつも結成されていて、商業神としてのエビス神は広く信仰されはじめていた。延宝期(一六七三〜一六八一)には、産地からの粗悪茶を取り締まるために茶商一三戸がエビス講を結成するようなこともあった[13]。大坂には聖徳太子ゆかりの四天王寺の守護神としての今宮戎神社が鎮座しているので、商工起源に関わり深い伝説をもつ聖徳太子と関連づけて、商業神エビスの信仰も早くから芽生えていたのであろう。

先の『毛吹草』には正月十日のエビス講は西宮にて行なうと記されているものの、それより少し後の『日次紀事』になると正月十日の項に、十日エビスとは大坂の人々がこの日今宮エビス社に参詣することだと記されているので、今宮戎神社の十日エビスは西宮神社の十日エビスよりも畿内でよく知られ、多くの参詣者を集めるまでになっていたことがわかる。江戸時代後期の『諸国図会年中行事大成』[14]にも十日エビスについては大坂今宮のことしか説明されていないので、その後も賑わいは終始西宮を圧倒しつづけていたわけである。この今宮の十日エビスには、市中の参拝人を見込んで西宮神社からも暮れのうちから準備をして神像札頒布に出向こうとしていたことが、『御社用日記』の書きはじめられた頃から記されている(一例として元禄九年一二月九日)。同日記によるとこれはどうも、西宮神社が各地でのエビス神像札頒布権を幕府から認められてしばらくたった元禄十年に、西宮神社から大坂奉行に願い出て、翌十一年から行なわれはじめたことのようである(元禄一〇年一一月三日)。頒布の実作業は大坂の願人に依頼し、神社からは目付人を出張させ日本橋・難波橋・心斎橋その他で行なっていた。

なお同じくエビス神を祭神としながら、今宮戎神社と西宮神社の関係は必ずしも明らかではないが、右にみたように江戸時代前期から大坂には、今宮戎神社を中心に商業神エビスが広まっていった。そして江戸時代前中期に西宮神社が幕府からエビス神像札の頒布独占権を認められて以降、西宮神社からも大坂へ像札頒布の願人が入り込んで商人達と接触し、右日記によると大坂商人から西宮神社に石灯籠が奉納されるなど(正徳三年四月一二日)、大坂商人との多くの関わりが記されるようになり、大坂の人々に商業神エビス神の信仰が広まり、大坂においていよいよ盛んになっていったのである。

三　江戸の商業神エビス

政治都市江戸での商業神エビスの信仰は京都や大坂よりは遅れたであろうが、それでも上方から移住した商人などが伝えて、江戸時代前期にはもうある程度広まっていたことと思われる。江戸中期のものながら『江戸惣鹿子』[15]に、十月二十日のエビス講には江戸中の諸商人が祝うと記され、小説ではあるが西鶴の『日本永代蔵』[16]巻六には、商家で十月二十日のエビス講に空証文を祓い清め、分限に応じて魚鳥類を整え一家集まって酒を酌み交わしたり、寺社や芝居小屋へ繰り出したりする様子が描かれているくらいになっていたのである。

この十月二十日という日は、西宮や大坂の十日エビスとは異なり、『日次紀事』にいう京都の二十日のエビス祭り(誓文払い)にならったものであろうか。江戸のみならずその後の関東などの農村部のエビス講も二十日なのである。

江戸市中のエビス神信仰の中心神社は、浅草寺境内の小社と日本橋の宝田恵比寿神社であったが、宝田恵比寿神社は有力名主宅で祀っていたものが、江戸後期になって移転し公開されたもののようで[17]、江戸時代前中期にはもっぱら浅草寺境内の小社が信仰の対象とされていた。後の江戸の七福神信仰もこのへんから広まっていったようである。『御社用日記』によると、西宮神社では、幕府からエビス神像札頒布の独占権を認められて以降、十日エビスにおける大坂市中での頒布と同様に、浅草寺においても元禄期の初め頃から年の市などで頒布を行なうようになっており

（元禄一〇年一〇月〈一一月〉三日）、それは江戸支配所が設けられるようになって、のちのちまで引き継がれていった。

『日本永代蔵』が描くようなエビス講の賑わいは、おそらく京都や大坂の商人の影響を受けたものであろうが、第五章で述べたように、西宮神社でも江戸時代前中期以降、江戸市中での像札頒布を活発化していった。そして右日記の元禄九年正月の条によると、江戸の氏子四、五〇人が、近年エビス講を結成し金銭も蓄えたということで、西宮神社境内の池浚えや垣根の修理という寄進を申し出ているように、エビス講が結成され活動をはじめていた。少し時代が進むと、江戸の同業者の講による同様の寄進がしばしば記されるようになるのである。

江戸時代中後期になると商業神エビスがさらに地域に定着し、そのうえ、七福神信仰の影響であろうか、エビス講と称しながらも大黒天と対《つい》にして各家で祀られていったことは、各種随筆類にしばしば記されているとおりである。

さらに近代になると、江戸後期からつづいているかと思われる商業神エビスへの信仰が、『郷土研究』や『旅と伝説』など民俗学の諸雑誌にしばしば報告されるようになる。そこには生きた鮒をドンブリに入れて供えたり、一升枡にお金を入れて供えるとか、関係者一同が一月十日とか二十日、十月二十日に集まって宴を催すとともに、客の子供達に蜜柑を配るなど、各地においていろいろなことの行なわれていたことがわかるのである。

そして、エビスや七福神の画幅や置物が、商家をはじめ一般家庭においても愛されるようになる。かつ行動面ではエビス大売り出しが企画され、七福神巡りが流行して、エビス神は広く人々の心に入り込んでいくのである。

四　諸地域の商業神エビス

本章の初めに触れた大和国での市開設時のエビス社の創祀や、越前の馬借達によるエビス講結成などのように、室町時代には京都・大坂以外にも商業神エビスの信仰は生じていた。記録に残されることは少なくても、商業の発達そして城下町の発展とともに、エビスの商業神としての信仰は三都以外にも広まっていったと思われる。いちいち名前を挙げていけばきりがないので控えておくが、現在も盛んな各地域の多くの商業祭りとしてのエビス祭りの歴史をたどると、それらのなかには遡源をこの頃に求めることのできるものがあるかもしれない。

『御社用日記』には、京都・大坂以外にも、地元西宮はもちろんのこと、畿内各地の商人達によるエビス講のことが記されていて、江戸前中期には商業神エビスが相当の広まりをみせていたことがわかる。たとえば西宮では、「如例之干鰯仲間参詣青銅壱〆文神納候、同米屋仲間参詣、云々」（元禄一〇年五月二〇日）とあり、「如例」と記されているように、前々からこれら商人仲間による講が結成され、商業神として信仰されていたことは明らかである。大坂でも早くから干鰯商人にエビス講のあったことは先に述べたとおりであるが、干鰯という漁業にも農業にも直結する商品を扱う商人のエビス講は、商業神エビスの地方への伝播を考えるうえで無視できないものである。

また同日記には、社殿修繕の寄進を求めるため、神社が伊丹の庄屋を訪れて酒屋商人への紹介を依頼したさいの庄屋の返答が「御戎之儀ハ商売人ハ信心仕候へハ、云々」であったと記されているし（享保七年〈一七二二〉六月一四日）、同様の目的で灘方面へも出向いているので（享保八年三月二五日）、干鰯商人のみならず周辺地域の商人間での商業神エビスの信仰は充分に進んでいたのであろう。そしてこの地域の商人には早くに江戸へ出た者も少なからずいたようであるから、西宮周辺の実情は江戸にも影響を与えたことであろう。

このほか、近江国大津の講中や淡路の商人の寄進・参詣がしばしば記述されていたり、大坂の願人達が西宮神社の承認のもと四国の城下町へエビス神像札頒布に出向いているので、諸地域への商業神エビスの広まりは次第に進んでいったことがわかるのである。第五章で述べたような各地へのエビス神像札頒布も商業神エビスの浸透を促したことであろう。

そして時代が下ると、次章において述べる「諸国風俗問状答」[18]の諸例が示しているように、商業神エビスが都市部から地方小都市そして次第に農村部の商人に受容されていったことがわかる。そして農家にも受容され、農神信仰の影響を受けつつエビスは、農業神エビスとして広く信仰されるようにもなったのであろう。

さらには東北においても、商家の祝日だとして、エビス講には座頭が羽織袴を着し、礼語りと唱えて三味線を弾き謡い、家々を廻る、というようになるのである。[19]

第二部第六章・第七章において、近現代の商業地域のエビス神信仰につき、長野県松本市および周辺地域を例として詳述したので、ご参照いただけたらと思う。

註

（1）宮本又次『日本商業史』（龍吟社、一九四三年）三八頁。

（2）『豊田武著作集』第二巻（吉川弘文館、一九八二年）一三四頁。

（3）『豊田武著作集』第三巻（吉川弘文館、一九八三年）二〇三頁。

（4）豊田前掲註（2）四五一～四五二頁、および豊田前掲註（3）に同じ。

（5）『邦訳　日葡辞書』（岩波書店、一九八〇年）。

（6）『大阪市史』第一巻（大阪市参事会編、一九一三年）四〇七・四〇八頁。

（7）『毛吹草』（岩波文庫）の巻第二「誹諧四季之詞」。

（8）『醒睡笑』上巻（角川文庫、一九六四年）、一七〇頁、など。

(9)『日次紀事』(『新修京都叢書』四)(臨川書店、一九六八年)。
(10)同右。
(11)『雍州府志』(『増補京都叢書』)。
(12)『西宮神社御社用日記』については、第三章註(7)参照。西宮神社文化研究所編『西宮神社御社用日記』一〜四(清文堂出版、二〇一一〜二〇二〇年)。
(13)布川清司『近世の民衆倫理思想』(弘文堂、一九七三年)九〇頁。
(14)『諸国図会年中行事大成』(『日本庶民生活史料集成』第二三巻、三一書房、一九七九年)。
(15)『江戸惣鹿子』(『江戸叢書』巻三、一九一六年)。
(16)『日本永代蔵』巻六「見立て養子が利発」。
(17)戸森麻衣子「江戸・東京のえびす信仰」(西宮神社文化研究所編『えびすさま・よもやま史話――「西宮神社御社用日記」を読む』神戸新聞総合出版センター、二〇一九年)。
(18)「諸国風俗問状答」(『日本庶民生活史料集成』第九巻、三一書房、一九六九年)。
(19)『磐城誌料歳時民俗記』(『日本庶民生活史料集成』第九巻、三一書房、一九六九年)二二九頁。

第八章　農業神としてのエビス神信仰

一　近世期までの状況

1　農業神エビスの特徴（概略）

農業神としてのエビス神の発生や、わが国の大部分を占める農村部における中世末までのエビス神信仰の実態は、不明としかいいようがない。信仰されていたかさえも確かなことはわからないのである。いくらか明らかになりはじめるのは江戸時代に入ってからで、海神・漁業神や商業神よりもだいぶ遅れて発生し、信仰されるようになっていったものと思われる。遅れて発生したとはいえ、農業神としてのエビス神は、近代の農村部において、豊作をもたらしてくれる神として全国広範域に信仰されていたのであり、現在にいたるまで多くの人の心を支えつづけているのである。

農業神としてのエビスの性格や祀り方の特徴は、漁業神や商業神としてのエビスよりバリエーションが大きい。詳細は農業神全体について考える第九章に譲り、ここではまず概略を述べておこう。

早くに柳田国男が指摘しているように[1]、春と秋に、田と山あるいは田と家とを去来する神だとする地域の多いのが、農業神の特徴である。また、いろいろな神が十月に出雲に集うという全国的に広まっている信仰において、エビス神は留守居神として家を守っているという地域も広く認められる。こういう留守をあずかるという家の神的性格も強いので、婚出するはずの子女には、エビス神と一体になっていつまでも家に留まっていてもらっては困るということで、エビス神への供物を共飲共食させないという地域も多い。

また祀るにあたって家の中心的な神棚には祀らず、別にエビス棚を設けたり、台所の戸棚の中や床(ゆか)の上、あるいは納戸など、一段低く粗末かと思われる所に祀る地域の多いのも特徴である。かてて加えて、目が見えない、耳が聞えない、片足が不自由だ、たいへん醜いなどという伝承も多いのである。(2)

また、魚を供えることも特徴といえるであろう。神祭りの供物に魚を含めるのはごく普通であるが、エビス神においてはこの点をことさら強調する例の多いのは、原初が海の神だったからであろうか。エビスは夫婦神だといって二膳供える地域の多いのも特徴だといえる。

漁業神としてのエビス神が漁の網組一同で祀られ、商業神が商人同士エビス講を組織して祀られることが多いのに対して、農業神としてのエビス神にはそういう組織として祀ることはきわめて少なく、個々の家の祭祀にとどまる点も特徴に数えられるであろう。

以上のような特徴が近代の民俗調査によって明らかになっているのであるが、このようなことは一般に田の神・作神・亥ノ子などとして伝承されている農業神一般とも共通点が多く(詳細は第九章で述べる)、農村部への伝播の過程でそれら農業神との習合のあったことが推測されるのである。その農村部へのエビス神の伝播は、それまでにもさまざまな民間宗教者によってなされていたではあろうが、多くの地域で進むのは、第四章・第五章で検討したように、西宮神社のエビス神像札頒布が本格化する江戸時代前中期以降であろう。そこで次に、近世におけるいくつかの地域における農業神エビス信仰の実態についてみておきたい。

2 近世期の各地の状況

江戸時代前中期というべき貞享二年（一六八五）頃にまとめられた会津藩領（福島県）の「中荒井与三十二箇村風俗帳」[3]には、

一、（十月）廿日夷講とて分限に応じ、魚鳥を調、夕に無糧にて食す、身体不如意の者は不祝、此日一両日前秋夷とて穢多下夷を持廻る、米籾少宛貰

と記されており、この頃すでに会津の農家では、家の分限に応じて、魚鳥を用意し白米の飯でエビス神を祝っていたことがわかる。のみならず十二月十五日は「夷の年越」であるとも記されている。周辺にもエビス講の祝いをしている地域があり、すでに会津地方にエビス神が定着しはじめていたことがわかる。エビス講に向けて「穢多」が像札を頒布していたようでもある。先の各章でも用いてきた『西宮神社御社用日記』（以下『御社用日記とし、年月日のみ記す）によって、この頃、会津にはすでに西宮神社の下願人がエビス神像札頒布に回っていたことがわかるのであるが、この願人たちは、これら穢多とどのように拮抗していたのか、また下願人たちが土地の者から穢多と認識されてそのように記されたのであろうか。

長野県の伊那地方には、毎年配られるエビス神関係像札を重ねて祀りつづける風があり、ある家には、昭和五十年前後の段階で、それが二六〇体（枚）に達していたという報告がある。[4]神札には発行年が記されていないので確かなことはいえないが、いかにも古風な像札も含まれているようなので、これが毎年一枚ずつ重ねられていったものであれば、伊那地方には江戸時代中期にすでにエビス神信仰があったことになる。『御社用日記』からもこの方面への頒布が確認できるうえに、これら二六〇体には西宮太神宮と銘記されたものが多いので、早くから西宮神社のエビス神信仰のおよんでいたことは明らかである。同時に地域における旧年の神札の扱い方もわかるのである。

第五章において述べたように、西宮神社のエビス神像札の頒布は、江戸時代前中期には農村地域においても積極的に進められはじめていた。そのさい当該地におけるそれまでの頒布者としばしば抗争を繰り返していたのであるから、西宮神社の進出以前にも、農村部にエビス神信仰がある程度広まっていたことが推測される。したがって会津地方の例などで述べたようなことは、当時各地で一般的になりつつあったのかもしれない。

少し時代は下って江戸時代中後期になるが、菅江真澄の旅日記『つがろのをち』によると、寛政九年(一七九七)の青森県西津軽郡深浦では、正月元日に神棚に宇賀の餅というものを供え、供える対象である神をオカエビス(岡戎)と呼んでいる旨が記されている。オカエビスについては真澄が秋田県南秋田郡琴浜を巡ったさいの『牡鹿《おが》の寒風』にも記されているので、この地域ではよく知られた神だったのであろう。両地域とも生業は半農半漁のようではあるが、宇賀の餅は秋田県の内陸部(農山村部)でも供えていると記され、ここではエビスとは呼んでいないものの、真澄が宇賀の餅を倉稲魂《うがのみたま》すなわち稲魂・稲霊の形象化だろうと理解している点は注目すべきである。半農半漁の人々の間にエビスを〝農〟と関連づける考えがあったから、こういう餅をオカエビスと称したのではないであろうか。(5)

真澄の記すような青森・秋田の人々のエビスの知識はどこからもたらされたものであろうか。すでに述べたように、江戸時代中期には秋田にも西宮神社を本社とする神社が存在していたので、その影響でエビス神が知られていたのかもしれない。あるいは真澄は『にえのしがらみ』(6)において、北秋田郡比内町で、六月一日の氷室の祝いという行事のさいに、盲目の巫女であるイタコが「沖の鷗の寄来るは、こんれも戎のはからひか」などと唱えながら門付けしているると述べているので、こういう民間呪術宗教者をとおして知ったのかもしれない。真澄は彼女らのこういう行為・活動を、「蝦児の神あるいは事代主の御神に仕へ奉る神子」を念頭において「衣比須加持《エビスカジ》」という呪法だとみなしているのである。

以上のことから、羽後北部(秋田県)においても江戸時代の後期、エビスが人々にとって馴染みの神の名であったこと、そのエビスを真澄が西宮神社や美保神社と関係づけて理解していたことがわかり、興味深い記述だといえよう。

江戸時代後期のものながら「諸国風俗問状」は、文化十四年(一八一七)前後に幕府の祐筆屋代弘賢が諸藩に発した、当時の民俗についての一三〇か条ほどからなる質問状である。内容には年中行事に関する項目が多い。現在判明しているそれへの各地の返答(回答状)は二五種(二五地域)[7]ほどにすぎないが、同時代的に全国の民俗を俯瞰できる貴重な記録である。その中に十月二十日のエビス講への質問と答が含まれており、江戸時代後期の全国の実態をうかがうことができるので、「夷講の事、家々の行事如何」という問いに対する各地域の答を列挙してみよう。

・商人計り也。(陸奥国信夫郡伊達郡)

・町方にては、格別商売体の祝とて、大商にては、……農家にては豪農にては祝ひ候者も有之候へども、行事と定め格別の儀も無之候。(陸奥国白川領)

・商家一面に夷講を行、農にも商をする家にては祝ふ。云々(常陸国水戸領)

・工商の家のみに祀る、云々(越後国長岡領)

・商家にては饗応あり。(三河国吉田領)

・商人祝ひ候計にて、云々(若狭国小浜領)

・商家にて親属懇意の人々を招き、云々(伊勢国白子領)

・凡て都会には祝ひ候得ども、田舎の商人には無之候。(大和国高取領)

・町方織屋都て商人向(丹後国峯山領)

・商家には折々有。云々(淡路国)

・村方にては態に祭り等も不仕候。町家にては随分祭り等も御座候。云々（備後国深津郡本庄村）
・廿日殿と申、神酒灯明など備祭り候。在中此事御座候。町家賑々敷祭り候。云々（備後国品治郡）
・蛭子を祭り、商用の人来れば酒肴にて饗応し申家々御座候。（阿波国）

二五地域の回答書の中でエビスに触れたものが一四地域ほどとは、意外に少ないように思われる。第五章などで述べてきた頒布圏や頒布者の数からみて、江戸時代後期にはエビス神信仰がもっと農村部に浸透していてもよさそうなのに、「諸国風俗問状」の回答を読むかぎり、必ずしもそうではない。しかし回答は諸藩の役人が周囲の有識者などに問い合わせて記した例が多いので、農家の実態まで知悉しての回答であったのか、疑問が残る。資料の性格に若干の不満は残るものの、とにかく「諸国風俗問状」への答から、江戸時代後期までには、エビス講が全国の小都市にまで分布しており、農村部には、商いを兼ねる家であったり豪農にまではおよんでいたことが確実にわかるのである。

二　近代農村部のエビス神信仰の特徴

1　去来する神としてのエビス

先に概述した農業神エビスの性格や祀り方の特徴についての説明と重複部分が生じるではあろうが、ここではいくらか事例をあげながら述べていきたい。

まず第一は、春秋に去来する神だとする地域の多いことがあげられる。日本の祭りでは神は常在しているのではなく、人々は祭りのつど来臨を乞うて願意を伝え、祀り終えるとお送り申すというのが古い形なので、エビスに去来伝承の伴うのも当然かもしれない。しかしエビス神の場合には、春（一月）と秋（十月・十一月。十一月とする例の多くは十月の新暦採用以降の月遅れの設定なので二つは同じだと考えてよい）との去来なのである。

〔事例１〕茨城県勝田市では一般に一月と十月の二十日をエビス講の日だといい、エビス神（大黒天と一対で祀ることが多いようである）が一月に稼ぎに出ていき、十月に稼いで家に戻ってくると考え、供え物をして祀る。供え物は、エビス膳といってこの場合膳を九十度左に回した左膳《ひだりぜん》の形にして並べ、酒・飯などとともに生きたフナを供えたり、一升枡に銭を入れて供えたりもする。(8)

細部にわたれば地域や家によって異なるのは当然としても、一月二十日と十月（十一月）二十日をエビス講と称して、エビス・大黒を一対として祀り（多くの場合、エビスが主で大黒は添えもの的存在）、エビスが一月二十日に外に働きに出、十月二十日に稼いで家に戻ってくるという春秋去来の伝承が、関東地方全般とその周辺の東北・中部地方の一部地域に広く分布している（これら農村部には西国のような一月の十日エビスの伝承はみられない）。また、供え物に必ず魚（それもしばしば生きたフナとかドジョウ）や二股大根を加えたり、左膳にするなど、供物を平素とは異なる形にして供えるというのも一般である。

一月と十月の二十日を祭日としてエビス講と称するのは、関東地方を中心に東日本に多いが、西日本でも近畿地方から山陽地方にはいくらかみられる。講とは称していても、庚申講とか二十三夜講のように同じ地域の数家が集まって講行事を催すわけではなく、ほとんどすべてが家単独の行事である。もともと、都市部あるいはマチ的雰囲気をもつ地域の商家において、十月二十日をエビス講と称して大売出しをしたり取引先や得意先を招いて祝ったりしていたので、エビスを祀るさいの講という称し方はその影響を受けたのであろう。

一月と十月の一対ではなく、一月か十月のどちらかのみの二十日を祭日とする伝承は西日本にもみられる（一月二十日のみの例が多い）。なおエビス講と称しては祝わない地域でも、一月二十日を二十日正月とか骨正月と呼び、正月行事の最後の日という特別な日として祝うふうが全国に広く行なわれていたことには注意しておきたい。

ところで同じく一月と十月に祀っていても、一月二十日を商人のエビス、十月二十日は農家のエビスだといって(両日逆の伝承もある)、この両日は異なるものだと考える例も少なくないものの、一月に働きに出たエビスが十月には稼いで戻ってくるのだとし、両日を一セットにする春秋去来の伝承の方が圧倒的に多いのである。そしてこのなかに、エビスがどこかへ稼ぎにいくのではなく、田畑に出て行き田畑を守りつつ収穫後に家に戻るのだと考えている例のあることには、とくに注目しておきたい。

なお、神去来の伝承は、エビス神以外にも田の神・山の神、亥の子神、地神、年神等々、各地の多くの神に認められ、去と来による神格の交替変更なども語られてきた。それらのほぼすべてが、正月を挟んで春と秋とが対称的であるのが特徴である。エビスのみならず、このようにいろいろな神に春秋去来の伝承の伴うことは、わが国の年中行事の研究にとって疎かにできない伝承であり、次の章にて検討することになるので、今ここでは指摘するだけにとどめておきたい。

2　留守神の伝承

神無月(旧十月)に神々が出雲に集合するという伝承が全国に広く分布しているが、そのさい出雲には行かずに家を守っていると考える神を留守神という。エビスのほか留守神には荒神・オカマサマ(竈神)・亥ノ子神・庚申・金比羅・大黒など、地域によってさまざまな神が考えられている。家で留守を守っているというのは去来の伝承とは矛盾するようではあるが、地域によっては、エビスが留守神の中の有力な一つであることを指摘しておきたい(9)。

留守神は去来するのではなく家に居ついている神だという考えで、前述のように、しばしば未婚の娘にはエビスに供えた食物を食べさせないという例のあるのは、家の神だと考えるエビスと共飲共食して一体になった結果、末永く家に居続けられては困るという理由からなのであろう。

3　外貌・性格についての伝承

エビスを目・耳・足など身体の一部に障害をもつ神、あるいは醜い神、さらには吝嗇・慾深か神であるという伝承が少なくない。[10]漁村部にもそういう伝承がないわけではないが、全国の農村部におけるエビス神伝承の特徴である。いろいろな言い方があるので、次にあげる諸例が代表例というわけではないが、事例をあげながら述べていこう。

まず目について。わが国の神信仰において目に障害をもつという神の伝承はエビス神以外にもあり、それには盲目と一つ目の場合があるが、[11]エビスの場合は盲目とする例が主である。関連する伝承として、群馬県松井田町峠で節分の豆撒きのさい、エビスの神棚の前で「エビス・大黒、目を開け」といって撒いたというような例もあり、[12]目の不自由なことを念頭に置いての唱え言であろう。

次に耳について。

〔事例2〕大阪府河内長野市の長野神社では、一月九日から十一日までの三日間をヨイエビス・ホンエビス・ゴエンといってエビス神を祀り参詣者で賑わうが、参詣者は、エビスさんは耳の遠い神さんだからといって祠の背後に回り、その羽目板をトントン叩いたり、大声で参詣に来たと告げたりして祈るという。[13]

右のような耳についての伝承は、今宮戎神社の、まず社殿背後の羽目板などを叩いて訪れたことを知らせてから拝むのだという参り方がよく知られており、事例2もそれに関係するものであろう。農村地域とは言えないかもしれないが、京都市東山区の恵美須神社の場合もそうで、近畿地方を中心に比較的広く伝承されているエビスの外貌である。

同様のことは、これらと信仰圏を同じくする漁村部においても語られているし、遠く離れた岩手県東磐井郡大東町の旧中川村でも、十月二十日をエビスの年越しの日だといって祝い、飯・大豆・金銭を一升枡に入れて供えるさいに、枡を振りながら「オエビス様、よく耳あいてください」と唱えるというので[14]、さらに広く伝承されていたのかと思われる。

なお、今宮戎神社については次のような江戸時代の記録も残っていて、耳にまつわる伝承はある程度古くからのものなのであろう。

〔事例3〕摂州今宮は西宮を移せし社にて、蛭子、素尊、天照大神也、片辺に広田有り、是も正月十日の賑ひ貴賤群をなす。参詣人此神はつんぼなりと社の後の板を叩く、今参りましたと云。是祈願を訟る也。なんぞ聾にましまさんや。万民富貴のみ願の欲は聞かずとの神慮仰ぐべし[15]。

このような伝承はある程度古くからのものであろうが、この記述には、そういう根強い伝承を否定したい気持ちが滲んでいる。

さらに、足に障害をもつ神だともされている。第一章の「四　エビス神と水蛭子・蛭児」で述べたように、西宮神社のエビス神に記紀神話の蛭子・蛭児が比定されるようになり、西宮神社のエビス信仰が広まるにつれて、こうした伝承が各地に定着していったからだとも考えられるが、次の例をみると、どうもそれだけではなさそうである。

〔事例4〕岡山県の備中や備前北部の吉備高原では、納戸や台所、倉(土蔵)などにエビスを祀っている家が多いというが、ここのエビス神は出雲の美保神社から御幣を受けてきており、そのため美保神社で禁忌とされる鶏を飼わなかった。その理由として、かつてエビス神が、鶏がトキ(時刻)を間違えて早く鳴いたために海へ行くのが早すぎ、鱶《ふか》に足を噛まれて跛足になったからだというのである[16]。

島根県の美保神社もエビス神信仰の有力な発信元の一つであり、同社のエビスは、記紀神話の事代主神に比定されている。そして中国地方を中心に、多くは事例4のように鶏・鱶を登場させ、だからエビスは足が不自由なのだと伝承しているのである。これと西宮のエビスにまつわる伝承との関係について今にわかに論じることは難しいが、エビスは、目・耳のみならず足の不自由な神としても受容されやすかったものと思われる。

このように農村部のエビス神には、全国的に、身体各部に障害をもつ神だとする伝承がつきまとっているのである。右のほか、容貌が醜いという伝承も珍しくない。だからエビスが恥ずかしがるので神棚ではなく台所の戸棚の中などに祀っているのだ、などというのである（これについては後述）。農村地域には一般に目にするような鯛を抱いて笑ってござる像形を祀りながらも、神体に障害があるとか醜いなどと伝承している例が、少なくないのである。像札頒布のさい西宮神社とか美保神社が積極的にそのように宣布した事実はないであろうのに、エビスになぜこのようなイメージの伝承が多いのであろうか。検討は次章の農業神一般との比較に譲り、ここでは指摘するにとどめたい。

なお、醜いとする点では第六章で述べた海の神である安曇磯良もそうであったが、関連について今にわかに論じることはできない。

4　夫婦神の伝承

エビス神を一対の夫婦神だとする伝承も各地にみられる。それゆえ供物の膳部は二人分用意するのだということもよくいわれていて、疎かにはできない伝承である。

全国的にエビス・大黒を一対にして祀る例が多いのは、この夫婦神一対の神だとする伝承と関係あるのではないかと、筆者は考えている。エビス・大黒として祀ってはいても、多くの場合主役はあくまでもエビス神であって、大黒に個性ある神格を認めようとする伝承の少ないのは、元来が一対の夫婦神エビスだったからではないかと思うのである。

5 祀り方の特徴

エビスを第3項の外貌・性格で確認したような神だと考えるからであろうか、その祀り方にも特徴がみられる。祈願や感謝をする神に対するとはとても思えない、いうなれば粗末な扱い方をしている例が少なくないのである。いくつかの事例を挙げてみよう。

〔事例5〕秋田県仙北郡西仙北町の旧土川村では、十二月五日をムロエビスの年取りといい、麹を作る家では親しい家の者を招いて祝うというが、このエビス神は台所の戸棚の中で祀る。(17)

〔事例6〕岐阜県恵那市近辺では、エビス神棚は高い所に祀らずに、台所の隅の板の間に直接祀るものだとされている。(18)

〔事例7〕中国地方各地の農村部でも、エビス神は一般に戸棚の中に祀られている。なぜならば、エビス神は足が悪くて皆に見られるのを恥ずかしがるからだと伝えている。(19)

〔事例8〕高知県長岡郡本山町では、「オイブツサマ」と称して、炊事場の近くに棚が設けられているが、この中には、竈の神・福の神・エビス・大黒などが祀られており、朝晩はもちろん、何事につけても祈る身近な神だとされている。(20)

すべての農村地域がそうだというわけではもちろんないが、農村地域には、エビスの神像(あるいは像札)を、平素狭くて暗い戸棚の中とか、わざわざ家の下座と思われる台所隅の床の上に置いて祀っている例が各地にみられ、そういう家では、平素はその場所に供物をして祀り、エビスの祭日にのみそこからしかるべき場所に移して祀るというのである。ハレの空間であるデイとかザシキと呼ばれる表の部屋に設けられている神棚に祀る天照大神や氏神（産土神）などとは、明らかに差をつけている。たとい表の部屋にエビス棚を設けて祀る例があっても、エビス棚は、わざわざ一般の神棚とは少し下げて設置すべきだとしている伝承も珍しくないのである。

このようなエビス観と関係あるかと思われる例に、第二部第三章で述べるように、橋の架け替えのさいに廃材として出るような、人によく踏まれていた橋桁三枚目の板でエビスの神像を作るという例が、長野県松本市周辺にある。神像をこともあろうに、不浄であるはずの長年人に踏まれつづけた古い橋板三枚目で作るというのは異例と思われるが、同様のことは江戸時代には珍しくなかったのか、『百姓伝記』や『町人袋』にも述べられている。また、大黒像であり小説ではあるのだが、西鶴の『日本永代蔵』[21]にも似たような話が出てくるので、少なくとも江戸時代前期には、もうある程度広く伝承されていたことなのであろうか。

このほか、いままであげてきた事例にも述べられていたように、エビス神への供物は左膳にすべきだというのも、祀り方の一つの特徴である。左膳とは事例1のように膳を九十度左に回した形にして供えるという方式もあろうが、飯・汁の椀を普通と左右逆に置くという例が多い。このような左膳は一般に縁起がよくないとして避けるべきものだとされるのだが、あえてこのように縁起のよくない供え方をしているわけで、エビスの祀り方の一つの特徴だといえよう。

不浄を厭わないという伝承については、不幸があった家では一般に、忌みが明けるまで神棚を閉じたり全面に白紙を張っておいて神に不浄のおよぶのを避けようとするのが普通であるが、新潟県岩船郡の一部では、不幸のあった場合でもエビス棚の場合は閉めないのだというのである。[22]漂う水死体をエビスだと考えて丁寧に取り上げ祀るという、漁業民の心意にも通じるものがあり、深く考えるべきエビス神祭祀の特徴である。

このように、不浄を厭わないというべきか、むしろ不浄な環境に置いておいてエビスの霊力に期待するような祀り方については、両義性や聖俗論の観点から論ずることも可能であろうが、次章の農業神一般との比較のところでも考えようと思うので、ここでは指摘するにとどめておく。

また、先に述べたように夫婦神だという伝承と関係することだが、エビスには必ずといってよいほど二膳分供える例が多いのも祀り方の特徴というべきであろう。エビスに供えた食物は未婚の子女に食べさせないことや、しばしば生きたフナとかドジョウを供えることの多いことも指摘しておく。

以上、第六章・第七章と本第八章において生業神としての側面について考え、エビス神が漁業・商業・農業それぞれの生業の成功・発展を願って広く信じられ祀られていることがわかった。そして、そのうちの農業神としてのエビスの場合には、漁業神や商業神の伝承ではほとんど意識されることのなかった、春秋に去来する神であるとか留守神、神体に障害ある神、醜い・慾深かな神、夫婦神、不浄を厭わない神などなど、わが国の他の諸神にはあまり語られないような特徴の纏綿していることがわかったのである。どうしてそうなのであろう。この点を農業神全体の中で考えるべく、次の第九章でわが国の農業神の伝承について考え、さらにそれをアジア諸地域の農業神の伝承の中に位置づけ、そのあと農業神としてのエビスについてもう少し深く考えてみたい。

註

（1）　柳田国男「田の神の祭り方」（『月曜通信』、『柳田国男全集』第二〇巻。初出は一九四九年）。

（2）拙稿「エビス神の一側面―不具神伝承について―」（『日本常民文化紀要』一〇、一九八四年。本書第二部第二章）。
（3）庄司吉之助編『会津風土記・風俗帳』巻二 貞享風俗帳（吉川弘文館、一九七九年）。
（4）吉井貞俊『えびす信仰とその風土』（国書刊行会、一九八九年）一一頁。
（5）菅江真澄『つがろのをち』（『菅江真澄全集』第三巻、未来社）二一八頁、『牡鹿の寒風』（同第四巻）二五八頁。内陸部の例は『小野のふるさと』（同第一巻）二三六頁。
（6）菅江真澄『にえのしがらみ』（『菅江真澄全集』第三巻）四〇八頁。
（7）それらのほとんどすべては、平山敏治郎編「諸国風俗問状答」（『日本庶民生活史料集成』第九巻、一九六九年）に収められている。
（8）『勝田市史　民俗編』（勝田市、一九七五年）五五九・六七七・七〇〇頁。
（9）留守神については、関敬吾「神不在と留守神の問題」（『民族学研究』新三―一、一九四六年）、柳田国男「家の神の問題」（『柳田国男全集』第三一巻、初出は一九四三年）、小島瓔礼「金毘羅信仰」（『日本民俗学会報』二、一九五八年）、および石塚尊俊編『出雲信仰』（民衆宗教史叢書十五、雄山閣出版、一九八六年）。
（10）外貌・性格については、本書第二部第二章「エビス神の一側面―不具神伝承について」、同第三章「橋板製のエビス・大黒像」も参照願いたい。
（11）柳田国男『一目小僧その他』（『柳田国男全集』第七巻、初出は一九三四年）、谷川健一『青銅の神の足跡』（集英社、一九七九年）。
（12）『松井田町の民俗―坂本・入山地区』（群馬県教育委員会、一九六七年）一五八頁。
（13）「河内長野の民俗」（『河内長野市史　第九巻　別編Ⅰ　自然地理・民俗』一九八三年）三七五頁。

(14)『旧中川村の民俗—岩手県東磐井郡大東町旧中川村』(東洋大学民俗研究会、一九七三年)。
(15)『年中故事』(『民間風俗年中行事』国書刊行会、一九二五年)五〇五頁。
(16)鶴藤鹿忠「岡山県民家の屋内神の祭祀」(『岡山民俗』創立三十周年記念特集号、一九七九年)。
(17)『昭和三十三年度　民俗採訪』(国学院大学民俗学研究会、一九六〇年)九九頁。
(18)杉山博文氏のご教示による。
(19)鶴藤鹿忠氏のご教示による。
(20)『土佐本山町の民俗』(大谷大学民俗学研究会、一九七四年)一一九頁。
(21)『百姓伝記』(『日本農書全集』一六、農村漁村文化協会、所収)巻二「大黒物語の事」。
『町人袋』(『日本思想史大系』五九〈近世町人思想〉、岩波書店)。

『日本永代蔵』巻二「才覚を笠に着る大黒」(『西鶴集・下』日本古典文学大系48、岩波書店)。
(22)『新潟県の作神信仰—越後・佐渡の農耕儀礼調査報告書Ⅱ—』(新潟県教育委員会、一九八二年)五頁。

第九章　農業神の特徴とエビス神

はじめに

エビス神は、江戸時代に入ってからわが国農村部にも徐々に受容されていき、農業の神として広く信じられはじめた。そして、前章で述べたように近代の農村部におけるエビス神は、生業の神として信じられていることは同じでも、漁業神・商業神としてのエビスとはいくらか異なるものとして理解されていたのである。その理由は、受容の過程でそれまで長きにわたって信仰されてきた地域ごとの農業神と習合した結果ではないかと思われる。そこで本章では、地域の農業神そのものについていくらか考え、それをアジア地域全体の農業と比較し、最後に再び農業神としてのエビスを考えてみたい。

一　稲の祭り

生存上もっとも基本的な産業である農業は、寒暖・風雨や鳥獣虫害など自然の影響を受けやすい。水田稲作農業は特にそうである。人力ではいかんともしがたいことが多く、長い間その成功は、超自然的な力すなわち神に頼らざるをえなかった。灌漑設備や農業技術の向上、肥料・農薬の充実、さらには作業の機械化等によって自然の負の影響からはだいぶ解放され、同時に科学的合理的思想も浸透したことにより、現在、神への依頼心は以前ほどではなくなっている。しかし神に頼る農業は昭和三十年前後まではまだ一般的で、農業神の観念は濃厚だったのである。水田稲作農業は、列島への伝来以来、長いあいだ神信仰とともに歩んできたといって間違いないであろう。そのなかで近代の実態が、民俗学の調査研究によってだいぶ明らかになっているので、主として近代農村部の事例をもとに、現今の農業実態とは相当に異なるものの、人々が頼ってきた農業神について述べていこう。

ここで農業神と総称するものは、地域において、タノカミ(田の神)、サクガミ(作神)、ノウガミ(農神)、ジガミ(地神)、コウジン(荒神)、カマガミ(竈神)、エビス、ダイコク(大黒)、シャニチ(社日)さん、イノコ(亥の子)、サンバイ、その他さまざまな名で呼ばれてきた。古い文献にいうウカノミタマなど固有の名を持つ神ではなかったのである。ときにはそれらに祖先神や年神を習合させて考えてもいるのである。農業神への祈願と感謝は、とりもなおさず稲の祭りであり、農耕儀礼として農村生活に大きなウエイトを占めていたのである。のみならず、稲の祭りは暦日にも影響を与え、わが国の年中行事一般の中に多数取り入れられている。都市部でも盛んな春と秋との神社の祭礼の多くや、各家庭の正月行事、勤労感謝の日の背景にある新嘗の祭りなどの由来が、もともと稲の祭りと無縁ではなかったように、稲の祭りは、早くに農業から離れてしまった人々をも含めた日本人の生活文化の基層を形成し、現代の日本文化を考えるうえでも疎かにできない課題なのである。

以下、エビス神にも反映していると思われるわが国の農業神とその祭り・祀りについての筆者の考えを述べていきたい。なお原則として、「祭り」は行事としての神まつり全体を意味するときに用い、「祀り」は直接に神をまつる行為そのものを指すときに用いる。

二　祀る時と場所

水田稲作は、一部の二期作地域や南西諸島を除けば、おおよそ四月(新暦)から六月までに種籾漬けや耕起・播種・田植えをすませ、七月・八月は水の管理や草取り、虫害除けなどを行ないつつ成長を見守り、九月から十二月にかけて稲刈りと籾・稲米の調製・収納という順序で続けられ、ほぼ一年周期の作業となっている。稲の祭りもそれに伴って、播種儀礼、田植儀礼、虫送り・風祭り、収穫と収納調製にかかわる儀礼などとして行なわれてきた。これらに加え正月には、その一年を見通しての予祝儀礼も行なわれてきたのである。

細部にわたれば地域間の差違は小さくないものの、南西諸島を除いた日本列島を一つのフィールドとみなし(1)、播種儀礼から順を追って、祭場と対象とする神の特徴を考えていきたい。

1　播種儀礼

播種儀礼とは、種籾浸けのあと苗代田に稲種(種籾)を播くさいに、田の一部(水口・中央・畦)に、自然木(萱・栗・楢・卯木・竹・榊・松・樫・椎)の枝、またはこれらとともにあるいは単独で、季節の花(桜・山吹・ツツジ・椿)や正月に用いた削掛けなどを挿し立て、洗米とか焼米を供え祀ることである(2)。

洗米とか焼米は、苗代田に挿し立てた木の枝などの前に置き、播種の後で木の枝を拝む例が多いので、木の枝などを神の依代として農業神を意識し供えられているわけである。したがって播種儀礼とは、種籾を播くさいに屋外(苗代田)において農業神を祀ることだということがわかり、水口祭りなどと呼んでいる例も多いのである。このような儀礼を行なう苗代田を神聖な田とみなす伝承も多い。

その時に祀る対象とする神は、自然木・花木を依代として天や山野から来臨するとも考えられる。自然木ではなく正月の削掛けを用いる例からは、正月に祀った神と同性格の神が家から田に出ていくのだとも考えられ、伝承は錯綜し、やや茫漠としている。そのうえ用いる種籾じたいに、前年の収穫以来聖別され正月に祀られる対象であった稲穂から穫れた籾を混ぜる例も多く、この場合には自然木などに神が依りつくのではなく、発芽し生育していく種籾そのものに神が観念されていると思われる伝承も多いのである。

2　田植儀礼

播種に比して田植は作業に時間を要するので、儀礼は田植作業開始のさいと終了のさいとの二度行なわれる、というのが従来一般の理解だった。しかし作業そのものが一種のまとまった儀礼だと考えられる形式の田植もあり（いわゆる花田植がそうで、本書では作業儀礼と呼ぶ）、田植儀礼の構造はこれをも加えたものだということができる。

田植開始のさいの儀礼は、これから植える田の中央や水口・畦などに小さな土壇を設けたりして、そこに立てた自然木（萱・柳・栗・卯木・樫・柴・朴・竹・葦・柿・杉など）とか正月に用いた幣に、餅・飯・若布・昆布・豆・野菜・魚などを供え、それに苗の一部（苗三把の例が多いが、苗一～七把の例もある）を添える、というものである。または、屋内の神棚・床の間・土間・庭などに木の葉（蕗・朴の葉）を敷いて行なう場合もある。

田植終了にあたっての儀礼は、田植開始の儀礼と同様に、田の水口・畦などに小さな土壇を設けたりして、そこに立てた自然木（萱・柳・栗・竹・榊など）に、餅・飯・豆（大豆・黒豆）・昆布・酒・野菜・魚などを供え、三把の苗（苗一～三六把の例もある）を添えるというものである。または、屋内の神棚・床の間・土間・庭・カマドなどに、木の葉

（蕗・朴・柿の葉）を敷いたり枡を置いて、行なう場合もある。

作業儀礼について。田植はかつて多くの地域において、ユイなどという家々間の互助協同の作業として賑やかに行なわれることが多かった。そのさい早乙女などは衣装にも気を配り、関係者は昼食を共にし、ときには鳴り物に合わせ歌いながら苗を植えるハレの作業だった。各地に残っている田植歌の内容からみても、(3)作業そのものが神を祀る行事の性格を有していたことが推測できるのである。したがって作業を行なう場である泥田も、進行する神祭りの場所だと考えることができる。

特に大規模農家では多くの人を動員して、さらに賑やかに行なうことがあった。こういう田植の作業儀礼は現在では、中国地方の一部山間地域において、飾りたてた牛で代掻きしたあと、男性の音頭取りのもと歌と笛・太鼓・簓などの鳴り物をうけて、早乙女たちがそれに呼応し歌いつつ一斉に作業を進める花田植という芸能化した行事としてしか残っていない。しかし、こういう作業儀礼は少なくとも中世末まで遡ることができることは明らかであり（おそらくそれ以前からのものであろう）、かつ列島の広い範囲において行なわれていたことも、若干ながら残されている文献・絵画資料や、近代にも継承されていた諸事例から推測できるのである。(4)

儀礼の実態は以上のとおりであるが、そのとき祀る神は、多くの地域で固有の名をもつ神を念頭に置いているわけではなかったので、漠然と農業神としかいいようがない。神は水口などに立てた木の枝に天や山などから来臨して田植を見守り援け、田植終了とともに去っていくのだとも、田植終了後も神は田にとどまって秋まで稲の生育を見守りつづけ、収穫を見届けて去っていくのだとも考えられているのである。ただ、正月に迎えた幣などを水口に立てて祀る例などからは、農業神と年神との関係も無視できない。

右の去来伝承としては、春秋の去来を説く伝承が多いのであるが、中国・四国地方で農業神をサンバイさんと呼び、田植の開始をサオリ・サビラキ、終了をサノボリなどというのは、サンバイという語がこの苗三把に関わる神名かとも考えられており、こういう例からは田植にあたって来臨した神は、終了後直ちに天・山などに昇って（すなわちサノボリ）いくとも考えられていたといえるであろう。

神去来の伝承とは別に、三把の苗そのものを聖別してそれに供物をしたり、所によっては田の中央に苗三把を植えたあとその周囲から植え始めたり（いわゆる車田という植え方）、聖別した苗三把を秋まで苗代田などで特別に育てたりというように、田植儀礼として三把の苗を神の依代のごとくに考え、苗そのものに霊力が宿っているとする伝承が多いことは見逃せない。さらに収穫のさいには、聖別した三把の苗から成長した稲を特別な稲として、祀る対象にしたりしている例もあるのである。このような伝承からは、春に田に降臨し秋まで田にとどまって見守り育ててくれる神（すなわち去来神）とはまた別に、聖別した稲（そして稲籾）そのものに霊力の存在を認め、秋までずっと田に留まっていて成長しつづける農業神というものの認識されていたこともわかるのである。

以上のようにさまざまな農業神には、田植に来臨して田植を見守り援け田植後すぐに去って行ったり、春に来臨して秋まで田にとどまりつづけて秋に去って行く神のように、生育する稲を外部から見守り援ける神と、もともと稲種（稲籾）に宿り、田植後は稲苗に籠って生育に関わる神という、異なる二つの神が考えられていたとも解されるわけで、農業神の観念が一様でなかったことがわかるのである。

3　虫送り・風祭り・雨乞い

田植後は草取りや水の管理をし、稲の成長を見守りながら収穫を待つのであるが、このとき思わぬ伏兵の待っていることがある。虫害とか風水害、それに旱魃である。

虫送りは、ウンカとかイナゴなど稲に害をなす虫を地域内の田から追い払おうとする行事で、虫を入れた竹筒や虫をつけた藁人形を持ったり松明を焚いたりして、集団で田を巡って虫を域外へ送り出そうとする。風祭りとは、初秋の台風など風の害をあらかじめ防ごうとする行事である。社寺に集まって風害予防の祈禱をしたり、風除けの神札・護符を田に立てたりする。同様のことは雨乞いや日乞いにもみられる。

いずれも祀る対象は農業神というわけではなく、災いをなすという厄神を意識しての御霊封じの呪術であったり、水神・雷神などへの祈願であったりするのであるが、かつては列島の広い地域において、水田稲作上に欠かせないと考えられていた儀礼である。

4　収穫儀礼

収穫とは、実った稲を刈り取って乾燥させ、脱穀して収納するまでの作業で、日数を要する。そのため収穫儀礼はさらに、稲刈り直前の穂掛け儀礼、刈上げ儀礼、脱穀後の扱上《こきあ》げ儀礼という三段階に分けることができる。

穂掛け儀礼とは、本格的な稲刈りシーズンが迫ると、まず稲穂だけを少し刈り取って、田の周囲に簡単な棚を設けて掛けたり、屋内に持ち帰って神棚に供え祀ったりすることである。行なう日は、稲穂の実り具合によって地域それぞれであるが、稲刈り当日のほか、日を決めて八朔や社日などにも行なわれていた。

刈上げ儀礼とは、稲刈り終了後、あるいは扱上げも終わったあとに屋内で行なわれる行事で、神棚とか床の間、土間に据えた臼の上、床の間とか納戸、あるいは倉などに据えた種籾俵の上に、稲束や神酒・飯・餅・大根（二股大根の例が多い）・魚などを供えるというものである。鎌や鍬など用いた農具を洗って、それらにも供える例が多い。行なう日は、おおよそ東北地方では旧暦九月のクニチ（旧暦九月の九日・十九日・二十九日）、関東・中部地方ではトオカンヤ（旧暦十月十日）、西日本ではイノコ（旧暦十月の亥の日）が多い。このほか北陸特に能登半島部には旧暦十一月九日のアエノコト、北九州地方には旧暦十一月丑の日の丑の日祭りというような（この二儀礼についてはさらに後述）、注目すべき刈上げ儀礼も行なわれている。

扱上げ儀礼とは、乾燥させた稲束から籾を扱き、それらの収納の終えたことを祝う行事で、餅を搗いて神棚に供えたり、脱穀具など農機具に供えたりする。しかし、刈上げ儀礼と合体させるようにして行なう地域も少なくなく、そういう地域では、扱上げ独自の儀礼は明確でない。

右のような収穫儀礼の対象には、田の神・作神・農神など、いかにも農業神らしい名の神が考えられているほか、荒神・竈神・エビス神・大黒神など、他の属性をもつ神々を考えたり、社日さま・亥の子神のように祀る日の名をもった神を考えて祀っている地域も多い。これら儀礼の対象とする神は、田から家に迎えられ祀りを受けたあと、すぐに山や天に戻って行き再び春に降臨してくるとか、そのまま家に留まっていて春になったら家から田に出ていくとかいうように、田と天・山・家とを去来する神であるとの観念が、広い地域にゆきわたっているのである（5）。

収穫儀礼ではさらに、種籾俵とか聖別した稲束を物実とか依代と考えたり、もともと稲籾とか聖別した稲それ自体に神が籠っているとみなして、祀る対象にしていることが注目される。すなわち、翌春に苗代田で芽を出し秋の結実に向かうはずの種籾そのものに、霊力（神）の存在を感じているのである。稲束の場合には、最後まで田に三束だけ刈り残すというようにして聖別した稲三束（田植の苗三把に通じるものがある）を拝んだり、刈り残しておいた稲三束を脱穀調製した米を重視して、その後の屋内の神々の祀りに用いているのである。

このように収穫儀礼に観念されている農業神は、田植儀礼のさいと同様に、外部にあって稲の生育を援け豊作をもたらしてくれる神として認識する一方で、それとは別に穀物そのものに籠る霊力、すなわち稲魂・穀霊を農業神だと認める考えがある。後者にみるような穀物の霊力は家に迎え入れられ、冬を経て春には播種され、新たに生まれかわるとみなされるのである。

さらに注目すべきは、後述するように、種籾を屋内に運び込むのではなく、屋外に高床式の囲いを設け、種籾だけは春まで特別その中に収蔵しておく地域のあったことである。(6)

5　予祝儀礼

以上、第1項〜第4項の儀礼は実作業に伴う儀礼であるが、予祝儀礼とは実作業の時期とは離れた正月に、これから一年の稲作が恙《つつが》なく進行し実り多き年であることを神に祈願する行事である。単に祈り願うというよりも、成就したそのさまを眼前に形象化し、かくあれかしと促す呪的行事である。

このいわゆる類感呪術としては、二つの方法がとられている。一つは、木の枝に餅や団子をつけたり削り掛けによって作物の実ったさまを表現し、神に対して秋にはこのように実らせてくれと願う、いわば唆《そそのか》そうとするものである。もう一つは、神前などで稲作の一連の作業をコンパクトに演じ、豊作にいたる過程を演じ祝って見せることによって、この一年をかく順調に進ませてくれるよう唆し願うものである。同じ予祝儀礼でも民俗学では、前者はモノツクリ系、後者はサツキ系の行事だと呼んでいる。

このときの対象となる神の性格は多様で、豊作を願うのだから農業神だとも考えられるし、正月行事の一環として行なわれるがゆえに年神であるとも考えられる。盆行事と対称する正月行事として行なわれるのだから、祖先神だとも考えられる。予祝儀礼を含む正月行事の全体像はきわめて複雑であるが、正月の儀礼に農業神祭祀の性格が纏綿《てんめん》していることには注意を払わなければならない。(7)

三　農業神の特徴

1 神名

豊作をもたらしてくれる神としてのほか、農業神はどのように認識されていたのか。第八章においても概略述べたし前項の儀礼のところでもそのつど触れてあり重複する部分も少なくないが、農業神の特徴についてここでまとめて考えておきたい。

すでにあげておいたように、農業神の名称は、田の神・作神・農神などのように機能に基づく名、竈神のように祀る場に基づいた名、亥の神・社日さまのように祀る日からとった名というように、特別個性的な神名は意識されていない。エビスや大黒は個性的な神名だといえようが、それら本来の霊力に期待して祀られていたかどうかはわからない。というわけで農業神は、山の神・水神・風の神・海の神などと同程度の、ごく一般的な神名としてしか認識されていなかったのである。記紀のウカノミタマやその後の宇賀神など、神道家が唱える神ではなく、農業現場では、素朴原初的な神としてのイメージしかもたれていなかったのだといえよう。

2 去来する神

神は定住せず、必要に応じて来臨し、祀りを受けたあと帰っていくというのが祭りすべての本来の姿であるから、農業神の去来だけが特別な例だとはいえない。しかし、農業神に去と来を特に強調する伝承の多いことには、注意を払うべきであろう。

田植開始と終了時の儀礼を中国地方などで、サオリ（サ降リであろう）・サノボリ（サ昇リであろう）と呼んでいる地域があるように、田植にあたって農業神が降臨し、田植の無事終了したことを見届けて空とか山に戻っていくのだと、漠然と考えている地域が多いように思われる。そのなかにあって農業神については、次のように春と秋との去来を明確に述べる地域も全国に多いのである。

〔事例1〕岩手県紫波郡紫波町の桜町集落では、三月十六日（旧暦）が農神の降りてくる日だといい、朝早く起きて小豆餅か小豆団子を作って供える。そして農神は十月十六日に山の神に転換するといい、「農神お出ある（お出かけになる）」といって餅を搗き小豆餅などにして丼に一杯盛って神棚に上げるという。なおこの山の神は十月二十七日から翌年の二月九日までは年神として家にいると考え、その後二月九日から田に降りる三月十六日まで、この神は休むのだとも考えられていた(8)。

〔事例2〕茨城県大子町旧黒沢村では、二月十日に田の神が天から降りてくるので、門松の松を燻し、土間に入口へ向けて唐臼を立ててそれを三度叩いて神を迎える。農作業の終えた十月十日には田の神が天に昇って行くので、臼に箕をのせその上に折敷を置いて角餅や大根二本を供えて送るという。この日は大根の年取りの日だともいい大根畑に入ってはいけないが、この日以後は大根を抜いてもよいという(9)。

〔事例3〕鳥取県岩美郡岩見町旧小田村では、亥の神は田の神で、二月二番目（あるいは一番目）の亥の日に家から田に出、十月二番目の亥の日に田から家に戻ってくると考えられており、両日とも餅を搗いて祝い祀る（この餅は新米で作る）(10)。

これらは、春に来臨し、秋まで田に留まっていて収穫後に田から去っていくという伝承である。このうち事例1では、明確にそう述べてはいないものの、農神は三月から十月までは田にいるが、冬期間は田から上がって山の神となり、その間、正月前後には年神として家に来ているのだと考えられていたようである。

わが国近代の農村では、このような農業神去来の伝承が広く信じられていた。田植の前後に天もしくは山と田を去来する神と、春と秋に天・山・家などと田を去来する神との違いは特に意識されずに、ともに農業神として認識され祀られていたのである。このような農業神は、いうなれば稲の外部にあって稲の生育を見守り援け、豊作をもたらしてくれる神だと考えられていたのだといえよう。

3　種籾に籠る神

去来すると考える点では同じでも、次に述べるように、神は収穫後に家に迎え入れ祀られ（稀には屋外の小屋状の囲いの中で祀られ）、冬期間そこで過ごしたあと春に再び田に出ていくという、田と家との去来伝承も各地にみられる。

〔事例4〕石川県珠洲郡内浦町の多くの家では、十二月五日に農作業の終了した田から家へ田の神を迎え入れて祀り、二月九日には田に送り出している。アエノコトと呼ばれるこの地域一帯の丁寧な田の神行事で、ある家の大要は次のようである。

十二月五日（新暦）早朝、ゴテ（家の当主）は山から榊と栗の木の枝二本を伐ってきたあと（榊はあとで種籾俵に立て、栗の枝は一本で粢餅を作る竪杵を作り他の一本で田の神に供える膳の箸を作る）、蔵または納戸から種籾俵を運び出して奥座敷の床の間に一列に立て並べ、神体とする（稲刈りの時に特に取り分けておいた穂つきの稲束を神体にする家もある）。

午後二時頃、ゴテは種籾俵に榊を立てたあと、風呂を沸かしたり粢餅を作ったりして神迎えの準備を始める。この粢餅を作る杵の音を聞いて、田の神はそろそろ田から上がる準備をするのだと考えられている。夕方になるとゴテは肩衣をかけ、あらたまった装いで苗代田か田の神田に行き、柏手を打ったあと田の神に長い間の労《ねぎら》いの言葉を述べ、神を先導する心で家に帰るのである。

家に着くと、家族一同が迎えに出て田の神を労って囲炉裏へ案内し、平素はゴテの座であるヨコザに、新しい筵を敷いて神を坐らせる（その仕草をするのである）。神が温まったと考える頃、風呂場に先導し、風呂を使わせる仕草をする。そのあと床の間に導き、種籾俵に神を依りつけた心でそれに向かって労いやらお礼の言葉を述べ、種籾俵（すなわち神）の前へ、二股大根二本や甘酒・赤飯などを箕に入れて供えて拝むのである。田の神は男女二神だと考えられているので二膳供え、目の不自由な神だとも考えられているので、いちいち供物の品目の名を唱えて勧める真似をする。これらの接遇はすべてゴテが行なうのである。しばらくそうしていたあと、柏手を打ち種籾俵を拝んですべては終わり、あとは家族一同の直会となる。

そのあと田の神は、種籾俵に依りついたまま蔵や納戸に運ばれ（案内され）、そこで休息し（あるいは眠り）、越年するのだと考えられている（田の神を裏山に送っていく家もある）。

二月九日には、迎えたのと同様のことを繰り返したあと、田の神を田に送り出すのである。(11)

〔事例5〕滋賀県の湖西・湖南には、稲籾を屋内に運び込むのではなく、家の近くの田（苗代田が多い）や畑に、種籾囲いと呼ぶ一メートル余四方の高床式の簡素な小屋を設け（これは毎年作り替える）、ここに春まで種籾を保存しておく地域が多くあった。(12)

事例5に関わる儀礼の詳細は明らかでないが、興味深い種籾の扱い方である。古くは稲の産屋的伝承(13)を伴っていたのであろう。

〔事例6〕佐賀県佐賀郡富士町畑瀬では、二月初丑の日（旧暦）に田の神が家から田に出ていき、十一月初丑の日に田から家に戻ると考えられている。だから二月には、朝、土間に木臼を据えそこに箕を外向き(開いた方を内に向ける)にしてのせ、中に餅を枡に入れて上げておく。

十一月には家によって多少異なるようだが、だいたい朝、衣装を調えて田に出てタナテンジンサンを刈り取って、重そうに担いで家に持ち帰る。タナテンジンサンとは田の天神様・田の神の意で、稲刈りのさいに水口近くに三株だけ刈り残し、穂を揃えてトビ(藁製の笠のようなもの)を被せておいたものである。夕方には土間に木臼を据え、田の神を迎え入れる心持で春とは逆に箕を内向きに置いて、その上に担ぎ帰った三株の稲束(タナテンジン)をのせ、両側に二股大根を一本ずつ置き、灯明を点じる。箕にはまた、ボタモチや魚の煮物、大根の汁などを盛った膳をのせ、栗の枝を削った箸も添える。そのあと家族揃ってこれを拝んでから、皆でボタモチを食べるのだという。(14)

事例4と6では、農業神が単に田と家を去来すると考えるだけでなく、迎えてきた神を種籾(俵)に依りつかせたり、刈り残しておいた三束の稲束を屋内に据え、ここに神が宿っているのだと考え、祀る対象としているのである。そのうえ農業神を男女二神であるとか目が不自由だとかみなしていること、農業神には二股大根を供えるなどと考えていることや、農業神は蔵・納戸などで越年するのだと考えられていることなどがわかる。明らかに種籾俵とか刈り残した三束の稲に霊力を認めて重視している伝承である。

事例5のように、種籾だけを屋外に囲って特別に保存する伝承からは、その地域において種籾に稲魂・穀霊的観念の抱かれていたことが推量される。事実、同地域では、播種の前段作業である種籾浸けの前夜に、種籾俵を神体として農業神を祀る儀礼が行なわれ、田植後に納戸において苗三把を神体として農業神を祀る儀礼が行なわれていたわけで、同地域は稲魂・穀霊認識が伝承されている地域なのである。さらに苗三把を神体として納戸などで祀る時は、神は恥ずかしがり屋だから納戸をいっそう暗くして行なうのだとも伝承されている(15)。なおここでは、納戸での儀礼を行なうのは女性であることにも注意しておきたい。

繰り返すようだが、事例4～6において特に注目したいのは、種籾俵とか、田植儀礼に用いた苗三把、収穫儀礼の稲束三束の重用についてで、これらが農業神の依代もしくは農業神そのものだとして丁寧に扱われ、祀られているという事実である。ここには、春に播いた稲米(種籾)にひそむ霊力すなわち稲魂もしくは穀霊と呼ぶべき神が、夏には田において生長し、秋には結実し、結実し収穫した稲米の一部が種籾として蔵・納戸などいわゆる暗い空間にしまわれた(留まった)あと、春には田において再生する、いうなれば枯死再生の考えの認められることである。

天・山などと田を去来する神とは別に、このような種籾に籠って家々で越年するという農業神も観念されていたわけである。そして人々はこういう農業神に対しては、しばしば擬人化して対応しているのである。このような神は神祇の神にはみられないものである。

早くにこれらの点に着目した石塚尊俊が、農業神には、天・山と田を去来する「天降る神」と、田と家とを往来する神(穀霊)との二様があると主張したのは卓見であった(16)。

これらに関連することとして、各地には冬期間家に留まる神(稲魂・穀霊)と正月神(年神)との習合した神の伝承が多い。このことはわが国の年中行事研究にとって重要な問題であることを、指摘しておく(17)。

4　祭場と神体

これまでみてきたように、祭場には屋外と屋内の場合がある。

いずれにおいても、祀る対象として確たる神像や神棚は固定しておらず、その時々に土壇などが設けられ、儀礼が終わると解消されることが多い。鹿児島県の田の神像や、福井県越前市のタノカミ祠のように、固定した祭祀対象を設けている場合もあるが、一般的にいって農業神の神体は融通無碍といおうか、とにかく自在なのである。

屋外を祭場とする場合には、田植儀礼においては田の中央や水口・畦畔《けいはん》(あぜ)などに小さな土壇を設け、そこに木の枝などを立てて降臨する神の依代とし、終了後は撤去したり朽ちるにまかせている。秋の穂掛儀礼でも畦畔に簡単な木の壇を設けて祀るが、これも固定されたものではない。さらには稲積であるが、稲積は地域によってニオ・イネコヅミなどと呼ばれ、収穫後田に稲を積み上げて保存しようとしたものである。これは東北各地には近代まで残り、事例5に示したように滋賀県などにも一部地域では種籾保存のために設けられていて、かってはここも祭場とされていたと思われる。しかしこれとて、固定して存在していたわけではない。

屋内を祭場にする場合には、田植儀礼では苗を三把持ち帰って土間(竈近く)や台所で祀ったりする。収穫儀礼では、田からそのまま天・山へ還ると考えている神は別にして、家に迎え入れる場合には、台所や床の間、あるいは神棚でいったん丁寧に祀ったあと、その後田に送り出す春までは、暗い場所が好きな神だなどといって台所の戸棚の中とか納戸・蔵などで休息させようとしているのである。しかしエビス・大黒や竈神を農業神とする場合のその棚は別にして、農業神専用の神棚はまずみられない。一般に家々の神棚は中世後期以降に伊勢信仰とともに普及したとされているので、確たる神棚をもたない農業神の祀りは、それ以前の姿を伝えているのであろうか。

神体は祭場と関係することで、田植儀礼においては田に立てた木の枝が神の依代であるとともに、家に持ち帰る聖別した三把の苗にも神を認めている。田植後に持ち帰らないで、霊力を認めるこの三把の苗をそのまま田で育てつづけ、収穫を待つ例もみられるのである。

秋の穂掛儀礼においては、刈り取った稲穂を依代にしたり、稲穂そのものを霊力がこもっている神体だと認め祀っているが、固定した神体というわけではない。

収穫儀礼のうち、収穫後に神がそのまま天・山に去ると考えている例では、神体らしきものは特に意識されない。しかし家に迎え入れ越冬させる例では、最後に刈り取る三束の稲とか種籾（俵）を依代と考えたり、もともとこれらそのものを霊力を有する神（穀霊）だと考え、しばしば擬人化して祀る対象にしているのである。なお、先に述べた屋外の稲積でも、その頂上に聖別した稲束を祀っていた例が多いのだが、いずれも固定したものではない。神体が固定していないということは、先にも触れたとおり、中央で確立した神祇祭祀が及ぶ以前の古い神祭りの姿を示しているということなのであろう。

5　農業神の外貌と性格

農業神の外貌を云々する伝承は少ないものの、ないわけではなく、郷田（坪井）洋文は、簡単ながら身体《からだ》に障害をもつという伝承の纏綿することを指摘している(18)。こういう伝承は当然多くの研究者も知悉《ちしつ》しているはずではあるが、まとめて研究されてはこなかったように思う。しかしエビス神との関連を考えるとき重要なことなので、いくらか検討しておきたい。

単に田と天・山を去来するという伝承では語られることはまずないが、田と家を去来し越冬する神（穀霊）には、擬人化して目とか足が不自由な神であるとか、容貌が醜いという伝承の伴うことが少なくないのである。

そのうち、目が不自由だとの伝承は先の事例4のアエノコト行事によく表われている。囲炉裏や風呂場への神の案内もそのつもりで行ない、食事のさいも供物の名をいちいち唱え知らせて勧めているわけである。事例2のように、唐臼を叩く音で迎えるというのも、目の不自由な神の案内のためであったのかもしれない。

足が不自由だという伝承も多い。足の伝承は、収穫の祭りに深い関わりがあると考えられる霜月二十三夜とか大師講のさいに家々を訪れるタイシ・ダイシ（太子・大師）神についても、多く語られている。

たとえば群馬県吾妻郡六合村では、大師講の夜はたいてい雪が降るといい、その理由として次のようなことを語っている。オデイシサマは貧乏で子供が多く、そのうえ、片足の親指がない神であると考え、食料がないのでこの日盗みに出るものの、足跡ですぐオデイシサンだとわかってしまうので、この日には雪が降って足跡を隠すのだというのである。(19)盗むのは神としていかがな行為かとは思われるが、オデイシサンを弘法大師に比定し、いくらか形を変えながら類似の伝承は東日本一円のほか兵庫県でも伝承されているのである。(20)このタイシ・ダイシの伝承は、神話などで語る新嘗の夜の神の訪れと深く関連するものかと考えられるが(21)、片足の親指がないというほかに、跛足《はそく》だとか足先が擂粉木《すりこぎ》状になっている神だとか、とにかく足に障害をもつ神だとする伝承が広い地域で信じられていたのである。

農業神である亥の子は頭が禿げているとか、家で祀る農業神的なヤマドッサンは器量が悪い・醜いとか、農業神には容姿容貌の芳しくない神だとかの伝承が少なくないのである。(22)このほか、なぜか恥ずかしがり屋だと考えている地域もあった。(23)

夫婦二神だとする伝承も少なくない。事例4のアエノコトでも語られていたことだが、農業神は男神と女神であるとか、尉《じょう》と姥《うば》の二神であるとして、種俵二俵とか稲束二束を神体にして、供物を二膳用意する例が各地にみられるのである。

6　供物

酒・餅などは祭りのさいどの神にも供えるが、このほかに農業神への供物として特徴的なのは、大根を強調している地域が多いことである。文化庁の『日本民俗地図Ⅰ』[24]で、農業神の祭りだとされている十日夜・亥の子行事を通覧すると、列島の北から南まで、各地で大根を供えている。そのなかで特に二股大根を供えるのだという地域が目立つ。二股大根については堀一郎が、アエノコト行事の報告のなかで、「明らかに人形(ひとがた)をあらわしたものであろうから、アエノコトの中心に新穀収穫の感謝と共に、農業神の婚姻、新生を暗示する呪術的意図がこれに象徴されているらしく思われる[25]」と述べているのは、注目すべき見解である。

ではなぜ農業神が、そもそもこのような諸特徴をもつ神として信じられるようになっているのであろうか。同じ稲作地帯であるアジア各地の例と比較して考えてみたい。

四　アジア稲作地域の農業神

1　比較の必要性

稲はインド・東南アジア・東アジア各地域において、長い間、重要作物として栽培されてきた。日本が原産地でない以上、稲はそれらのどこからか伝来してきたわけである。伝来ルートや時代については諸説あるとしても、少なくとも五〇〇〇年以前にはすでにわが国複数地域において、何らかの形で稲作が行なわれていたようである。さらには人の移住に伴っておそらくその後も複数ルートからの伝来は続いたであろうし、わが国においても品種や農作技術の改良が重ねられて変化し、近代のわが国稲作農業にいたったのである。

稲作が伝来し始めた頃、それに農業神が伴っていたのかどうか、伴っていたとしてもどのような特徴をもつ神であったのか、確かなことはわからない。有史時代になると「記紀」の神話や宮中の各種祭祀、神宮祭祀の記録などによって、わが国の稲作が、さまざまな神観念のもと各種儀礼とともに執り行なわれていたであろうことは充分に推量できる。しかし、これまでみてきたような農業神について具体的なことは、よくわからないのである。

近代のアジア稲作地域にも、さまざまな農業神が伝承されていた。わが国の農業神を考える場合、それらとの比較は必須である。しかし長い間には、わが国にもアジア稲作地域にも変容はあったであろう。そのうえ、農業神に祈願することは同じでも農業神をめぐる儀礼はアジア各地域において区々であり、各地域間の相互影響と変容も多々あったであろうから、近代の限られた事例から、多岐にわたる農業神伝承をこれがわが国に影響を与えたアジア稲作地域の農業神であると、統一的・画一的に捉えることは、単純化しすぎで乱暴である。また各地域とわが国のそれとの相互交流についても確かなことはわからない。というようにさまざまな困難に直面してはいるものの、アジア各地域の農業神に目を向けることは、稲という同じ作物の神として、わが国の農業神を考えるさい参考になることは多いと思う。

そこで本来ならば、あるいは理想的には厖大なアジア諸地域個々との比較をし、その集積のうえに結論を出すべき問題ではあろうが、とてもできる作業ではないので、ラフな取組みであることは承知のうえで、アジア諸地域間の差異には目をつむり、日本とアジア地域全体との農業神観念の類似点と相違点を、次の第2項〜第8項において比較し、概述してみたい[26]。

2　稲の生育を見守り育てる神

稲種(稲籾)が霊を宿すという稲魂の観念は、すでに述べたようにわが国近代にも存在した。しかしわが国の農業神は、次の第3項において検討するような稲に籠る霊というよりも、稲の外部にあって順調なる生育を援け豊作をもたらしてくれる神として捉えられてきた。田植の最初と最後に神を迎送する儀礼を行なったり、あるいは田植に来臨した神がそのまま田にとどまり、収穫後に田から山・天もしくは家に移り、春に再び田に来臨して稲の生育を見守ると考えて各種儀礼を行なったりするなど、農業神としては一般に、稲の外部にあって守護し育ててくれる神が念頭に置かれていたのである。

アジア諸地域においても、守護し育ててくれる神は念頭に置かれている。インドネシアの諸島においては、既成宗教の神としてではなく、しばしば至上神ともいうべき日の神・天の神という超自然的存在や祖先神が、稲の生育に関わってくれるとして信仰の対象にされていることなどがそうだと言える。土地神・地母神を観念したり、外来宗教である吉祥天女などが稲作の神として信じられ祀られることも多い。日本神話のオオゲツヒメ・ウケモチノカミとはまた異なる稲作の創始者が信じられている例もある。インドネシア諸島以外でも、稲の外部において、祖先神をはじめ、生育豊穣を見守り援けてくれるその地域独特の神は伝承されている。しかし稲苗・稲米に籠る稲魂という神に比べると、意識され儀礼の対象とされることは相対的に強くないように思われる。ましてわが国のように、田植の前後とか春秋に決まって天・山と田を去来するという伝承は、一般的ではないのである。

なぜわが国で、見守り育てる神の観念が広い地域において支配的になっているのであろうか。難しい問題ではあるが、わが国では、神祇祭祀の神は常在せず、祭りにあたって去来するという中央の長い間にわたる信仰の影響を受けつつ、各地において、去来する形が次第に農業神信仰の主流として整えられていったのではないかと、筆者は考えている。

3　稲魂の観念

ヨーロッパの麦作地域において穀物が霊を宿すとの観念のあることは、早くにフレーザー『金枝篇』において注目されていたが、同様のことは、アジア稲作地域においても稲米に認められる。そして稲の霊すなわち稲魂(穀霊)はしばしば擬人化されて、各地で恥ずかしがり屋だとか、驚かすと逃げ出したり飛んでいったりするので静かに扱うべきだとかとされている。稲米から逃げ去った稲魂を呼び戻そうとする儀礼を行なう地域もある。稲に話しかけることもある。また、稲魂は夫婦神だとか男女二神だとかの伝承も多い。そのため聖別した稲種を穀母と考えたり、穂孕みを稲が妊娠した結果だとみなしたり、稲を母稲・父稲・子稲などと分けてみたり、収穫後は高倉で家族生活を送り眠るのだなどと考えたり、というように人間に見立てたさまざまな伝承があるのである。インドやタイなどでも、稲作の神話上の神として夫婦神・男女二神が語られている。

稲魂への思いは次のようでもある。農作業にあたってまず母稲だという稲の種子をもち寄って皆で祈ったり、田植のさい親稲というものを考えてそれを最初に植えつけたりするなど、播種や田植のさいにも稲魂は意識されているが、収穫のさいには稲魂への思いはいっそう高揚するのである。収穫のさい特別な形で三束の稲束を刈り残してそれに稲魂の存在を認め、儀礼の対象にすることが多いのである。そしてさまざまな儀礼を経て聖別した稲種を、稲積や倉・櫃・壺など暗所において眠らせ(保存して)、春になると稲魂が覚醒したと考えて田に持ち出し、播種・田植の作業と儀礼を経て、秋の成熟を見届けて収穫収納する。このように一年周期で生育成熟し再生を繰り返すという、稲魂の一貫性もアジア各地域で観念されているのである。

一方、稲魂の観念はわが国においてはどうなのであろうか。稲の生育を守り育ててくれる神に比べると決して一般的だとは言えないものの、事例4~6のような例は少なくない。事例4の能登のアエノコトのように、農業神(ここの場合は田の神)を擬人化して、声をかけ田から家に迎え入れたり、風呂に入れて接待の気持ちを表わしたり、種籾俵を重視して、夫婦神だから供物は二膳にしたりという伝承などに認められる。他にも、聖別した種籾を重要視して納戸など暗い場所で冬場を休ませるのだと考え、刈り残した最後の稲束に神実を意識する地域が各地にあったり、まれにはそういう稲魂が恥ずかしがると考える地域があったりするなど、すでに検討したように、わが国近代においても少なからず伝承されていたのである。鹿児島県のホダレヒキという正月の行事にも稲魂の観念が認められるし、本書では検討外としたわが国南西諸島に含まれる奄美大島にもあるという。

この他、神前において、神と人、さらには人同士が稲種子の授受・交換をする地域があったのも、稲魂の観念を無視しては理解できない伝承である。(27)

遡れば、宮中の大嘗祭において、卜定した悠紀・主基の田で育てられたあと、宮中にもたらされる斎稲への対処や、ホノニニギノミコトが稲種を携えて天下る神話や、ウカノミタマという神の存在などを考えあわせると、すでにさまざま指摘されているように、わが国においても早くから、稲魂が信じられていたことは間違いないであろう。

これらアジア諸地域と日本との稲魂についての驚くべき類同が、無関係だとは考えにくい。さまざまなルートさまざまな時期の、わが国への稲の伝来に伴ってもたらされた観念であることは間違いないであろう。

4　儀礼への女性の積極的関与

アジア稲作地域においては、穀物を育てる大地に女性的霊性を認めたり、穀母神などとして稲魂に女性的人格を認めたり、人の多産と稲の豊穣を関係づけたりして考えるなど、稲作には女性に関わる伝承が多い。そのためタイでは、主婦が収穫の最後に稲魂の籠ると考えられている稲種を、屋内に積み上げられた稲籾の上に迎え入れて祀るというし、韓国でも旧暦八月十五夜行事の一つとして、地域の行事とは別に、家々の行事として正装した主婦が刈り残した一部の稲を刈り取り脱穀して祀り、壺に収め種籾として保存したという。マレーシアにおいても、種籾の管理、稲種・稲苗に関わることは多くは女性がするというように、女性が稲作儀礼に積極的に関与する例が多々みられるのである。

わが国では一般的に、女性が稲作儀礼に主体的に関与しているとはいえない。しかし滋賀県や山陰地方に、納戸に納められた種籾に女性が主体的に関わる例があったり、実作業においても、早乙女などと呼んで田植に女性が重要な役目を担ったりする地域が多いことなどは、女性が稲作に重要な役割を担っていたことを示す例で、アジア地域との共通性が認められる。また、神話において稲米に関係ある神が女性神であることは多い。

わが国においても、ケガレの観念をことさら厳重に言う神祇制度が整うまでは、アジア諸地域と同様に女性と稲作に深い関係のあったことが推量されるのである。

5　供犠のこと

アジア特に東南アジア稲作地域においては、収穫や雨乞いの儀礼をはじめ農耕儀礼には、しばしば牛や豚・山羊・馬・犬、それに鶏が供犠として用いられる。これらの肉を農業神に供え人々も共食するほかに、その時の血を大地に撒いたり種籾に振りかけて、豊作を祈り豊穣を感謝することも多い。動物の生命力に期待してのことかとされており、まれにはこれらのことと、かつての首狩り習俗との関連を説く伝承もあるのである。

わが国では魚類を供えることは普通だが、農耕儀礼において動物を殺したり、ましてやその血を振り撒いたりするという例はない。とはいえ、元来なかったことなのか、古くはあったが、平安時代初期以降一般化していったという神祇上の血穢の思想や、仏教の説く殺生戒の影響によって行なわれなくなったものなのかは、考えるべきことであろう。

6　禁忌・卜占など

アジア稲作地域では、田植後などに一定期間水田に入ることを忌んだり、穂孕みの期間などに騒ぐ事を禁じるなど、稲作には何かと禁忌の伴うことが多い。邪霊払いもまた、いろいろな地域においてしばしば行なわれていた。稲に話しかけるようにして成長と成熟を促すことも多い。

わが国にも暦日上の忌日に仕事を避けるとか、苗代には下肥を入れないとかいうように、稲作農業に禁忌は少なくないものの、人々に一定期間の静寂を強制したり、稲に話しかけたりするなどのことはほとんどみられない。(28) 虫送り・風鎮めなど、自然の脅威を邪霊の仕業だと考えての対処はしばしば行なわれるものの、それ以外のときに邪霊を意識したりすることもまずみられない。ただ正月の予祝儀礼にはさまざまな呪的行為もなされている。このように稲に関わる禁忌・卜占がないわけではないが、わが国では多くの場合、農業神に対してはもっぱら祈願感謝であり、それが地域の春秋の祭りの形をとって伝承され、年中行事とか祭礼という日本文化の骨格の一つを形成しているのである。

7　不具神の伝承

アジア稲作地域においては農業神を擬人化して捉えていても、足や目が不自由な神だとか容姿が極端に醜いとかいう伝承はきわめて少ないように思われる。あっても広く伝承されているわけではないであろう。わが国の農業神にこの伝承が濃厚であるのには、他の理由があるのであろう。

8　植え方など

アジア稲作地域では、まず苗代田の中央に幾粒かの種籾を播いて作業に取り掛かったり、田植のさい、中央に幾株かを植えてからそれを中心に植え進めたりする地域がある。

これらは、わが国の佐渡や飛驒地方の一部に伝えられている車田の植え方とよく似ており、関係があるのであろう。車田では、苗代田の中央に神の降臨が観念されていて、ここを中心にぐるぐる植え回わるのである。一部地域とはいえ、こういう特異な植え方に共通点が認められるのは、記録には留められない悠久茫漠たる伝播伝承の結果なのであろう。

五　エビス神と農業神

これまで第八章および本章において、近代農村部におけるエビス神と農業神をアジアの稲作地域をも含め、簡潔を旨として(しかし、くどくどしい部分があったかもしれない)、それぞれ別個に検討してみた。その結果、農業神としてのエビス神を取り上げたのだから類似点の多いのは当然であるとはいえ、エビス神と、田の神・作神・地神・亥の子などと呼ばれている農業神との間に、外貌や性格、祀り方の点で、驚くほど共通点のあることがわかった。それらを列挙してみると、

・去来する神であること(特に春秋の去来)。
・座敷や床の間、一般の神棚ではなく、台所や納戸などケの空間、どちらかというと暗い空間に祀られていること。
・漁業神・商業神としてのエビス神にはあまり言われることのない特異な外貌や性格を持つこと。

・夫婦神であること。
・留守神であること。

ということになる。どの農業地域のエビスもすべてが右のような伝承をすべてもっているわけではもちろんないが、このような特徴は、海神・漁業神や商業神としてのエビスにはまずみられないものである。したがってこれらがエビス神固有の特徴と考えることはできず、エビス神が農村部に受容されていく過程において、それまでその地で信仰されていた農業神と習合した結果、エビス神に農業神のもつ特徴が纏綿するようになっていった伝承と考えてよいであろう。換言すれば、その地域の従来の農業神伝承のうえに、生業の神としてエビスが乗るようにして伝播し受容された結果、地域の農業神エビスが形成されていったのだと考えられるのである。

そのような農業神との習合過程の比較的よくみえる例が、富山県東部に伝承されている。

〔事例7〕富山県宇奈月町下立の某家では十一月二十日の夕刻、エビス神が一年間の稼ぎから戻ってくるといって電車の駅まで（電車が通じるまでは村境まで）迎えに行き、足元を提灯で照らしながら家まで案内する。家はきれいに掃除しておき、労《ねぎら》いの言葉を述べながら風呂に入れ湯加減などを聞きつつ鄭重に対応する（そういう仕草をするのである）。そのあと広間の鴨居に設けた神棚（エビス・大黒の二神が祀られている）の下に神座を設けてエビス神を案内し供物をする。供物には鯛のほか二股大根が含まれ、左膳で供えている。そして家族一同揃ってエビスに対し一年間の働きにお礼を述べ引き下がる。エビスが食べ終わったと思う頃、供物の膳を下げるが、縁遠くなるといってエビスのお下がりは未婚の娘には食べさせない。この夜からエビスは神棚で越年するのだという。翌年一月二十日に、同じく風呂に入れ供物をしたあと、エビスを稼ぎ先へ送り出すという。(29)

このように、働いて帰ってくるエビス神を迎えに出て、感謝の言葉を述べつつ家に鄭重に迎え入れ、風呂に入れたり二股大根を含む供物を左膳にして供えたりし、家で越年ののちに翌春送り出すなどのことは、この周辺地域では広く行なわれているようである。これは、事例4に挙げた石川県能登半島(珠洲)のアエノコトという、田の神送迎および接待の行事と酷似している。アエノコトのように、迎えに行くのが田であるとか、祀る対象として種籾俵を据えるとかするわけではないし、外貌にも触れない。しかし働きに出た神を迎えに行って家へ案内し風呂に入れ接待することといい、夫婦神だとはいわないものの、エビスを祀るといいながらエビス・大黒の二神を意識して迎えているようで、高い類似性が認められる。

宇奈月町下立という地域は農村部であるとはいえ、かつては出稼ぎに行く人が多かったようなので駅(村境)までの送迎になったのであろうが、もともとはアエノコト同様に田の神を迎える行事だったのであろう。

富山・石川・福井の北陸三県は、中世後期に蓮如などの布教によって一向宗(浄土真宗)が広まったため、次第に民間信仰の稀薄な地域になったのだとされている。そのなかで能登半島のアエノコトが現在特異な田の神行事として注目されているものの、かつてはアエノコト同様の田の神行事は、能登半島以外にも広まっていたことは明らかで、福井県の越前市その他にアイノコトの名称できわめてよく似た田の神行事が行なわれており、これは中世末まで遡らせることが可能かとされているのである(30)。したがって、富山県宇奈月周辺地域などでも似たような田の神行事が行なわれていた可能性は充分に考えられる。こういう地域に後にエビス神が伝えられ、従来の農業神(田の神)と習合して事例7のような形のエビス神伝承となり、近代に伝えられているのだと思われるのである。

また、春亥の子伝承のある和歌山県日高郡竜神字竜神の例は、次のようである。

〔事例8〕農業神としての亥の神が春に田に出て行くさい、白粉の団子を作って祝うが、エビスは恥ずかしがって土間の入口に箕を立てて踊るという。同じ地域であっても逆に亥の神が恥ずかしいので屛風を立てて踊るのだという伝承もある。そして亥の神・エビスの二神は同じ神のようにエビスの祠に祀られているのだという。[31]

なぜ恥ずかしがるのか（農業神が恥ずかしがるのは既述のようにアジア諸地域でも多い）、なぜ踊るのかは伝えていないが、近畿地方には亥の神が踊りを好むという伝承は少なくないようである。とにかく農業神である亥の神が春に田に出るさいに団子を作って祀り、このとき恥ずかしがったり何かの陰で踊るのが、亥の神であったりエビス神であったりして、両神は混同されている。そして両神は同じ祠に祀られているのだといい、同一視されているのである。このような伝承は、エビス神が受容されていく過程で、まさにそれまでの農業神（この場合は亥の神）と習合しつつある姿を表わすものではないであろうか。なお、農業神が恥ずかしがり屋だという伝承については、すでに指摘しておいた（第八章第二節）。

江戸時代以降、近代にかけて、エビス神が、生業の神、幸いをもたらしてくれる神として農村部に受容されていく過程において、それまで豊作をもたらしてくれる神として信仰されていたさまざまな農業神と習合した結果、本章で検討したような農業神の具えていた諸特徴が、第八章で挙げたようなエビスの特徴として纏綿するようになっていったものと思われる。かくして、漁業神さらには商業神と同様に、生業の繁栄をとおして幸いをもたらしてくれる神として受容されていったエビス神が、農村部においては、すっかり農業神の性格を帯びるようになっていったのだと思われるのである。

以上、本章においては、第八章で検討した農業神エビスの特徴特性が、さまざまな農業神全体のそれときわめて似ていることを述べ、農業神としてのエビスは、エビス伝播以前からその地域で信仰されていた農業神の影響を受けたものであろうことを述べてきた。エビス神が農村地域に伝播していった結果、それまでその地域で信仰されていた農業神と習合し、その特徴を吸収し、従来の農業神を覆うような形で農業神エビスが形成されていったのだということを述べたのである。したがって、農業神としてのエビスは、同じ生業の神ではありながら、漁業神エビスや商業神エビスにはみられない多彩さ・複雑さを示すようになっているのである。

また、アジア地域の農業神を概観し、わが国の農業神は、いつの頃にどこからかなどということはとても言えないものの、長いあいだにわたってアジアの諸稲作地域に伝承されている（あるいは伝承されていた）農業神の深い影響を受けたものであろうことをも述べたのである。

かくして、わが国近代（おそらく江戸時代からであろうが）の農業地域における、エビス神信仰の多様多彩が生ずることになったのである。そして、わが国の神祇信仰の影響を受けつつも、そういう考えではとても理解できない神、また民間信仰のさまざまな神の中でも特異な神としてのエビス神が、形成されていったのである。

註

（1）南西諸島を除くのは、この方面にはエビス神信仰がおよばなかったと考えるからである。

（2）伊藤幹治『稲作儀礼の類型的研究』（国学院大学日本文化研究所、一九六三年）。同書には、近代の多くの資料によって稲作儀礼の基本型が帰納されているので、以下、儀礼の基本型についてはこの書に負うところが大きい。

（3）牛尾三千夫『大田植の習俗と田植歌』（名著出版、一九八六年）、渡辺昭五『増補版　田植歌謡と儀礼の研究』（三弥井書店、一九七九年）など。

（4）田植については多くの民俗誌・民俗調査報告書のほか、まとまったものとして、文化庁文化財保護委員会編『田植の習俗』1～5（「民俗資料叢書」1・5・8・9・11、平凡社、一九六五～一九七〇年）、および新藤久人『田植とその

民俗行事』（年中行事刊行後援会、一九五六年）、牛尾前掲註（3）書など。

　また、いわゆる花田植が早くに行なわれていたことは、「田植草紙」（『中世近世歌謡集』日本古典文学大系44、岩波書店、一九五九年）などから明らかである。さらに、佐々木長生「福島県内における近世の拍子田と太鼓田―『会津農書』の拍子田と田歌を中心に―」（『歴史と民俗』三六、二〇二〇年）があり、拍子が古く広い範域のものだったことが推測できる。
（5）郷田（坪井）洋文「年中行事の地域性と社会性」（『日本民俗学大系』七、平凡社、一九五九年）。農業神の去来伝承については、筆者も拙著『年中行事の研究』（桜楓社、一九九二年）第四章第三節において詳述したことがある。あわせてご覧いただけたら有難い。
（6）酒井和男「滋賀県湖西の種籾囲い」（『民具マンスリー』六―七、一九七三年）、赤田光男『家の伝承と先祖観』（人文書院、一九八八年）第三章第一節「穀霊と田の神信仰」。
（7）正月の神の性格については議論のあるところだが、それについては、拙著前掲註（5）第四章第三節・第四節において整理し、自論を展開させてある。
（8）森口多里「正月行事と他の月との照応」（『日本民俗学会報』一一、一九六〇年）。
（9）『三十六年度　民俗採訪』（国学院大学民俗学研究会、一九六三年）九七・一〇二頁。
（10）『四十四年度　民俗採訪』（国学院大学民俗学研究会、一九七〇年）三九頁。
（11）堀一郎「奥能登の農耕儀礼について」（にひなめ研究会編『新嘗の研究』二、吉川弘文館、一九五五年）。
（12）酒井註（6）論文。
（13）柳田国男「稲の産屋」（『柳田国男全集』第二一巻『海上の道』。初出は一九五三年）。

(14)　小野重朗『神々の原郷—南島の基層文化』(法政大学出版局、一九七七年)四一・四二頁。
(15)　赤田前掲註(6)論文。
(16)　石塚尊俊「納戸神をめぐる問題」(『日本民俗学』二—二、一九五四年)。この考えは定説化しており、民俗学では現在、農業神を穀霊(稲魂)とそれを護り育てる天降る神の二種に分けて考えるのが一般である。
(17)　拙著前掲註(5)。
(18)　郷田前掲註(5)論文。
(19)　『群馬県史　資料編27　民俗3』(一九八〇年)五七三頁。
(20)　西谷勝也『季節の神々』(慶友社、一九六八年)一四四〜一四七頁。
(21)　柳田国男「二十三夜塔」(『柳田国男全集』第一八巻『年中行事覚書』)。
(22)　西谷前掲註(20)書、二五・二六・七五・八三頁。
(23)　西谷前掲註(20)書、および赤田前掲註(6)書。
(24)　『日本民俗地図Ⅰ』(国土地理協会、一九六九年)。
(25)　堀前掲註(11)論文、九六頁。
(26)　アジア各地域の農業神については、主として次のような文献を参考にした。
・宇野円空『マライシアに於ける稲米儀礼』(日光書院、一九四四年)。
・にひなめ研究会編『新嘗の研究』1〜7(創元社など、一九五三〜二〇一一年)の諸論文。
・綾部恒雄「東南アジア諸民族の〝穀霊〟観念」(『社会人類学』二—三、一九五九年)。
・大林太良『稲作の神話』(弘文堂、一九七三年)。

・依田千百子『朝鮮民俗文化の研究』（瑠璃書房、一九八五年）。
・杉山晃一『稲のまつり』（平楽寺書店、一九九六年）。
・金宅圭『韓国歳時の研究』上・下（第一書房、一九九七年）。
・『日本文化研究所研究報告―シンポジウム「日本文化と東アジア（一九八五―一九八六）」―』（東北大学文学部附属日本文化研究施設、一九八八年）。
(27) 拙稿「稲種子の授受・交換」（前掲註(26)『新嘗の研究』4）。関連して、菊池健策「祭りと祀る者―祭祀の変遷をめぐる研究序説―」（圭室文雄編『民衆宗教の構造と系譜』雄山閣出版、一九九五年）。
(28) 白石昭臣『農耕文化の民俗学的研究』（岩田書院、一九九八年）。
(29) 漆間元三・清原為芳『富山の祭と行事』（巧玄舎、一九七四年）二〇三～二〇七頁。
(30) 森田悌・金田久璋『田の神まつりの歴史と民俗』（吉川弘文館、一九九六年）二〇八～二三三頁。金田久璋「地名と神名にみるアイノコトと饗の事―越前の田の神祭り―」（『地名と風土』一六、日本地名研究所、二〇二三年）。
(31) 西谷前掲註(20)書、八〇頁によると、亥の神が踊りを好むという伝承はこの辺には多いという。

第二部

○第二部の各章は、「あとがき」において記すような論考に基づいている。
○各論考には若干修正を加えたが、地名は初出時のままとした。

第一章　エビス信仰の伝播と神去来伝承の複雑化

はじめに

ほぼ春と秋とに同じ神が人里とどこかを去来するという伝承は、全国に行き渡っている。これは、水田稲作農業の開始期と完了期とを選んで行なったというわが国の古い神祭りと関わりのある伝承であろう。(1) 去来する神は、いわゆる田の神・農業の神だと思われるが、神の名称や、去来する日、去来する場所等についての伝承は、各地さまざまなものがあり、これらについてはすでにいくつかの考察がなされている。(2)

各地さまざまであるばかりでなく、同一地域においても幾種類もの去来伝承が重層している。離れた土地の例を二つあげてみる。

茨城県西茨城郡七会村――一月二十日にはエビス様が働きに出て、十二月二十日にはお金を稼いで戻ってくるといい、ともにエビス・大黒の掛軸を出して、ご馳走を供えている。二月八日は厄日で、厄病神が訪れて来るというし、十二月八日も悪い風が空を飛ぶ「八日ゾウ」という悪日で、ともに竿の先に目籠をつけて高く掲げ、それらの悪神を防ごうとしている。一方、二月十日には田の神が餅を背負って天から降りて来るというし、十月十日にはその神が田から上がって天に昇るといっている。(3) このように同一地域において、一月二十日と十二月二十日、二月八日と十二月八日、二月十日と十月十日という、三種類もの春秋の神の去来を伝承しているのである。

鳥取県岩美郡岩美村旧小田村――亥の神さんは田の神さんで、二月亥の日に家から田へ出、十月亥の日には田から家へ戻るといい、ともに餅を搗いて供えたりして家ごとの祭りをしている。また、二月九日と十月九日は山の神の祭りで、二月には山の神が出て来て種を播き、秋には木の数を調べて歩くといい、この両日とも山に入ることを避けている。(4) すなわち、二月亥の日と十月亥の日、二月九日と十月九日という、二種類の春秋の神去来の伝承を有しているのである。

去来伝承の重層している例は、この他にいくらでも指摘することができる。さらに、一月二十日・十月二十日、二月八日・十二月八日、二月十日・十月十日、二月十六日・九月(十月)十六日、二月亥の日、十月亥の日、春の社日・秋の社日等々、春と秋とに類似の行事を繰り返しているものには、全国的にみて去来伝承を伴うものが少なくない。ある土地の場合、たとえ現在は去来伝承を説いていなくても、他の土地の例から類推してかつては何らかの去来伝承を伴っていたと考えるならば、重層の度合いはさらに増すといえる。ここでは、去来伝承を伴うもののほか、右のような正月をなかに置いてその前後に類似した内容を繰り返す行事も、同性格のものと考えて論を進めていきたい。

このように、同一地域に幾種類もの春秋の神去来の伝承が存在しているため、年中行事ははなはだ複雑な様相を帯びたものとなっている。そうなった原因を、神祭りに際してとられる物忌の衰退に求め、物忌期間のさまざまな短縮化の段階を表わすものとしてとらえようとする考えがある。(5) 大筋においてはその解釈でよいのであろうが、以下に述べようと思う一月二十日と十月二十日のエビス去来の伝承、もしくはエビス講については、別の考え方がなされてもよいのではないかと思う。

一　去来する神

いわゆる春秋に去来する神の名称をみると、田の神様・山の神様など特定の神名というよりも、同性格の神々の汎称に近いものや、去来する日をとってお八日《ようか》様とかお社日様、亥の子神さん、お丑様などと呼ぶものが、圧倒的に多い。コトの神様とか厄病神・地神様というのも少なくないが、これらも個性ある神名とはいえない。そのなかにあって、全国的に広い伝承地域をもつものでやや趣の異なる神として、エビスをあげることができる。田の神やお八日様などという他の神々には、そういう神を祀る特定の神社があるわけでなく、信仰の中心を求めることが不可能であるのに対して、エビスだけは、それを祀るれっきとした西宮神社が兵庫県に存在し（島根県の美保神社や広島県の厳島神社もそうである）、エビス信仰の中心をそこに求めることが可能である。同じ去来伝承をもつ神であっても、エビスだけを特異と考えるゆえんである。

エビスの語義は、未開の異俗の人々というようなものであるから、それを神の名として祀るというのも不思議ではあるが、すでに平安時代末期・鎌倉初期には、広田神社（西宮神社の本社）のエビスの信仰は都でも知られていたらしい。しかしこの信仰がさらに広まるのは、烏帽子姿で鯛を持った神像が、室町時代の福神信仰の広まりのなかで歓迎されたからである。(6)

現在西宮神社は、蛭子神（西宮大神）を主神とし、天照大神・速須佐之男大神・大国主大神の四柱を奉斎している。西宮神社の祭神をヒルコ（蛭児・蛭子）とする考えは、すでに鎌倉時代にはあったようである。(7)このヒルコ（蛭児・蛭子）は、周知のごとく、記紀等によるとイザナギ・イザナミの間に生まれた一種の不具の子で、葦船に乗せて流されてしまう神である。それがここの祭神となるのは、異様な意味をもつエビスには、神話の普通の神をあてはめることが容易でなかったこと、この神社が海上交通を守護する神として信仰されていたために海に縁のある神を祭神とするのが適当であると考えられたことにより、記紀のなかで流されたあと行方不明になっているヒルコがエビスに擬せられたからであろうという(8)。

いずれにしても、たとえば流布本『平家物語』の剣巻に、

蛭子は三年まで足立たぬ尊にて御座ければ、天石橡樟舟に乗せ奉り、大海が原に推し出して、流され給ひしが、摂津国に流れ寄りて海を領する神となりて、夷三郎殿と顕れ給ひて、西宮におはします。

とあるように、西宮のエビスにふれる場合、一般に広く、不具神であるヒルコと結びつけて説明し、また受容する傾向はあったものと思われる。

エビスが漂着神的性格をもつためか、エビス神はまず漁業者・航海者など海で生活する人々の間に信仰され、豊漁をもたらすものをエビスと呼んだり、漂う水死体をエビスと考えて決して粗末に扱わないなど、エビスに関する信仰は今なお漁村では根強いものがある。

次に室町時代に七福神の一つに数えられるにいたって、幸運なかんずく富をもたらす神として、主として都市生活者特に商業を営む人々の間に多くの信仰者を獲得し、江戸時代になると、いよいよそれが顕著になった。商人が同業者ごとにエビス講を結成することは、江戸時代初期にすでにみられるというが(9)、このようにわざわざ講を結成したり縁者を招いたりしなくても、商家でエビスを祀ったり、十月二十日のエビス講の日に買い物に来た人に縁起がよいとして蜜柑を配ったり、この日を中心に大売り出しをしたりすることは、これまた近代にいたるまで盛んであった。

一方、農家ではエビス神をどのように信仰しているであろうかと考えると、田の神と結合させて信仰している場合

が多い。そして、漁師や商人のエビスの信仰は全国的にそれほど大きな差異はないように思うが、農民の間の信仰は東日本と西日本では異なるように思う。

いちいち列挙はしないが、各地の事例をみると、東日本の農村の場合にはエビスの信仰が濃厚であるのに対して、西日本では一般に稀薄であること、東日本では一月二十日と十月（十一月）二十日にエビス講と称してエビスを祀る習俗が圧倒的であるのに比べて（東日本でも東北部では必ずしもそうとはいえない）、西日本ではそれらの日にこだわっていないこと、および、東日本ではエビスを不具神と考える伝承が顕著に認められるに比して、西日本はそうとはいえないこと、などが指摘できる。

二　農村部へのエビス信仰の伝播

農村部でエビスを祀るようになったのは、いつ頃であろうか。農村部へのエビス信仰の伝播は漁村部や都市部に比較して遅いことは予想しえても、地方ごとに、また個々の村落・家ごとに異なることであろうから、もちろん一概にはいえない。しかし、筆者は江戸時代中期もしくは、ところによっては明治・大正時代に入ってからではないかと考えている。

現在でもエビスの神像を印刷した神札（像札）は、西宮神社から各地に数多く頒布されているが、そもそもこの頒布の裁許が幕府から与えられたのが、十七世紀中頃のことという。そのわけは、西宮神社では焼失していた社殿を寛文三年（一六六三）に上棟祭を行なって復興したが、この造営が完了してみると、社殿の維持と修復の費用を捻出する必要が生じた。そのため、それまで小規模に頒布していたエビス神像札の発行を広く行なうことに決め、幕府から頒布権の付与と特殊な保護を求めて許されたので、諸国に頒布し、その所得を祭礼や社頭の修復にあてていた。しかし、たちまち舞太夫という同種の競争者が現われたので、寛文七年(一六六七)閏二月、幕府の裁許があり、その後、舞太夫は大黒像を、西宮社人はエビス像だけを頒布することになった。以来西宮では、各地に社用係を置いて、神札の拝受者の増加をはかった結果、東海道筋、関東、磐城、岩代、羽前、信濃、越後、佐渡方面に数多く発行されるようになったという。(10)

実に、この東海道筋以下の各地が、現在一月二十日・十月二十日のエビス講の最も濃厚に分布する地帯である。山形県長井市の総宮神社宮司安部義一氏は、西宮神社からの神札を取り扱う有力なエビス大夫の一人だというが、その安部氏宅には次のような文書が保管されている。(11)

羽州米沢宮村
安部　主税

覚

御夷之像／御田ノ神像／御神馬像／可賦之事／上下大小差々指可／申事／右之十二天大黒毘沙門／堅無用ニ候

元禄九年子ノ八月二十三日

西宮手代

山本勘解由　義重　花押

宮村

安部金太夫江

＊

西宮大明神御神像之／札賦與之神職令免許／処世／公儀御定法并御社法之通／可無相違者免許如件

明和六年丑十月

本社神主従五位陸奥守神奴連印

相州三浦郡菊名村

小原　左門

*

同右

寛保二年壬戌春正月

本社神主左京亮従五位下神奴連印

また、神奈川県三浦市で西宮神社を祀っている牛場喜一氏宅にも、次のような文書が保管されている[12]（安部氏宛のものと同じである）。

西宮太神宮神像御事札等可致賦與旨令免許所也公儀御定法世社法之通可無相違者仍如件

寛保二年壬戌春正月

本社神主左京亮従五位下神奴連印

これらは、寛文七年に幕府によってエビス像神札の領布が許可されたことを受けて、その後西宮神社から発せられた配札免許の文書であろう。こういうものをうしろ立てにして、各地でエビス神札を配っていた人々がエビス太夫であり、エビス信仰を伝播する人々であったと思われる。この種の文書は、静岡・新潟・長野県等で所蔵されている方が少なくないという[13]。

エビス講の盛行と右のような西宮神社の神札配布圏の拡大とは、大いに関連あることと思うが、そうであれば、東日本各地へのエビス信仰の本格的な伝播は寛文年間以降ということになり、そのなかでも農村部などへは、やはりずっと遅れてからと考えざるを得ない。

長野県伊那地方には、西宮神社から配られるエビスの神札を毎年毎年重ねて祀る風があるが、そのうち下伊那郡下条村の館林札三氏宅のは、昭和四十六年現在で二六〇枚重ねられているという。(14) 写真でみると、神像の絵も古いものは素朴である。一枚一枚に年代が記されているわけではないから確たることはいえないが、毎年本当に一枚ずつ重ねていったのなら、溯って一七一〇年代にはすでにこの地方にエビスの信仰が伝播していたことになる。これなどは、比較的早い部類に入るといえようか。

屋代弘賢の「諸国風俗問状」は、江戸時代文化十四年(一八一七)頃に発せられたというが、それに対する「答」をみると、(15) エビス講について特に「無御座候」と返答している所はあまりなく、当時全国の広い範囲で、エビス講が十月二十日を中心にして祝われていたことがわかる。しかし、それは、「商人計り也。云々」(陸奥国信夫郡・伊達郡)、「工商の家のみに祭る云々」(越後国長岡領)、「商人いはひ候計にて云々」(若狭国小浜領)、「商家にて親属懇意の人々を招き云々」(伊勢国白子領)、「商家には折々有。云々」(淡路国)等々とあって、都市部の家々や商家におけるものがほとんどである。

しかしそのなかで、農村部や農家の事情に言及しているものがあって興味深い。たとえば、

村方にては態に祭り等も不仕候。町家にては随分祭り等も御座候。云々(備後国深津郡本庄村)

からは、西日本の例ではあるが、当時都市部では行なっていたが、農村部になかったことがはっきりわかる。

凡て都会には祝ひ候得ども、田舎の商人には無之候。(大和国高取領)

からは、商家であっても、田舎の商家にはまだ普及していなかったことがわかり、

商家一面に夷講を行、農にも商をする家にては祝ふ。云々（常陸国水戸領）

からは、農村であっても商業を営んでいた家では、すでにエビス講をしていたことが明らかにわかる。ということは、農家ではまだ行なっていなかったのである。

町方にては、格別商売休の祝とて、大商にては、（中略）農家にては豪農にては祝ひ候者も有之候へども、行事と定め格別の儀も無之候。（陸奥国白川領）

からは、エビスを祀る風が、農村ではまず裕福な家々から始まったらしいことが推測できる。以上のことから、現在エビス講の盛んに行なわれている東日本の農村部にも、江戸時代の後期には、まだ十分におよんでいなかったと考えてよかろう。伝播・浸透の一例を左に挙げてみよう。

長野市の善光寺近くにある西宮神社は、明治十七年八月に兵庫県の西宮の本社から独立した神社であるという。その頃、長野市近辺には西宮の本社へ参詣する人が多く、明治十三年に太々御神楽講の講中を結成したが、本社ではそれらの人々の便宜をはかるために、丸山源吾氏（現宮司の先祖）等四人を信徒総代に選んで、丸山氏宅を西宮講社事務取扱い所に定めた。(16) すなわち丸山氏は、西宮神社の長野講社的なものの中心者で、おそらく本社から神札がまとめて送られてきて、それを氏が各信者に配っていたのであろう。

一方、丸山氏宅では以前から屋敷神のような形で西宮の神祠を祀っていた。それを近所の人が盛んに信仰するところとなったので、明治四十三年に、それまで住んでいた土地をひき払い、もとの地からそれほど遠くない現在地に神祠を遷宮し、今みるように立派な西宮神社を創建したという。また、現宮司の祖父の代から専門の神職となり、いつの間にか西宮本社とは関係が途絶えて、ここで独自に神札を作って配布するようになった。

となると積極的に信者を獲得する必要が生じ、長野市やその周辺郡部はもちろんのこと、遠くは北安曇郡白馬村や上伊那郡辰野町にまでも配札するようになった。一時は家人が風呂敷にお札を入れて農山村に入って広めて歩いたり、配札係が神社に五、六人もいたことがあるといい、十一月(旧暦の場合十月)二十日のエビス講に間に合うように配ったという。[17]筆者が更級郡大岡村を訪ねた時には、多くの家々で、この神社から受けた事代主神と蛭子大神の神札を並べてエビス棚に祀っていた。

このような例をみると、江戸時代に長野市近辺にエビスの信仰がおよんでいたことは間違いないであろうが、その周辺の農村部に本格的に伝播したのは、明治・大正時代だと考えてもよいだろう。

以上みたように、東日本の農村部のエビス信仰は、西宮神社の神札の配布を通して徐々に浸透していったのであり、その時期は所によって異なることはもちろんであるが、ある程度遅れてではないかと思うのである。

三　農村部のエビス信仰の内容

東日本の農村部のエビス信仰の内容は、どのようなものだろうか。現在の民俗資料でみるかぎり、エビスには、漁村部の寄神的要素や、都市の商家などで考えている福神的要素があり、農村部でもこれらは濃厚に認められる。また、漁師や商人の間には稀薄と思われる夫婦神だとか不具神としての伝承が強く出ている例も多い。

エビスさんは足に障害を持つ神だとか、盲目・片目の神、耳が不自由な神だとか、醜いから人目につかない所に祀らなければいけないとかいう伝承は、ずいぶん聞かれることである。これらは、鯛を横抱きにしたり鯛に乗って笑ってござるいわゆるオエビスサンの神像とは、およそかけ離れたものである。すなわち、福神のイメージではない。

さて、エビスだけではなく、日本各地の農村に不具神の伝承は少なくなく、そのなかには田の神と考えられるものも多い。霜月二十三夜に降る雪をスリコギカクシ・デンボカクシの雪といって、この夜訪れて幸いをもたらすという尊い旅僧に関連して、旅僧とか田舎の老婆が跛足であるため、その足跡を隠すために降る雪であると伝えているところが、東北地方から日本海側の各地にある。この旅僧は新嘗の夜に訪れるという神とおそらく無縁ではあるまいが、そうだとすると一種の田の神であると考えることができよう。

また、有名な能登のアエノコトの主役をなす神は、明らかに田の神であるが、それを人々は盲目の神と考えて接待している。[18] 兵庫県などで春先に行なうコトの神の祀りでは、コトの神は一本足の神だと考えられているし、淡路島で正月に祀る一種の田の神であるヤマドッサンは、外見の醜悪な神だと観念されている。[19] 島根半島の歳徳神にも、一本足の神だという伝承が強い。[20] その他、不具神とりわけ片足神の伝承は全国に数多くあり、[21] そのなかには田の神的性格をもつものが多い。このように、不具神の伝承はわが国に広くかつ古くから存在し、特殊な信仰背景をもつものである。

ここで思い起こされるのは、先に述べたようなエビスを蛭児・蛭子の神とする伝承である。東日本各地には、蛭児神社・蛭子神宮というような小祠が少なくないという。[22] また、配布される福々しいおエビスさまの神像が描かれている神札には、神名の記されていないのが普通のようではあるが、記されているものもあり、その場合、大国主神(命)・事代主神(命)等にまじって、蛭子神と記されたものもあるようである。[23] 現に、筆者が訪ねた長野県更級郡大岡村の多くの農家のエビス棚に祀ってあった神札は、蛭子大神と事代主神との二柱のものであった。

これらのことから、エビスの絵像にみられるような福徳の神とする思想とともに、エビス＝蛭児・蛭子、ゆえに不具の神という解説の仕方と受容のされ方があったのではないかと思う。もちろん農村部の大部分の者にとって、記紀記載のヒルコ神についての知識は学んでいるはずもなかったであろうが、祭神の蛭児・蛭子という字面から判断して、そのような説き方をする者のいたことは想像に難くない。現に、先にふれた山形県長井市の有力なエビス太夫である安部義一氏は、「えびす様は蛭子ノ神で、ビッコなので出雲の国へ行かれず、村々にお残りになる」と述べているそうであり(24)、このような人々のエビス神についての解説が、一般農村部の人々に与える影響は決して小さいものではなかったはずである。

作物の豊饒を約束してくれる田の神と、福をもたらすエビスとが結びつきやすかったことは当然であろうが、単にそれだけであるならば、東日本の農村部に点々と伝承されているエビスの不具神としての側面はでてこないであろう。蛭児・蛭子の神札とか、その名を冠した小祠建立を通して広まったエビス神に不具神的性格を認める考えがあり、同時に田の神を不具と考えて、エビスの同じ性格を受容する下地が充分あったからこそ、エビスの信仰が農村部に容易に受容され、田の神とともに、さらに地域によっては田の神の地位をおそってエビスが去来信仰の主役になる伝承が生まれたものだと思う。

新潟県北蒲原郡川東村では、二月十六日に山の神が山から下りて田の神になり、十月十六日には逆に田の神が田から上って山の神になるといっているが、その交替に際して神は杵音につれて上下するといい、餅を搗いて二月には朝、十月には夕に一六個の餅を「エビス棚」に供えている(25)。ここには、田の神は屋内ではエビス棚に祀られるという伝承もある。この例は、去来する神とエビスとが結びつこうとしているものであるが、富山県宇奈月町下立では、能登のアエノコトと全く同じことを十一月二十日夕刻にエビスが訪れることとして行なっており(26)、去来する田の神とエビスとが完全に結合した姿をみせている。これらはほんの一例にすぎないが、同じように、エビス信仰が伝播することによって相似た性格をもつ田の神信仰に動揺の生じたことを推測させる資料は、少なくないのである。

かくして東日本の農村部の年中行事に、二月十六日・九月（十月）十六日、二月十日・十月十日、春秋の社日、二月八日・十二月八日等々（このうち、一つしか去来伝承のない所もあるが、多くは同一地域に二つ以上ある）の、田の神としての性格をもつ神々の去来伝承と並んで、一月二十日・十月二十日（十一月・十二月のところもある）のエビスという名称をもった田の神去来の伝承が組み込まれ、神去来の伝承はさらに一段と複雑さを増したわけである。

なお、一月二十日・十月二十日という日付のことであるが、十月二十日の方はこの日に誓文払いなどをする商家や西宮神社の影響でエビス講の日として選ばれたのであろう。一月二十日の方は、一般に二十日正月・骨正月として正月じまいの日と考えられているが、十月二十日のエビス講がある程度定着したあとで、十月二十日にエビス神が稼ぎから戻って家で安息しているとすると、他の去来伝承と同じくいつ稼ぎに出るのかが問題になり、それは同じ二十日である正月じまいの一月二十日が適当であるという考えが起こったものと思っている。[27]

西日本のエビス信仰には言及しなかったが、西宮神社の神札配布という強力なエネルギーがこの方面には向けられなかったがゆえに、漁村部や都市の商家以外には伝播することが少なかったのであろうか。亥の子神や社日さんと習合し、豊作を約束する福神的性格をもつ田の神として信仰されている例もあるが、概して少ない。土佐から宇和地帯にはエビスの信仰がよく浸透しているが[28]、東日本の農村部のものとは異なっている。

また断定するものではないが、西日本方面には、阿波の木偶まわしのような雑芸人によって広められたものもあるであろう[29]。彼らの説くエビスは「……まずまずめでたい、西の宮のお夷さんが生れはしおなか、何時ぞと問へば、まろが生れは福徳元年正月三日……ご商売は繁昌かお家も繁昌、天下泰平、ご穀は成就、福は満々、この世の中に治まる御世ぞ、目出永久に[30]」というように、明らかに福神そのものであって、蛭児・蛭子の面がみられないのである。

おわりに

以上縷々述べたとおり、筆者は、一月二十日と十月二十日のエビス去来の伝承は、春秋の神去来伝承の一種だとは思うが、それが東日本の農村部の年中行事のなかに定位置を獲得したことを、物忌期間の短縮化の一つの節目をあらわすものというような理解の仕方では充分でないと思っている。

西宮神社による神札頒布のいかんが、またそのさいにとられたエビスについての説明のされ方いかんが、現在みられる東・西日本の農村におけるエビス信仰の差異を生ぜしめたのであり、その結果、東日本（東北地方北部は除くが）に顕著な一月二十日・十月二十日のエビス講の習俗が生まれ、神去来の伝承が一段と複雑になったのだと考えている。

註

（1）柳田国男『祭日考』（『定本柳田国男集』第一一巻）。
（2）たとえば、郷田（坪井）洋文「家の神去来の信仰」（『日本民俗学』四―四、一九〇〇年）。
（3）『四十五年度　民俗採訪』（国学院大学民俗学研究会、一九七一年）八七～八九頁。
（4）『四十四年度　民俗採訪』（国学院大学民俗学研究会、一九七〇年）三八・三九頁。
（5）柳田前掲註（1）書。
（6）長沼賢海『福神研究　恵比須と大黒』（丙午出版社、一九二一年）、喜田貞吉『福神』（宝文館出版、一九七六年）など。
（7）喜田貞吉「夷三郎考」（前掲註（6）書）。

（8）同右。
（9）布川清司『近世日本の民衆倫理思想』（弘文堂、一九七三年）。
（10）吉井良尚『西宮神社の歴史』（西宮神社社務所、一九六一年）。本書第一部第四章・第五章。
（11）吉井貞俊「みちのくの秋」（『西宮』二一、一九七八年）。
（12）吉井貞俊「えびすさんの全国調査」（『西宮』一九、一九七五年）。
（13）同右。
（14）吉井貞俊「御神影像について」（『西宮』一七、一九七二年）。もっともこの風はここだけのものではなく、新潟県佐渡地方にもあるし（『南佐渡の漁村と漁業』テム研究所、一九七五年）、正月のお札等を処分しないで長く保存する風は、全国的に珍しくない。
（15）『日本庶民生活史料集成』第九巻（三一書房、一九六九年）所収のものによる。
（16）長野市の西宮神社には、この間の事情を物語る簡単な文書が保管されている。
（17）宮司丸山崇氏談。
（18）堀一郎「奥能登の農耕儀礼について」（『新嘗の研究』二、吉川弘文館、一九五五年）。
（19）西谷勝也『季節の神々』（慶友社、一九六八年）。
（20）文化財保護委員会「島根県の正月行事」（『正月の行事』2、平凡社、一九六七年）八頁。
（21）大島建彦「片足神の伝承」（『岡山県の正月行事』岡山民俗学会、一九六七年）。
（22）吉井前掲註（12）論文。
（23）吉井前掲註（14）論文。

（24）吉井前掲註（12）論文。
（25）佐久間惇一『二王子山麓民俗誌』（学生書房、一九六四年）。
（26）漆間元三・清原為芳『富山の祭と行事』（巧玄出版、一九七四年）。
（27）柳田国男「年中行事覚書」（『定本柳田国男集』第一三巻）には、「私の想像では、正月二十日の商人恵比須講の方が早く、それを農村の方に移すと、やはり十月二十日が農民の考え方によく調和したのではないかと思ふ」と述べられているが、筆者は十月二十日は一月二十日の影響ではなく、神札の配布等をとおして広まったエビス信仰が受容された結果定着したものだと思うので、この考えはとらない。神札の配布等が東日本ほどにはなされなかったらしい西日本には、十月二十日の行事はほとんどないことからも、これはいえると思う。
（28）坂本正夫「作神としてのエビス神信仰―四国西部山岳地帯の事例―」、神尾健一「春秋の社日にエビスまつり―県下一帯にみる―」（いずれも『土佐民俗』二六、一九七四年）。
（29）少なくとも、愛媛県宇和地方はそのようである。半田康夫「旅芸人・競技」（『宇和地帯の民俗』吉川弘文館、一九六一年）。
（30）『日本庶民生活史料集成』第一七巻所収の「操人形」の中の「阿波の木偶まわし」より。

第二章　エビス神の一側面
――不具神伝承について――

はじめに

エビスという神は、豊漁・商売繁昌・豊穣をもたらしてくれる生業の神として現在盛んに信仰されており、わが国の代表的な民俗神の一つである。[1]

本来、未開の異俗の人々というほどの意味のエビスが、いつ頃からなぜ神として祀られるようになったのか、確実なことはわかっていない。しかし平安時代末・鎌倉期には、これを祀る広田神社の西宮夷社の信仰は都にも知られていたといわれ、平安末から鎌倉時代にかけて、石清水八幡宮や東大寺、それに日吉大社・北野天満宮・龍田大社・鎌倉鶴岡八幡宮など、各地の社寺にエビス神として勧請されていたようである。[2]そして、同じく広田神社に摂社として祀られていた三郎殿という神としばしば並祀され、さらにはエビス三郎殿という一つの神のごとく考えられ、ついには二つが混融し、室町時代の福神信仰の高まりのなかで、烏帽子姿で鯛を抱いたエビス神として七福神の一つに数えられるようになった。[3]その結果、エビス神の信仰はいっそう多くの人々の間に広まったのである。

現在、豊漁・商売繁昌の神としてのエビス神は、全国の漁民・商人の間に広くいきわたっているが、豊穣をもたらしてくれる農神としてのエビス神の分布は東日本に片寄りを示し(西日本にももちろんみられる)、特に農村部の一月二十日と十月二十日(旧暦)のエビス講は、西日本にはほとんど行なわれていない。これについてはすでに小稿を成し、その理由を考えたことがある(4)。

エビス神は、現在、福神として機能しているということができようが、その属性はとなると、相当に複雑である。漂着神や留守神とするのは、その主たるものといえよう。

漁村部では漂着神とする所が多く、漁師の網や釣針に魚以外のものがかかり、何度捨ててもまたかかるので不思議に思って持ち帰り大切にしておくと豊漁が続いた、以後、それをエビス神として祀っているという伝承は各地に存在している。

また、鹿児島県の甑島では、巾着網や大敷網の網元がエビス神を祀っていて、旧暦一月十日(現在では新暦)に十日エビスという行事をするが、それに先だち、船中から両親揃った者を三人選び、一人は産婆役に、二人はエビスとり(一人は男神とり、他の一人は女神とり)に任じる。三人とも新しい褌をつけて船に乗って海に出、エビスとりは新しい手ぬぐいで目隠しをして海に飛び込み、潜って手に触れた石をそのまま拾って抱いたまま浮き上がってくる。そして早く浮いた方を女神、後からのを男神とする。産婆役は待っていてそれらの石を新しいトマで包み、持ち帰ってエビス神社に安置しそれまでの神体は海に返す。かくしてその日は、エビスとりと産婆役を正座に据えて賑やかに酒宴を開くのである(5)。

これも漂着神伝承の一種であるが、類似のものは、屋久島・種子島をも含めた南・西九州一帯に分布している。湾内に入ってきた鯨をエビスとして歓迎するのも、漂う水死人を一定の作法にしたがってエビスとして迎えて来て鄭重に葬ると豊漁が約束されるという全国に広く行なわれている伝承も、同じ心意に基づくものといえよう。

農村部には、留守神とする伝承が稀ならず認められる。神無月に他の神々は出雲へ出かけるが、エビス神だけはその留守を守っているというもので、ためにエビス講(旧十月二十日)には大いに馳走されるのだと言っている所もある。エビス神のこれらの性格については、すでに多くの人が注目して考察を加えているので(6)、今はこれくらいにとどめておきたい。

さらに注目すべきは、不具神としての性格の顕著なことである。漁の神や商業神としてのエビス神にはほとんどみられないことであるが、農神としてのエビス神には、片足もしくは両足が不自由であるとか、盲目である、耳が遠い、とかいうような、身体に障害をもつ神という性格が濃くつきまとっている。極端に醜いとか強欲であるというような、異様なる神とする伝承も多い。烏帽子を着し、いかにも福々しい顔で鯛を小脇にかかえている福神としての一般的なイメージとは、およそ似ても似つかないこのような伝承は、何に由来するのであろうか。またそれは、エビス神を考える場合にいかなる意味をもつものであろうか。各地の農神や年神のなかにも類似の伝承は数多く見られ、それらとの関連のなかで明らかにしなければならない問題だと思われる。

本章の目的は、わが国の民間信仰のなかで大きな位置を占めるこの問題を今後追究するための前段階として、ひとまずエビス神の不具神関連の伝承を整理しておくことにある。

一　足と目が不自由な神

まず、足と目が不自由な神だとする伝承について整理しておきたい。

静岡県庵原郡両河内村(現清水市)では、十月二十日のエビス講の時には、エビスコという魚を釣って来て大根膾や赤飯と一緒に供え、家によっては葉つきのまま二股大根を供えたりする。この日は他の神々は全部出雲へ行っていて留守だが、エビスだけは食いしんぼうでおこわを食べたいためとか足が悪いとかのために残っているので、強飯(赤飯)を作って供えるのだという。(7)

岡山県の備中や備前北部の吉備高原では、納戸や台所、倉(土蔵)などにエビスを祀っている家が多いというが、ここのエビス神は出雲の美保神社の信仰と結びついている。エビス神を信仰している家では美保神社から御幣を受けてきており、そのため美保神社で禁忌とされる鶏を飼わなかった。その理由として、かつてエビス神が一番ドリに目をさまして魚釣りに出かけたところが、実は鶏がトキ(時刻)を間違えて早く鳴いたために海へ行くのが早すぎ、鱶に足を噛まれて跛足になったからだという伝承がある。(8)

類似の伝承は珍しくなく、エビス神は足の具合が悪いとする伝承は広い地域に及んでいる。

西宮神社の祭神エビス神に、記紀神話のイザナギ・イザナミの間に生まれた一種の不具の子で、葦船に乗せて流されてしまうヒルコ(蛭子・蛭児)を擬す考えは、すでに鎌倉時代にはあったそうである。(9)異様な意味をもつエビスには、神話の普通の神をあてはめることが容易でなかったことと、当時西宮神社が海上交通を守護する神として信仰されていたために海に縁のある神を祭神に比定するのが適当と考えられたことからではないかとされている。(10)そして、流布本『平家物語』(有朋堂文庫、一九二九年)剣巻に、

蛭子は三年まで足立たぬ尊にて御座ければ、天石櫲樟舟に乗せ奉り、大海が原に推し出して、流され給ひしが、摂津国に流れ寄りて海を領する神となりて、夷三郎殿と顕れ給ひて、西宮におはします。

とあるように、西宮のエビスの場合には、不具神であるヒルコと結びつけようとする傾向が一般にあったものと思われる。(11)先の例にひいた静岡県を含めて東日本の広い範囲の農村部は、江戸時代中後期以降、その西宮神社のエビス神の信仰圏で、そこにおいて足の不自由なエビス神の伝承が説かれているのは、エビス神信仰を宣布したエビス太夫の

エビス＝蛭子とする説明が、あるいはあったのかもしれないと思われる。現に、山形県長井市の有力なエビス太夫である安部義一氏は、「えびす様は蛭子ノ神で、ビッコなので出雲の国へ行かれず、村々にお残りになる」[12]と述べているそうであり、このような人々のエビス神についての解説が、一般農村部の人々のエビス神観形成に果たした役割は決して小さくはなかったと思う。[13]

とはいえ、理由をこれだけにすることはとてもできない。いわゆる大師講に降る雪をスリコギカクシ・デンボカクシの雪といって、この夜、幸いをもたらしに訪れる旅の僧の不具なる足の跡を隠すとか、それに応対する老婆の跛足の跡を消すために降るのだとかいう伝承が日本海側の各地にある。この旅僧はおそらく新嘗の夜に訪れるという神と無縁ではないだろうが、そうすると一種の田の神と考えることができる。また、兵庫県などで春先に行なうコトの神の祭りでは、コトの神は一本足だと考えられているし、山陰地方には年神を一本足とか跛足としている所が多い。そしてこれらの神々は田の神的性格をもつものが多いのである。これらのことや、先の岡山県の例のように美保神社の影響を強く受けている地方でも、エビス神を足の不自由な神とすることから考えても、足に関するエビス神の不具神伝承は、エビス＝蛭子とする西宮の信仰を越えたもっと奥深いものをもっているのではないかと思う。

エビス神が目の不自由な神とする伝承にはどのようなものがあるだろうか。

富山県宇奈月町下立の某家のエビス講は特異である。十一月二十日の夕方、たくさんの金を儲けてエビス神が電車に乗って帰ってくるので、主人が提灯を持って駅まで迎えに行く（電車開通前は村境まで）。そして、提灯で足もとを照らしながら家まで案内し、神棚でしばらく休んでもらったあと風呂に案内する（神の実体はないが、そこにいるかのごとくに接待するのである）。風呂の湯をかき回しながら、「湯かげんはどうでしょう。あついですか、ぬるいですか」と尋ね、あとは勝手元で控えている。入浴の終わった頃を見はからって迎えに行き、台所から勝手元を通り、広間の神棚の下に迎えてくる。エビス神の入浴中に、神座にはすでに祖母によって朱塗の高膳が用意されており、膳には、葉つきの二股大根・神酒・生の鯛二尾が左膳で供えられている。そして家族一同が広間に集まってエビス神を礼拝し、主人がお札を述べ、神酒を注いでから、家族全員が勝手元に控え、食事の終わった頃を見はからって膳を下げるのである。エビス神はこの晩から神棚で越年すると考えられ、翌年一月二十日には朝、再び遠い旅先へ出稼ぎに行くエビス神のために、十一月と同様な神送りの儀を行なうのである。(14)

長々と引用したのは、これが能登半島のアエノコトの儀礼と全くといってよいほど似ていることを示すためである。(15)右の例では、ことさらエビス神の目の不自由なことは説いていないが、アエノコトの田の神の場合には目の悪い神としているので、同系の伝承である富山県宇奈月町のエビス神にもそれは当てはまるであろう。

また、目に関して群馬県松井田町峠では、節分の豆撒きの時に「福は内、鬼は外」というと共に、エビスの神棚の前では「エビス・大黒、目を開け」といって撒いたそうである。(16)類似の伝承は珍しくないが、エビス神の目の不自由なことを意識した唱え言であろうと思われる。

目が不自由といっても、盲目の場合と一つ目の場合が考えられるが、エビス神の場合には盲目とする傾向の方が強いように思われ、これは田の神の性格と共通するものである。エビス神の不具神伝承は、エビス＝蛭子と考えれば跛足・一本足のように足の不自由さのみしか考えられないが、それ以外にも盲目とする例の少なくないことから、より深く広い背景をもつ伝承のように思われる。

一方、一つ目と考えられる伝承もないではないが、概して少ないといえる。エビス神のことを離れて一つ目の神についてみると、関東地方を中心としてコト八日に訪れるとされる目一つ小僧という妖怪がよく知られているが、古典には『播磨国風土記』などに天目一命が登場して、古い伝承であることを思わせる。柳田国男は一つ目の神の発生について、祭りにおいて神聖な役を勤める者はあらかじめ片目を傷つけて常の人と弁別しておき、かつては祭りに臨んでその神主を殺す風習があったことを予想し、一つ目の神との関連を説いている。[17] これに対して谷川健一は、金属技術集団には長年激しい火力を片目で見つづけるために片目を悪くする者が多いとし、一つ目の神を鍛冶の神・火の神と結びつけて考えているが、[18] 世界の他の民族にも同様の伝承は多く、谷川の考えは説得的である。ただ、エビスの不具神伝承がこの方面から解決できるかどうかについては、今のところ何ともいえないのである。

エビス神の不具神伝承は、以上のような足と目の不自由な神とするもののみではないのである。

二　耳が不自由な神

次に、耳が不自由な神とする伝承についてながめておこう。

大阪府河内長野市の長野神社は、一月九日をヨイエビス、十日をホンエビス、十一日をゴエンといって三日間お祭りをし、賑いを見せているというが、近郷近在の参詣人は、「エビスさんは耳の遠い神さん」だからといって、祠の背後にまわり、そのはめ板をトントン叩いたり、大声で参詣に来たことを告げたりして祈るという。[19]

類似の伝承は、日を限ったものでなければ、漁村においてもしばしば行なわれているものである。

徳島県海部郡阿部村（現由岐町）では、エビスへの初穂として大きい魚を二尾、船のミヨンに下げ氏神にも供えたあと、酒を飲むというが、宮に参った時には、エビス神は耳が遠いので祠を叩いてから初魚を供えるという。不漁の時には祠を槌で打って、「チョビスサマ、チョビスサマ」といいながら豊漁を願うのである。[20]

漁村ではエビス神を祀る所が多いが、その祠に槌を備えてある所は多い。広島県の厳島の七浦にも槌があるというが[21]、三重県尾鷲市九鬼の早田でも、耳の遠いエビス神の祠を槌で叩いてから、初穂の魚を献じている[22]。一般に漁村のエビス神には不具神伝承は稀薄であるが、右の一連のもののみは例外である。

同様のことはエビスを祀る有名な大阪の今宮神社においても行なわれている。これについて江戸時代の『年中故事』には、

摂州今宮は西宮を移せし社にて、蛭子、素尊、天照大神也、片辺に広田有り、是も正月十日の賑ひ貴賤群をなす。参詣人此神はつんぼなりと社の後の板を叩く、今参りましたと云。是祈願を訟る也。何ぞ聾にましまさんや。万民福貴のみ願の欲は聞かずとの神慮仰ぐべし[23]。

と、耳の不自由な神とされていることを紹介しながら、福神であるエビス神の社殿の背後の板を叩く行為を合理解しようとしている。また宮本又次は、今宮神社の社殿を叩く理由について、「これは大阪の町がもと今宮の北にあって、戎さんが南方、西成郡にあったからである。戎橋は今宮への参道なのであった。社殿は南面していて、参詣者はみな手近の北より参ってきて、裏門からはいった。祠背から正前にまわって、賽すのが通例であった。往きにかった木槌か、げんこかでたたく。羽目板をたたいて仮初《かりそめ》のいたずらからもってまわって、つんぼ説が生まれたものであろう[24]」と述べ、その発生について考えているが、「仮初のいたずら」から「つんぼ説」が生じたとはとても思えない。

地形の異なる京都市東山区の恵比須神社でも社殿の背後や側面を叩いて参詣するし、遠く隔った岩手県東磐井郡大東町の旧中川村では、十月二十日のエビスの年越しには、マッカ大根(二股の大根)と普通の大根とを供え、これを嫁と婿とになぞらえてエビスの嫁入りなどと説いているが、この時、エビス神に飯・大豆・金を一升桝に入れて供えるにさいし、桝を振りながら「オエビス様、よく耳あいて下さい」と唱えるそうである[25]。これもエビス神は耳が遠いとする心意に基づく伝承であろう。

またエビス神を離れても、たとえば若狭地方の新庄では一種の屋敷神である「ダイジョコをつんぼと伝承している」[26]とか、青森県では岩木山の山カケとして、山頂に着くと、参詣人はお堂を御幣でガンガン叩きながら、「今来た、今来た」「ハジ、今来た」などと口々に叫ぶといい、これは岩木山の神がキカズ(聾者)だからだとされているという例などをみると、耳が不自由だとするエビス神の伝承も決して単純なものではなく、民間信仰のなかに根強く存在する不具神伝承全体のなかで考えなければならないものだと思われる。

三　欲深かな神

欲深かとか食いしんぼう、極端に醜いとする伝承も少なくない。

長野県木曽郡楢川村の川入地区上の原では、十一月二十日のエビス講には、朝、大根の膾と一緒に蕎麦粉と米の粉で作った大きなオヤキを二つ賽銭と共に一升桝に入れてエビス神に供える。このオヤキは女には食べさせないが、その理由として、エビスは欲の深い神なので、いつまでも稼げといって娘達が縁遠くなるからだと伝えている。[27]

浦和市では、エビス神はハナッポロ(食いしんぼう)の神だと伝えており、平素は勝手元の小さな神棚に祀ってあるという。[28]

また、エビス神への供え物は左膳にするという所も多い。

茨城県西茨城郡七会村では、エビス・大黒の神像は人の見える所へ置くものではないといって、戸棚の中へ入れておき、エビス講の時にもそのままの状態で馳走を供える。その時、エビスは左ききなので器はすべていつもと逆の左膳に配置する。そのため、平素膳を横にすることをエビスさんのようだといって忌むという(29)。

岐阜県飛驒地方の奥丹生川では、十月二十日のエビス講の時には、豆腐のおつゆと二股大根、鯛をエビス神に供えるが、この時には左膳にするという(30)。

いずれも富を授けてくれる福の神として信じられているにもかかわらず、右のように、正常ならざる神として伝承する例の非常に多いのは注目すべきである。俗なる世界においては、このような性格をもった人や、盲人、跛足の人はどちらかというとアウトサイダーであるが、聖なる場面ではそれが逆に作用して異常なる力倆を発揮する人間に転じるとする解釈があるが、エビス神にも平素は負の性格を負わせて、それのプラスに転じる時の力に期待しようとする考えが潜在的に働いているのであろうか。

四　エビス神の祀り方

エビス神の祀り方であるが、家の中心である座敷などの神棚、すなわち大神宮の神棚を避けて、台所とか土間、時には人の足が触れそうな板の間、戸棚の中の暗い所などの、どちらかというと芳しからざる場所に祀るとするのが一般的である。今までの事例のなかにも出てきたことであるが、次にいくつか例をあげると、

秋田県仙北郡西仙北町の旧土川村では、十二月五日をむろエビスの年取りといい、麹を作る家では親しい家の者を招いて祝うというが、このエビス神は台所の戸棚の中で祀る(31)。

岐阜県恵那市近辺では、エビス神棚は高い所に祀らずに、台所の隅の板の間に直接に祀るものだとされている(32)。

中国地方の山地の農村部でも、エビス神は一般に戸棚の中に祀られている。なぜならば、エビス神は足が悪く

て皆に見られるのを恥ずかしがるからそのようにするのだと伝えている[33]。

高知県長岡郡本山町では、「オイブッサマ」と称して、炊事場の近くに棚が設けられているが、この中には、竈の神、福の神、エビス、大黒などがあり、朝晩はもちろん、何事につけても祈る身近な神だとされている[34]。

わが国の屋内神には、座敷などのいわゆる家の上座に祀る神々と、土間・台所などのいわゆる下座に祀る神々のあることは早くから指摘されているが、後者の代表的なものとして、エビス神・大黒・荒神等がある。これらは土着の民俗神とみなすことができようが、そのなかでも特にエビスには、暗い所とか下段に祀るという伝承が濃くつきまとっているように思われる。その理由として、エビスを外者と観念したがゆえに蔑視的態度をとっているのだとする解釈があるが[35]、その是非についても、不具神伝承の枠のなかで検討を加える必要があるように思う。

以上で、エビスを不具神とみる伝承については一通りの整理ができたと思う。今後はこれを踏み台にして、全国的に広く、また一地域においてはさらに詳細な実態把握を進めてみたい。そして、それぞれの地においてエビスに不具神伝承がつきまとうようになった理由を考察し、漁業神や商業神としてのエビスと農神としてのエビスの関係について広く考えていきたいと思っている。

註

（1）エビスの表記については、序章註（1）参照。

（2）喜田貞吉「夷三郎考」（喜田貞吉編著・山田堅理夫補編『福神』宝文館出版、一九七六年）。

（3）喜田貞吉「大黒・夷二福神並祀の由来」「七福神の成立」「夷三郎考」（前掲註（2）『福神』）、および、長沼賢海『福神研究　恵比須と大黒』（丙午出版社、一九二一年）。

（4）拙稿「エビス信仰の伝播と神去来伝承の複雑化」（『信濃』三一―一、一九七九年）。本書第二部第一章。
（5）『離島生活の研究』（国書刊行会、一九七五年）中の、小野重朗による鹿児島県薩摩郡甑島の調査報告。
（6）たとえば、桜田勝徳「漁村におけるエビス神の神体」（桜田勝徳『漁撈の伝統』岩崎美術社、一九六八年）、郷田（坪井）洋文「留守神信仰」（『山陰民俗』一三、一九五七年）、井田安雄「留守神」（大島建彦編『年中行事　講座日本の民俗6』有精堂、一九七八年）など。
（7）『昭和二十九年度　民俗採訪』（国学院大学民俗学研究会、一九五五年）八五頁。
（8）鶴藤鹿忠「岡山県民家の屋内神の祭祀」（『岡山民俗』創立三十周年記念特集号、一九七九年）。
（9）喜田前掲註（2）論文。
（10）同右。
（11）拙稿前掲註（4）。
（12）吉井貞俊「えびすさんの全国調査」（『西宮』一九、一九七五年）。
（13）拙稿前掲註（4）。
（14）漆間元三・清原為方『富山の祭と行事』（巧玄出版、一九七四年）。
（15）アエノコト儀礼については、堀一郎「奥能登の農耕儀礼について」（『新嘗の研究』第二輯、吉川弘文館、一九五五年）を参照。
（16）『松井田町の民俗』（群馬県教育委員会、一九六七年）一五八頁。
（17）柳田国男『一目小僧その他』（『定本柳田国男集』第五巻）。
（18）谷川健一『青銅の神の足跡』（集英社、一九七九年）。

(19)『河内長野の民俗』(『河内長野市史』別編Ⅰ 民俗の部、一九八三年)三七五頁。
(20)柳田国男『分類祭祀習俗語彙』(角川書店、一九六三年)三一七頁。
(21)同右。
(22)筆者調査(一九八二年八月)。
(23)『年中故事』(『民間風俗年中行事』国書刊行会、一九一五年)五〇五頁。
(24)遠藤元男・山中裕編『年中行事の歴史学』(弘文堂、一九八一年)二七九頁。
(25)『旧中川村の民俗』(東洋大学民俗研究会、一九七三年)一七〇頁。
(26)佐々木勝『屋敷神の世界』(名著出版、一九八三年)九八頁。
(27)『木曽楢川村の民俗(二)』(長野県木曽郡楢川村教育委員会、一九七二年)一四五頁。
(28)『浦和市史』民俗編(浦和市総務部市史編さん室、一九八〇年)六四八頁。
(29)『昭和四十五年度　民俗採訪』(国学院大学民俗学研究会、一九七一年)八八頁。
(30)沢田四郎作『飛驒採訪日誌』(『日本民俗誌大系』5、角川書店、一九七四年)三七七頁。
(31)『昭和三十三年度　民俗採訪』(国学院大学民俗学研究会、一九六〇年)九九頁。
(32)杉山博文氏のご教示による。
(33)鶴藤鹿忠氏のご教示による。
(34)『土佐本山町の民俗』(大谷大学民俗学研究会、一九七四年)一一九頁。
(35)亀山慶一「流れ仏考」(『日本民俗学』二一三、一九五五年)。

第三章　橋板製のエビス・大黒像

はじめに

エビス・大黒のエビス神は、商売繁昌や豊作豊漁をもたらしてくれる福の神として知られている。しかし属性はとなると、前章において述べたように、農村においてはしばしば極端に醜い神であるとか、目や足に障害をもつ神だという伝承があり、一般の神々とはどことなく異なる神だと考えられている。このような認識は祀り方にも表われていて、エビス神の棚を一般の神棚より一段低く設けていたり、極端な場合には台所の床の上に置いたりしている所がある。台所の戸棚など暗所に祀っている例もみられる(1)。

本章においては、右のような認識や祀り方と関係があろうかと思われる、橋板を用いて制作されるエビス像や大黒像について考える。祈願の対象とする神を、こともあろうに人が踏みつづけた古い橋板で作る例についてである。筆者はこれについて、すでに若干の見解を述べたことはあるが(2)、他の資料をも加え、神像に用いる特異な素材という視点から考えてみたい。

一　『日本永代蔵』『百姓伝記』の大黒

江戸時代の随筆は民俗資料の宝庫であるが、浮世草子など小説や戯曲類もこれに負けてはいない。井原西鶴の『日本永代蔵』巻二「才覚を笠に着る大黒」には、次のようなことが述べられている。

一に俵、二階造り、三階蔵を見わたせば、都に大黒屋といへる分限者ありける。富貴に世をわたる事を祈り、五条の橋切石に掛けかはる時、西づめより三枚目の板をもとめ、これを大黒に刻ませ、信心に徳あり、次第に栄え、家名を大黒屋新兵衛と、知らぬ人はなかりき。(3)

京都の鴨川にかかる五条大橋を、それまでの木橋から石橋に架け替えるさい、ある商人が西の橋詰から三枚目の橋板(踏板)で大黒像を制作させて祀っていたところ、次第に商売が繁昌して大金持になったという話である。これはひとつの創作ではあるが、『日本永代蔵』とほぼ同時代にまとめられたとみなされている『百姓伝記』巻二「大黒物語の事」にも、橋詰三枚目の板で制作された大黒像の話がでてくるところをみると、西鶴の単なる思いつきだともいえまい。

『百姓伝記』のほうは、七福神の一つである大黒の本拠とされる比叡山延暦寺の大黒天神の由来にまつわる伝承である。同書によると、ここの大黒像は延暦寺を創建した伝教大師の作で、「橋の三枚目の板を以きざませらる丶」ということである。そしてその理由として、

いかなる橋へも人行か丶るに、三枚名の板に足のあたらぬといふ事なし。依之御山富貴のためにハ、貴賤上下の参詣有様にとの御志也。船のあしをミんより人の足をミよといへり。貴賤上下出入おほき家、富貴ならすといふ

事なし[4]。

と述べられている。橋を渡る人が誰でも踏みつけたものであるからこそ三枚目の板で像を彫ったというのであり、この板に多くの人の足がかかったように多くの人の足がこの寺に向いてくれれば（参詣してくれれば）寺は栄えるであろうとの願いからだったというわけである。

年代はやや下がるが『町人袋』巻一にも、「世俗に橋の板を以て造る処の大黒は、霊験ありといふは云々[5]」とあり、この場合には、諸人に踏みつけられる板で作ることによって（そしてそのような大黒像を拝むことによって）謙虚な人柄となり、ついには立身するのだと説かれている。

博捜すれば類例は他にも多いであろうが、この三例からだけでも、江戸時代にあっては、橋板で大黒を造像して拝めば、その人の将来が開けるという俗信のあったことがわかるのである。

そしてこの俗信は、次節以下で述べるように、近代以降も生きていたのである。

なお、大黒の容姿であるが、『日本永代蔵』には言及されていないが、『百姓伝記』は「せいひきく、色くろく、まぶたあつくして」とか、「御面像をくろく、男ぶりを悪敷作り給ふ」と述べ、『町人袋』には「色黒く、たけひきく、形みにくし」としていて、大黒はあまり風采のあがらない神だと考えられていたことに注意しておきたい。後でも触れるが、冒頭で述べた醜いエビスに一脈通じるものを感じるからである。

二　松本市の橋板三枚目エビス・大黒像

長野県松本市の深志神社には、社殿の脇に事代主神・大国主命を祭神とする恵比寿神社が祀られている。恵比寿神社の祭日は十一月十九日・二十日の両日であるが、これに先立つ十八日夜に、「えびす神お里帰り祭」という特異な祭りが執行される。「えびす神お里帰り祭」についてはすでに詳細を発表しているので(6)説明を割愛するが、このときには、深志神社氏子有志に頒布されている一升枡に納められたエビス・大黒像(一対のエビス像と大黒像)が、里帰りと称して神社に持寄られる。のみならず、古くから各家で祀っている木像・金銅像・陶像の大小さまざまなエビス・大黒像も持ち寄られ、さながらエビス・大黒像の競演という様子である。平成十三年と十七年の二回、この祭りに参列させていただいた筆者は、これら持ち寄られるエビス・大黒像のなかに、橋板で制作したエビス・大黒像の混じっているのを発見した。

これは高さ三〇㎝ほどの、黒光りのする堂々たるエビス像と大黒像であった。像容そのものはごく一般的であるが、像とそれを安置する台の裏に次のように墨書されていたのである。

明治十二年　刻師原田蒼渓　松本一ツ橋掛替三枚目板ニテ是レヲ刻ス　二福神　彫刻師伊勢町原田蒼渓

伊勢町とは松本市中心部の町名の一つである。明治十二年、伊勢町に在住していた彫刻家の原田蒼渓(7)が、一ツ橋を架け替えたさいの三枚目の板を用いて彫刻した二福神が、この一対のエビス・大黒像だというわけである。一ツ橋は松本市の中心部を流れる女鳥羽川に架かる橋である。明治九年には松本城の大手門跡の石垣を崩して女鳥羽川に石橋が架けられ、渡り初めまで行なわれたというから(8)、明治十二年の橋板エビス・大黒像には、このときに不要になった橋板が用いられたのだと思われる。

三　穂高神社の場合

松本市からほど遠からぬ長野県安曇野市の穂高神社においても、同様にしてエビス・大黒像が刻まれ、有志に頒布されていた。ただ、松本市の事例とこれから述べる穂高神社との関連については、双方ほど遠からぬ地であるとはいえ、今のところ筆者には未詳である。

穂高神社では二十年に一度、本殿三殿のうち一殿だけ造り変えて正遷宮を繰り返している。エビス・大黒像が刻まれたのは昭和三十年頃のことと伝えられているから、正遷宮のときではなく、昭和三十一年の本殿破損に伴う小遷宮のときだったのであろうか(9)。この本殿造替のさい、長年用いた神橋も損傷していたので石橋に造り替えようということになり、実行に移された。このとき、渡るさいには必ず踏まれていたであろうということで、奇数である三枚目（どちらから三枚目かは不明）の板が選ばれ、これで何体かのエビス・大黒像が刻まれたと伝えられている。当時の宮司や関係者はすでに他界され、記録もないようであり、誰の発案になるかもわからないので、そのいきさつについては未詳である。ただ、筆者は確かにこのときに制作されたというエビス・大黒像を二体（一対）確認しているので、右のことが事実であることは間違いない。

制作者は、松本市在住の彫刻家田中徳斎であった(10)。徳斎は当時の宮司と懇意の間柄で、絵も描いたので神社のポスター制作に関わったり、祭りのさいの神社のさまざまな装飾の相談にもあずかっていた。橋板はカラマツだったので堅くて彫刻には難儀したらしいが、とにかく、大・中・小のエビス・大黒像が何対か制作されて、氏子有志や松本方面の信者有志に頒布されたという。ただ、筆者のみるところ、現在の神橋は幅三ｍほどの橋なので、以前の木の橋も同じ幅だったとすると、三枚目の板から大量に造像されたとは考えられない。

筆者が確認している一つのエビス・大黒像一対は、いま穂高神社社務所内の神棚に祀られているもので、高さ六cmくらいである。大・中・小のうちの小のものだという。二つ目は、松本市のS氏宅で祀っているもので、これは高さ一〇cmくらいである。

なお、穂高神社では、鳥居などを造り替えたりしたさい、その古材を用いて表札を作り、氏子に頒布することは珍しくないというが、橋板でエビス・大黒像を彫刻したのは右に述べた一回だけで、そのとき以来は行なわれていない。それ以前のことは定かではない。

四　橋板使用の理由

人が踏みつけつづけ不要になった橋板を材料として神像を彫刻するなどというのは、尋常のさたとは思えないが、すでにみてきたように、とにかく江戸前期には知られていたし、近代になっても信州の松本平においては行なわれていたのである。調査次第では今後、年代的にも地域的にも事例の範域は広がるかもしれない。

この事例の考察には、次の疑問への解答が必要となる。一つ目はなぜ橋板を用いるのか、二つ目はなぜ三枚目の板がよいのか、三つ目はなぜ作るのがエビスと大黒なのか、である。

三枚目ということについては、あるいは特別な理由があるのかもしれないが、右の事例をみるかぎりでは、要するに歩幅・歩数の関係から三枚目の板には足をかけやすく、渡橋者が必ず踏んでいたであろうという理由であった。とすると、一つ目と二つ目の疑問は、なぜ多くの人が踏みつけた橋の古材で神像を作るのか、という一点に集約される。

それついて『百姓伝記』の著者は、このように多くの人が足を向けてくれる（参詣に訪れてくれる）ようにだと述べ、『町人袋』の著者は、橋板が踏みつけられるのに耐えたように、我慢強くて謙虚な人柄になるためだとの解釈を紹介している。しかし『町人袋』の著者も首をかしげているのだが、橋板がそれほどよいのならば、天神や観音など他の神像仏像も橋板で作ればよいであろうということになる。しかしそのような例はないであろう。したがって、この解釈では、エビスや大黒を造像するのになぜ橋板を用いたのかという理由にはならない。

最後の三つ目の、なぜ作るのがエビスと大黒なのかという疑問であるが、これはエビスや大黒の性格という問題とかかわってきて、なかなかの難問である。以下、いまの筆者の考えを述べてみたい。

エビスははじめは漁業神であったが、冒頭で紹介したように農村部には、エビスは極端に醜いとか身体に障害をもつ神だとかの伝承が多く、その場合、祀り方も他の神とは差別的に扱われがちである。もともとエビスの語源は蝦夷からきており、異俗の人々というほどの意味であるから、エビスの語を神名に用いたこと自体、当初からこの神が他の神とは相当に異なる神だとの認識があったはずである。しかしそのような認識とは別に、中世後期以来、一般には福神として広く信仰されるようになった。

大黒はもともとインドの神であるが、わが国では寺院の食堂で祀られるとともに、中世以来一般社会においては、七福神の一つとして信仰されるようになった。しかし大黒にも、『百姓伝記』や『町人袋』にも述べられているように、エビスほどではないが風采のあがらない神との伝承は纏綿していたのであった。

七福神信仰は室町時代に畿内で興ったとされる。ただ現在の七神に定まるまでにはいくらかの変遷があったが、その間、エビスと大黒は七神のどの組み合わせからも除かれることはなかったようである。そして現行の七福神に定まったあと、この二神は福神の代表のようにみなされ、エビス・大黒が二体一対で祀られることが多くなった(11)。この二神は出自も性格も異なるのだが、一対として祀られはじめると、祀る側にとって二神の相違はおのずから曖昧にならざるをえない。したがって商家ではともに商売繁昌の神として、農家では二体並祀して豊作をもたらしてくれる農神として祀られているのである。

　農神には[12]、いま詳しくは述べないが、能登のアエノコト行事の田の神をはじめとして、しばしば夫婦一対の神であり、目や足が不自由だとか極端に醜いという伝承が多い。そのため筆者は、エビス・大黒が農村部に受容されるさいにこのような農神と習合し、神祇や氏神など一般の神とはどことなく異なる、一段低い存在だと考えられがちな農家のエビス・大黒の信仰が定まったのだろうと考えている。とくにエビスと農神は習合しやすかったのではないだろうか。橋板で造像したのは、このようにみられていた神だからこそ許されたのであろう。

　そしてここには、強請祈願の心意も働いていたのだと思われる[13]。強請祈願とは、ある神をことさらみじめな状態にしておいて、その状態から脱却したいならばわが願いをかなえさせよ、という祈願法である。そこには、みじめな状態におかれた神はその現状から抜け出したいために、祈願者の思いを懸命になって達成させてくれるであろうという、人々の解釈がある。橋板三枚目製のエビス・大黒も、多くの人から踏みつけられたような板ではなく、真っ当な材料で制作しなおしてもらおうとして、祈願者の願望達成のために励んでくれるであろうと考えたからだというわけである。

おわりに

人が踏みつけつづけた橋板でエビス像や大黒像を作る事例を紹介し、その理由を考えようとした。そこには、エビスと大黒の二神並祀が一般化し福神として両神の境界が曖昧になったこと、そして語意からもわかるようにエビスにはどことなく低くみられる属性があり、大黒もまた風采のあがらない神とみられがちだったことがある。それゆえ、神像であるにもかかわらず橋板で作ることも許されたのだ。そしてそこには橋板のようなもので作って祈願すれば、よりよく祀られようと発奮し願いをかなえさせなければならないと考えるであろうという、エビス・大黒の心意を見越した人々の心意(強請祈願)が、かつては潜在的に働いていたのであろうというのが、現在の筆者の一応の結論である。

註

(1) 拙稿「エビス神の一側面―不具神伝承について―」(『日本常民文化紀要』一〇、一九八四年)。本書第二部第二章。

(2) 拙稿「松本平のエビス信仰(下)―松本市商業地域のエビス社を中心に―」(『日本常民文化紀要』二六、二〇〇七年)本書第二部第七章。

(3) 『日本永代蔵』(『新編日本古典文学全集』六八、小学館)。

(4) 『百姓伝記』(『日本農書全集』第十六巻、農文協)。

(5) 『町人袋』(『大日本風教叢書』第九・十合輯、同叢書刊行会。「日本思想史大系」59〈近世町人思想〉にも収載)。

(6) 前掲註(2)。

(7) 原田蒼溪については、『松本市史』第二巻 歴史編Ⅲ 近代(松本市、一九九五年、四九二頁)に紹介されている。

(8) 同右『松本市史』六四頁。

(9) 青木治『穂高神社とその伝統文化』(穂高神社社務所刊)の「年表」による。

(10)　田中徳斎は、昭和期の松本美術会のメンバーであった。『松本市史』第二巻 歴史編Ⅳ 現代(松本市、一九九七年)九二七~九二八頁。

(11)　二神並祀の由来については、大正時代の論文ではあるが、喜田貞吉「大黒・夷二福神並祀の由来」(喜田『福神』宝文館出版、一九七六年)に考察されている。

(12)　ここでは農神を、穀霊・田の神・作神などと考えられている神の総称として用いる。

(13)　強請祈願については、拙著『供養のこころと願掛けのかたち』(小学館、二〇〇六年)第三章「現代にいきる強請祈願」を参照いただきたい。

調査にあたっては、穂高神社禰宜の穂高光雄氏、松本市の清水暎芳氏のお世話になった。記して感謝の意を表します。

第四章　エビス太夫と地域のエビス信仰

はじめに

エビス神の信仰は、漁業・農業・商業を営む人々の間にさまざまな形で定着しており、その解明はわが国の複雑な民間信仰の研究にとってきわめて重要、かつ魅力的な課題である。

未開の異俗の人々というほどの意味のエビス[1]を名とするこの神が、全国に広く迎えられ代表的な民俗神の一つにおさまるにあたっては、エビス神の神威を発信する中心地や、宣布する宗教者の存在があったはずであり、また、各地には自らの必要に応じてそれを受容しようとする基盤が整えられていなければならなかった。筆者はかつて、東日本農村部のエビス神の信仰が、江戸時代中期以降、現在の兵庫県西宮市の西宮神社の神札を頒布する多数のエビス太夫とよばれる宗教者によって浸透定着させられていった過程について、予備的に論じたことがある[2]。本章は、新潟県の一エビス太夫の神札頒布の実態を垣間みることにより、筆者のかつての論を補強することを目的としている。

一　農神の春秋去来の伝承

水田稲作農耕に関わる神が、春に田に来たり秋に田から去っていくという伝承は、神名や、去来の期日、去来の方向・場所にさまざまなバリエーションを示しながらも、広く全国に分布している。そのうち、本章に直接関わる新潟県北部ではどうであろうか。代表例を一つ挙げておこう。

○北蒲原郡川東村（現新発田市）——二月十六日に山の神が山から降りて田の神になり、逆に十月十六日には田の神が山に昇って山の神になる日だと考えられており、田の神・山の神が交替する両日には、絶対に山に入らない。神は杵の音につれて昇り降りするといい、両日には餅を搗いて、一六個の餅をくり鉢に入れてエビス棚に供えている。一個あるいは三個の餅を案山子に供える例もあるようである(3)。

このように、新潟県北部やその周辺の関東地方北部から東北地方にかけては、神名を田の神とし、二月（新暦では三月）と十月（新暦では十一月）十六日に、田の神が田と山を去来するという伝承が比較的多い。そして右の事例では、このときに搗いた餅をエビス棚に供えているのであり、田の神・山の神とエビス神とがほぼ同じ性格の神として捉えられていることがわかる。

『新潟県の作神信仰』(4)のなかには、数多くの写真とともに、同県各地の春秋の神去来伝承や、農業神の性格、農耕儀礼が紹介されていて興味が尽きないが、そこに左のような事例が報告されている。

○北蒲原郡笹神村女堂——二月十六日はタノカミサマの日である。水原砂押の神主がエビスサマの神札を持ってくる（引用者注：おそらくこの日までに届けられるのであろう）。十六日になると、家々では米の粉の平たい団子を作って、親指と人差指とで真んなかをへこませ、小豆の煮たっている鍋に入れて煮る。この団子はジュウロクダンゴと呼ばれ、エビスサマと仏サマに一六個供える。

○北蒲原郡安田町出保――二月十六日はタノカミサマの日で、この朝にタノカミサマが田に降りていくと信じられていた。そのため、子供が朝の寒さで炬燵にもぐっていると、「ネラ、家のあったけとこにいるが、タノカミサマは今日から裸足で出なさる」といって、親に叱られたものだという。水原砂押のタユサマが、「タノカミサマが参りました」といって、大黒が稲穂を担いだ神札を持ってくる(引用者注：おそらくこの日までに届けられるのであろう)。各家では、一升枡に白紙を敷いた上にジュウロクダンゴを載せ、この神札に供えたあと、翌朝下ろして小豆団子にして食べた。

細部の伝承は家によって異なっているのであろうが、おおよそ右のようなことが北蒲原郡地方で行なわれていた。右の事例で注目されるのは、「水原砂押の神主」「水原砂押のタユサマ」とよばれている宗教者が、この日のために「エビスサマの神札」「大黒が稲穂を担いだ神札」を頒布して歩き、神去来の伝承に一定の関与をしている点である。同書によると、中蒲原郡小須戸町鎌倉新田では、温泉地で有名な岩船郡の瀬波から神札が配られているし、別の地域では、他の社寺から配札されている事例も散見されるので、新潟県内でこの伝承に関与する宗教者は少なくなかったものと思われる。

他の宗教者はさておき、北蒲原郡一帯に多くの頒布先をもっていたらしい「水原砂押の神主」「水原砂押のタユサマ」とは、どのような人だったのであろうか。現地調査によると、この人が北蒲原郡水原町の西宮恵比須社・砂押稲荷社神職の佐藤氏であることは間違いない。『新潟県の作神信仰』の内容が調査執筆された頃の当主は佐藤金吾氏(明治三十六年生)であった。氏の名刺の肩書には「世襲十八代社家　西宮恵比須太夫」と記されているので、この地域の古くからの社家と伝えられる家であることがわかり、同家はいつの頃からか（おそらく江戸時代中期以降）、西宮恵比須太夫を名乗って活動していたのである。

西宮恵比須社と砂押稲荷社は至近の距離にあり、両社とも、地域の氏神というわけでも旧社格を有していたわけでもなく、拝見したところ小じんまりしたお社である。(5) 地域の伝承によると、砂押稲荷社はもともと文治稲荷といっていたが、後世（明治時代カ）、小地域名の砂押をとって砂押稲荷と称するようになった。もともとは西宮恵比須社の守り神的立場の、今よりもさらに小さい社だったという。それが現在では遠方からも相当数の参拝者が訪れるようになっているらしい。それには、少し離れた加茂市で最初に信者になった人が、川に流れている神札を拾ったところ、ここの稲荷の神札であったためにそれを奇瑞と考えて参拝をつづけた人で、そのことが次第に加茂市周辺に知れわたり信者が増えたとかいわれている。また昭和三十年の新潟市大火の際に、ここの稲荷の神札を祀っていた家々が火災から免れたとの評判がたち、それがラジオでの話題にもとりあげられたために参詣者が多くなったとかいうように、稲荷特有の流行神的性格を帯びるようになったためらしい。

この佐藤家は農業を主生業にしていなかったというから、右のような稲荷社や恵比須社に奉仕し、現在の兵庫県西宮市の西宮神社からもたらされるエビス神の神札を頒布するエビス太夫の職をつとめつつ、長年、地域において独特の宗教活動を行なっていたものと思われる。なお佐藤家の伝承によると、江戸時代中期までは中村姓であったが、かつて、現在の地域の氏神である八幡神社の社家佐藤氏から聟入りした人が居り（そのため八幡神社の宮司家とは墓地を同じくする）、それ以降佐藤姓となり、江戸時代にはエビス太夫として代々佐藤式部を名乗っていたという。

二　エビス太夫関連の文書と江戸時代の実情

佐藤家には、筆者の知るかぎり、エビス太夫に関わる江戸時代中期から明治時代初期にかけての、左のような文書が所蔵されている。年代順に並べてみよう。

A「願書控（此度奥州白川二本松三春支配下与吉田家注連頭出入之儀ニ付午ノ正月十六日御用番牧野越中守様御奉行所江摂州西宮本社神主吉井左京亮御願ニ罷出候願書控）」　元文三年（一七三八）正月十六日
B「乍恐以口上書御詔申上候」　寛保元年（一七四一）五月十八日
C「申渡ス覚」　寛保元年（一七四一）八月
D（エビス太夫の）免許状　宝暦四年（一七五四）二月
E（エビス太夫の）免許状　宝暦十二年（一七六二）二月
F（エビス太夫の）免許状　明和六年（一七六九）十月
G「乍恐以書付奉願上候」　嘉永二年（一八四九）十二月
H「乍恐以書附奉願上候」　明治四年（一八七一）四月
（他にも数点あるが、右のどれかと内容上似ているうえ、年月が不明なので省く）

A～H資料のうち、最後のH資料は、佐藤家が維新後の神仏分離政策をうけて、西宮のエビス太夫としての立場上、檀那寺を離れて自葬祭を願い出て、役所から聞届けられた文書である。願い出るにあたっては、檀那寺も異論を挟まない旨が述べられており、村の庄屋も離檀の件を承認し捺印している。明治初期の地方社家の動向を知るうえで興味深い資料ではあるが、本章で述べようとしているエビス太夫の活動とは直接関係ないので、これ以上、H資料については触れない。

またA資料は、西宮のエビス神像などの神札頒布について、(摂州)西宮本社が自らの立場を各地のエビス太夫に徹底させようとして配布した性格の文書かと思われるが、内容は陸奥国の出来事を述べたもので、佐藤家とは直接関係ないので、これについてもこれ以上は触れない。ただ、当時はエビス神の像札頒布の独占権をめぐり、東日本各地においてて、西宮本社につながるエビス太夫とそうでない各種宗教者との間で確執が生じており(6)、それについての西宮本社の対応を知るうえでは興味深い資料の一つといえよう。

したがって、本章で紹介し検討の対象とするのは、A・Hを除いたB～Gの資料である。

さて、十八世紀半ばに発せられたエビス太夫の免許状三通(D・E・F資料)は、ほぼ同じ文面である。ここでは、Eだけ掲げておきたい。

越後国蒲原郡水原外城村　佐藤式部

西宮太神宮御神像之札賦与之神職令免許処也、公儀御定法幷御社法之通可無相違者免許、如件

宝暦十二年午二月

本社神主従五位下和泉守神奴連㊞

西宮本社から佐藤式部にあてたもので、西宮のエビス神像札頒布の神職として認めるという免許状で、幕府の定法や西宮の社法に則ってこれを行なうべしという内容である。佐藤家では、この免許状を拠りどころにしてエビス太夫としての宗教活動を行なっていた。

では佐藤家では、どの範域において像札頒布の権利が認められていたのであろうか。それは、C資料に述べられて

いる。

越後国蒲原郡水原外城村　中村佐膳江(7)

申渡ス覚

御公領

一酒井左衛門尉殿御領御場所之内

長潟村　百津村　土橋村　金田村　庄ヶ宮村　七石村　大里村　中ノ目村　大室村　七浦村　村松村　今板村　出湯村　次郎左村　金屋村　宮下村　笹岡村　下山村　発京村　壱分潟村　女堂村　折居村　勝屋村

一高田御領分之内

塚越村　福田村　寺社村　紛嶋村　山本村

右之場所、公儀為御修覆料令免許候、依之御定法之通恵美酒神像田ノ神像神馬之札諸旦家江可令賦与候、尤紛敷免許無之者引賦リ候ハバ、屹度致吟味御役所迄御訴可申候

一公儀御定法之通堅相守可相勤候

一公儀御定法之御修理料之儀ハ、年々無滞触頭方江社納可致候事

右之通□旦家廻檀之節ハ、上下大小ニ而屹度可令賦与候

為御証之仍而免許如件

摂州西宮本社役人　柴田主殿㊞

寛保元辛酉年八月

これら佐藤家の配札対象の村々は、現在の北蒲原郡水原町と笹神村、および若干のその周辺地域であったことがわ

かる。これらがすべてであったのか、また江戸時代末まで変動がなかったのか、確たることはわからないが、右の資料によるかぎり、佐藤家では家からせいぜい二、三里以内の村々に、西宮本社のエビス神像・田の神像・神馬の神札を独占的に頒布していたのである。そして、頒布先の家を旦家（檀家）と呼んでいたことや、配札に歩くことを廻檀と称していたこと、その際には裃を着用し帯刀すべきであると定められていたことがわかる。

そして、頒布の権利が認められるのと引換えに、「公儀御定法之御修理料」を毎年滞りなく触頭をとおして西宮本社へ納めることが義務づけられていた。この触頭が誰だったのかは筆者には未詳だが、比較的広範域に散在していた何人かのエビス太夫を束ねる任務を負ったエビス太夫の一人であったことは間違いないだろう。(8)「公儀御定法之御修理料」については、その背景についていささか説明が必要である。

西宮本社の社殿は江戸時代前期（承応年間〈一六五二～一六五五〉）に焼失したが、間もなく徳川四代将軍家綱の肝入りで造営にかかり、寛文三年（一六六三）に上棟祭を行なうまでにこぎつけた。同時に、その後の維持や社頭修覆の費用確保のために、幕府よりエビス神像札発行頒布の独占的権利を許可されたのである。そして、西宮本社の支配のもと、全国にエビス神像をはじめ田の神札や神馬札の頒布に従事したのが、エビス太夫（夷願人ともいう）たちであった。

エビス太夫には、それまで各地にいた在地の神職が何らかの基準に基づいて任ぜられたものと思われ、佐藤家もその一員であった。したがって、エビス神像などの頒布で得た収入の一定額は、C資料にみるごとく、公儀の定法のとおり西宮本社へ社殿修理料として納めるべく義務づけられていたというわけである。

しかしここに、一つ問題がある。田の神信仰は以前から各地に広く分布していたはずであり、それと習合したエビス神信仰も存在していた可能性がある。さまざまな形でエビス神像札の頒布に関与する宗教者のいた可能性も否定できない。そこへ、西宮本社が幕府の許可を後ろ盾にして特定の宗教者をエビス太夫に任じてエビス神像札等の頒布を独占しようとしたのだから、争いが生じるのは当然といえよう。C資料のなかに、「紛敷免許無之者」が頒布していたならば吟味をして役所に訴えよと命じているのは、その間の事情をうかがわせるもので、西宮本社の認定しないエビス神像や田の神像を配札する人々のいたことを物語っているのである。このなかには、西宮本社が幕府の許可を得る以前から独自に活動していた宗教者のほか、独占権獲得後に、それにあやかって西宮本社発行の神札類を模したものを勝手に配札し歩いた人など、多様な宗教者の含まれていたことが考えられる。

いずれにしても、西宮本社としては、幕府の肝入りで造営した社殿の維持費や修覆に要する費用を、幕府から独占権を認められた神札頒布の収入で賄わなければならないのだから、西宮本社が免許を与えたエビス太夫以外の宗教者によって各地で勝手にエビス神像等が頒布されたのでは困るのである。同時に、それを放置したのでは自らの支配下のエビス太夫の士気にも関わるというわけで、幕府に対し、エビス太夫以外の者による西宮本社の関知しないエビス神像札の頒布が幕府の意向に対する違反であることを強く訴えるとともに、配下のエビス太夫に対しては、西宮本社の主張と幕府の意向を重ねて伝えようとしていた。

紙数の関係で詳細については割愛するが、B資料は西宮本社役人柴田主殿が寺社奉行に右のようなことの確認を改めて求めた文書(写しであろう)であるし、すでに述べたA資料も同趣旨のものである。なお、B資料には、各地のエビス太夫に対して「御修理料として壱ヶ年ニ青銅五百文宛社納」させている旨も記されており、エビス太夫による本社への上納額がわかり興味深い。

最後に幕末近くのG資料についてであるが、宛先は必ずしも明確ではないが(おそらく触頭か西宮本社に宛てたものであろう)、檀家が少ないために社納金が滞りがちである旨の、一種の詫び状である。エビス太夫の経済上の一面がわかりこれも興味深いが、詳細は割愛したい。

三　近代のエビス太夫の活動

これから述べるのは、今まで述べてきた江戸時代からのエビス太夫である佐藤家の、おおよそ大正時代末から昭和五十年代までの活動の一端である。時代を一応そのように限定はするが、ここには江戸時代から明治・大正時代の活動の多くが継承されていると考えてよいだろう。

1　神札の種類

頒布の神札（像札）には、図のようなa・b・c・dの四種がある。このうちa・b・cは、本社である西宮市の西宮神社から届けられる神札であり、dは、佐藤家伝来の板木で刷ったものである。

a神札には、上部に「西宮大神宮　五穀成就」と書かれ、中央には、鳥居を背景に衣冠束帯の神の姿が描かれている。鳥居の左右には稲穂が配され、神は鎌を持ち、神の前には刈り取られた一束の稲が三方に載せて置かれている。左下には「日本一社　西宮神社」という朱印が捺されている。これは、田の神がよく実った稲を与えてくれることを示していると思われる神札である。

これが春と秋に農家に配られ、佐藤家が頒布する神札ではこのa神札が最も多い。頒布された農家では「田の神」として一般の神棚に祀るか、神棚の横のエビス棚に祀っている。

b神札には、上部に「西宮大神宮」と書かれ、中央には、烏帽子をつけ右手に釣竿左手に鯛を抱えたエビスの姿が描かれている。松の木を背景にした海辺のエビス神像である。左下にはa神札と同じ朱印が捺されている。これは筆

神札ｂ

神札ａ

神札ｄ

神札ｃ

者が各地で目にする最も一般的なエビス神の神札であるが、佐藤家での頒布数は少なく、主として商家に配られ、農家へは特に希望する家のみに配るだけだという。この絵姿からは確かに田の神はイメージされず、この地域の田の神信仰には受容されにくかったのであろう。

ｃ神札には、上部に「大国主大神」と書かれ、中央には、二つの米俵に跨り右手に小槌を持ち左手で背負った袋の口を押さえた大黒像が描かれている。左下の朱印はａ・ｂと同じである。佐藤家ではこれは積極的には配らず、ｂ神札だけでなくエビス・大黒をセットにして祀ることを希望する少数の商家のみに頒布している。

ｄ神札は倉稲魂大神で、「倉稲魂大神御璽」と書かれた包袋の中に、図のようなキリフダと称する倉稲魂大神の神札が入れられている。佐藤家では、ａ・ｂ・ｃすべてに添えて、特にａ神札には必ず添えて、この神札を頒布している。

以上が、エビス太夫として佐藤家が配る神札のすべてである。すでに述べたとおり、砂押稲荷社にも奉仕している佐藤家では、ほかに稲荷関係の神札も出しているが、これについては割愛する。

２　頒布の方法

神札の頒布は春秋の二度行なっていた。春は二月四日から始め、三月十六日までには配り終えなければならなかった。二月四日からというのは、節分後(すなわち立春から)ということであろうか。三月十六日までというのは、すでに述べたように、この地域一帯の農家では三月十六日に田の神祭りをし、田の神が初めて田に降りて行く日としているためで、田の神が田に降りてしまった十七日以降ではもう神札を受けてもらえなかったからである。なお、旧暦の頃は二月十六日が田の神祭りの日だったので、頒布の開始日も正月あけ早々からだったかと思われる。秋には九月十日頃から配り始め、田の神が山に昇るという十月十六日までに終わることになっていたが、春ほど期日を厳しくは考えていなかった。

頒布にあたっては、入口で「田の神のお出ででございます」と述べて、毎年決まっている家を一軒一軒配って歩いた。地域に世話役を設け一括して渡すというわけではなかったのである。それに対して配札された家々では一定の金額を収めたが、米を奉納する家も少なくなかった。浄土真宗の家ではほとんど受納せず、頒布先は禅宗の家が多いようである。

配札の日には早暁に家を出たが、まだ暗いので「西宮御社用」と記された小さなタモト提灯（形は小田原提灯に似ている）というものを持って歩いた。(9) なるべく午前五時頃には、その日に配札を予定している数集落のうちの最初の集落に入ることができるようにしていた。エビス太夫一人で行くのではなく、手伝いとして家族や近所の信者何人かが付き添った。集落に入ると、エビス太夫が六〇×三〇㎝ぐらいの大きさの浅い竹籠を白い紐で首から身体の前方に吊して立ち、その籠から神札を出して付添いの一人ひとりに頒布すべき家を指示して渡したのである。指示された者は各自神札を盆に載せて頒布先へ行き、「田の神のお出ででございます」と言って配り、再びエビス太夫のもとに戻って次に行くべき家の指示を受けたのである。これを繰り返し、一つの集落の配札を終えると次の集落へ行き、そこでも同様の手順で配り歩いた。数集落をその日の頒布予定地域と定め、原則として午前中でその日に予定していた頒布をすべて終えるようにし、帰宅の途についたのである。一日に頒布すべき集落数は、家からの距離や神札受納戸数によって当然のことながら一定ではない。

右の配札の仕方は、いくらか遠方でもとにかく日帰り可能な地域のものであるが、佐藤家では見附市や栃尾市など一〇数里離れた地域にも神札受納の家（檀家）をもっていたので、そういう遠隔地へは、エビス太夫がお伴の者を一人連れ数日間泊まりがけで配札に歩いた。遠隔地の場合には、例年より少し遅れて行くと、すでに誰か別の人からエビスの神札頒布を受けたのでもういらないといって断わられることがときどきあり、それは贋のエビス太夫が歩いているからだといって憤慨することも一再ならずあったという。江戸時代の文書にも頒布をめぐって他の宗教者との競合の例が指摘されていたが、昭和期においても、同様の苦労がエビス太夫にはあったのである。

このようにして周辺農村部や遠隔地への配札がひととおり終わると、最後に地元水原町の主として商家に頒布して、そのシーズンの配札活動は完了となる。地元の場合、近所の子供四人ほどを伴って頒布に歩き、終わると子供達に昼食を馳走し鯛を形どった菓子などを出して、ご苦労さんといってねぎらった。

なお、頒布は早朝の場合が多く戸別訪問で行なうので、ときには事情を知らない警官などから怪しい者として疑われることもあったらしい。そのときのため、一種の身分証明書としての鑑札を携行した。鑑札は長さ三〇㎝ほどの木札で、表に「武家伝奏附　吉井陸奥守内佐藤兵庫」、裏には「御社用」と墨書されており、今でも佐藤家には大切に保管されている。エビス神の神札の頒布について公的認可を得ている西宮本社関係の者、というほどの内容である。内容からみて、これは明らかに江戸時代から用いられているものである。

佐藤家では現在でも1「神札の種類」で述べた四種類の神札を扱っており、エビス太夫として活動は継続しているが、先の佐藤金吾氏が病床に臥せって以降この十数年間は、右に述べたような配札は行なっていない。現在のエビス太夫はサラリーマンであるため、受納に訪れる人々に対して頒布する程度になっているようである。

3　頒布の範域

配札区域については、資料的制約から確たることを述べることはできない。佐藤家所蔵のメモ風に記された「昭和五十二年二月四日より　西宮大神宮旦廻万控帳　春之部」の内容を左に掲げ、おおよその傾向をたどるだけにとどめておきたい。（　）内は筆者の注記である。

二月　四日　横越　七〇体　（横越村のことであろう）
〃　五日　下里・小河原・前山・関屋　六〇体　（京ヶ瀬村の諸集落である）
〃　六日　分田・江端・切梅　六〇体　（水原町の諸集落である）
〃　八日　八〇体　（豊浦町・笹神村のいくつかの集落へのものと考えられる）
〃　九日　川前・小島・粕島・嘉瀬島　（不明のものもあるが、京ヶ瀬村の諸集落である）
〃　一〇日　大室・十二（神）・山寺・宮沢・宮ノ下・金屋まで　六〇体　（笹神村の諸集落である）
〃　一一日　下一分・沢口・上一分・発久　四八体　（笹神村の諸集落である）
〃　一三日　荒川・月岡　九〇体　（月岡は豊浦町であるが、荒川は筆者には不明）
〃　一四日　京ヶ島・黒瀬方面　六〇体　（京ヶ瀬村の集落である）
〃　一五日　（記述なし）
〃　一六日　（記述なし）
〃　一七日　（記述なし）
〃　一八日　深堀・上大月まで　六一体　（深堀は京ヶ瀬村、上大月は豊栄町である）
〃　一九日　木津　六〇体　（横越村である）
〃　二〇日　村岡　三九体　（笹神村である）
〃　二八日　駒林・五郎巻　八四体　（京ヶ瀬村の諸集落である）

二月四日から始め、月末までの二十五日間に三〇数集落において十三日間頒布活動を行ない、約八〇〇の神札を配っていたことがわかる。これら諸集落はすべて、佐藤家の所在する水原町か近隣の町村である。この資料が先代のエビス太夫佐藤金吾氏のあくまでもメモ風の控であるため、メモに洩れた集落もあるであろうし、三月以降の分はまったく記述されていないなど、活動の全貌を知るには充分とはいえない。しかし、記述されていることから判断するに、一日に数集落を回わり、五〇〜一〇〇の神札を配っていたことになる。これがメモされた昭和五十二年より以前の、地域の生業が水田稲作農業に依存する度合いの高かった頃には、もっと徹底した頒布活動が展開されていたことと思われる。

ところで、これら諸集落をみて、江戸時代の文書に記されていた頒布を許可された村が、近代にどのように継承されてきたかを正確に判断することは困難である。ただ、傾向としては、頒布の範域は江戸時代のものを守りつづけているると考えてよいであろう。

おわりに

田の神というような漠然とした名称の自然神の信仰について、地域ごとに来歴を明らかにすることは難しい。しかし、エビス神というような個性的な名称をもつ神については、田の神ほど難しいわけではない。本章では、新潟県北部地域の田の神信仰を基盤にしたエビス神の信仰が、兵庫県西宮市の西宮神社から認められたエビス太夫の神札頒布を通して固められていったのではないかという想定のもと、一エビス太夫家の近世と近代の活動の実態を垣間みようとした。これで地域のエビス神信仰の発生定着が充分に明らかになったなどとはまったく思っていないが、地域の信仰とエビス太夫の活動とが密接に関わっている事情は、いくらか明らかにできたのではないかと思っている。全国の他の地域でも同様な視点で調査考察を積み重ね、複雑な様相を呈しているわが国のエビス神信仰の研究を少しでも前進させたい。

註

（1）エビスの表記については、序章註（1）参照。
（2）拙稿「エビス信仰の伝播と神去来伝承の複雑化」（『信濃』三一―一、一九七九年。のちに一部改稿して、拙著『年中行事の研究』〈桜楓社、一九九二年〉第六章第三節に収載）。本書第二部第一章所収。
（3）佐久間惇一『二王子山麓民俗誌』（学生書房、一九六四年）一二三頁。
（4）『新潟県の作神信仰―越後・佐渡の農耕儀礼調査報告書Ⅱ―』（無形の民俗文化財記録八、新潟県教育委員会、一九八二年）。
（5）小林存『水原郷土史』（水原町、一九五七年）では、神社とは認めず、「春秋二度に（田の神）のお姿を農村各戸に配付する」「西宮の出張所」扱いにしている（一八一～一八二頁）。なお、両社とも宗教法人ではない。
（6）この間の事情については、『西宮神社の歴史』（西宮神社社務所、一九六一年）「（十三）戎像神札の発行」や、佐藤晶子「『西宮神社社用日記』について」（『悠久』七七、一九九九年）にいくらか触れられている。本書第一部第五章の四においても検討した。
（7）C資料が「中村佐膳」宛であるのは、本文中ですでに述べたとおり、佐藤家はもとは中村姓であったからである。
（8）エビス太夫のなかに一定地域の複数のエビス太夫を統括する「触頭」のいたことは、相模国の資料からも明らかであ

る。『神奈川県史』資料編八 近世五下（神奈川県、一九七九年）一〇〇八頁参照。

（9）車が普及してからは、タクシーや自家用車で行くようになった。

調査にあたっては、佐藤家当主の佐藤金吾氏にはひとかたならぬお世話になった。記して感謝の意を表します。

第五章　信州大町市周辺のエビス信仰

はじめに

エビス神[1]は、現在、漁撈を生業とする人々のあいだでは豊漁をもたらしてくれる神として、農家では五穀豊穣の神・田の神として、商家では商売繁盛の神として全国的に信仰されており、わが国の代表的な民俗神の一つである。

未開の異俗の人々というほどの意味のエビスを名とするこの神には、鎌倉時代以降、神社側・神道家によって記紀神話に登場する蛭子(蛭児)もしくは事代主神が比定されているが、信仰する多くの人々は、ほとんど蛭子(蛭児)・事代主神を意識することなく、オエビスサンなどと呼び、生業の神として捉えている。エビス神は、室町時代の福神信仰の高まりのなかで烏帽子姿の鯛を抱いた神として畿内中心に受容されるようになり、江戸時代中後期以降全国の農村地域にまで伝播していったが、広く全国に受容され定着する際には、それまで信仰されていた各地の各種の生業神(とくに農業神)との習合がなされ、それらの神々の性格がエビス神のなかに取り込まれていったと思われる。

このことは、現在、生業神という点では共通しているとしても、漁業・農業・商業など営む生業を異にすれば信仰実態に相違があること、および、同じ漁業・農業・商業を営んでいる人々でも、地域が異なれば伝承しているエビス神の性格に微妙な相違の認められることから、充分に推測が可能である。全国の広い地域においてさまざまな様相を呈しているエビス信仰の解明は、わが国の複雑な民間信仰の研究にとってきわめて重要、かつ魅力的なテーマだといえよう。

エビス神の信仰が各地に受容され定着していくにあたっては、エビス神の神威を発信する中心地や宣布者の存在があったはずである(2)。本章は、全国のエビス信仰の中心の一つである兵庫県西宮神社の神札が、近代において、長野県大町市およびその周辺にどのように頒布されているのかをみることにより、エビス神の地方への浸透定着の一事例を明らかにすることを目的にしている。あわせて、そこでのエビス信仰の一端についても述べたい。

一　エビス神の勧請と西宮神社創建

大町市は長野県の北西部に位置している。市域の西部には北アルプスの美しい山並みがみられ、長野県松本市と新潟県糸魚川を結ぶ千国《ちくに》街道が南北に貫通している。千国街道を利用して、かつては長野県中央部と日本海側との物産の交易がなされており、大町市街はこれらの荷継問屋のある大町宿として栄えたところであった。日本海側からの物産を象徴するものに塩があり、そのため千国街道は塩の道とも呼ばれていた。そのため、大町市街には大きな塩問屋もあった。現在の大町市は観光地・別荘地として知られている。

この大町市に鎮座している西宮神社は、昭和五年に、エビス神の本社とされる兵庫県西宮市の西宮神社(以下、大町市の西宮神社と区別するためにこれを西宮本社と呼びたい)からエビス神を勧請し、祀ったものである(3)。後でも触れるとおり、大町市およびその周辺の農山村部にはそれ以前からエビス信仰はあったと思われるが、昭和五年、西宮神社が勧請されることによってこれを中心に信仰する人々の組織が整えられ、エビス信仰が確たるものになっていったことは間違いない。

エビス神は千国街道に面する大町市八日町の古くからの商家二五軒が勧請し、八日町地区内の皇太神宮の境内に小祠を設けて皇太神宮と併祀した。勧請の動機は、同じく大町宿を形成し古い商家の多い隣の九日町で豊川稲荷を勧請し、芸者衆など水商売の人々を中心に参拝客で賑わっていたので、それに対抗し商店街を活性化するためだったようである。したがってエビス神は、まず第一に商売繁盛の神として着目されたのであった。八日町の商家二五軒をリードして勧請に力を尽くしたのは、長らく塩問屋として栄え、当時は味噌製造などを手がけていた平林秀吾氏である。

八日町を含む大町市街の家々の鎮守は若一王子神社である。西宮神社は宗教法人としての独立した神社ではなく、皇太神宮社とともに、この若一王子神社の境外末社として祀られている。その理由を簡単に述べておきたい。

江戸時代には八日町に伊勢神宮御師の堤太夫が屋敷を構え、大町を中心に北安曇地方一帯に多くの檀家を持ち、配下の代官・手代を使って積極的に宗教活動をしていた(4)。しかし、明治初期に御師が廃されるやその屋敷は売却され、屋敷神だけが残って八日町の家々によって皇太神宮社として祀られていた(5)。この社は明治十二年の北安曇郡神社明細帳には「無格社皇太神宮」として登録されているようで、四四坪の狭い境内ながらその後は社殿や神域も整えられて、独立した神社の趣を呈していた。そこへ明治後期の全国的な神社合祀の嵐が吹き荒れ、明治四十一年に若一王子神社へ合祀されることになって神社としては消滅した。しかし社殿や神域はそのまま残ったために、八日町では合祀された皇太神宮の分社と考え、町内二五軒の私祀社として祀りつづけていた。昭和五年に勧請されたエビス神は、西宮神社としてこの皇太神宮の神域に祀られることになったのである。

かくして西宮神社は、現在、かつての皇太神宮社の神域に、若一王子神社の境外末社として、皇太神宮と同じ社殿内に併祀されている。

二　西宮神社の行事

西宮神社は、現在、勧請にかかわった八日町の二五軒の商家の後裔の人々二五人による祭祀組織である商盛会によって、実際的な管理運営がなされている。(6) その中心をなすのは、二五人のなかから選ばれた会長(一人)と役員たち(会長を除いて五人)である。

西宮神社関係の行事は、大きく分けて三つある。一つ目は一月二十日の二十日エビスの祭り、二つ目は西宮本社の九月の例大祭への参拝、そして三つ目が十一月十九日・二十日のエビス講の祭りである。

一つ目の一月二十日の二十日エビスの祭りは簡単で、若一王子神社の宮司が来て型どおりの祭典を執行するだけである。参集するのは、会長・役員など商盛会の人々ぐらいである。

二つ目の例大祭参拝であるが、兵庫県西宮市の西宮本社の例大祭が九月二十二日・二十三日に執行されるので、このときには、商盛会のうちから、毎年交替で三人が代表として参拝している。これも、恒例のことである。

三つ目の十一月十九日・二十日のエビス講の祭りは賑やかである。宮司が来て祭典を執行するほか、大町市内はもちろん周辺町村の多くのエビス講講員(主として講の代表者)が参拝に訪れ、西宮本社から送られてきたエビス・大黒などの神札を受けるからである。そのため、両日とも午前七時すぎから午後七時頃まで、商盛会の役員たちは神社に詰めていて、その対応に忙しい。

なお、この秋のエビス講を挟んで前後一週間ほど、八日町の商店街ではエビス大売り出しを行なっているが、周辺農村部から神社へ神札を受けに来た人で、このとき買物をして帰る人も多いようである。当初のエビス神の勧請目的は、いまもなお効力が失せていないといえよう。

三　神札の頒布とエビス講

西宮神社では、毎年、西宮本社から約二〇〇〇の神札(像札)を送ってもらい、十一月十九日・二十日のエビス講の祭りに神社を訪れた講員もしくは一般の参拝者に頒布している。神札の頒布はもっぱらこのときになされるのであって、エビス太夫なる宗教者や神社の世話係(総代など)が、地域内の各家を配札に歩くということは、まったくない。神札とは本書第二部第四章の図a・b・cと同じ三種の神札をセットにしたもので、これらは田の神(豊受大神という人もいる)・エビス・大黒だと考えられている。このほか、当社固有の版木で独自に作る神札は、かつてもなかったし現在もない。頒布にあたってはこのセットに福箸(これも西宮本社から取り寄せたもの)も添えられる。神社を訪れた講の代表者は、講員数だけこれらを受けて集落に戻り、家々に配るのである。このほか、代表で訪れた人にかぎり、土産のような意味で煎餅(これも西宮本社から取り寄せたもの)が添えられる。

毎年決まっていることではあるが、これに先だち神社の役員たちは、念のため各講に対し前年に参拝に訪れた代表者宛てに十一月十日頃にハガキにてエビス講の祭りの案内を出す。代表者を一年交替で勤めることにしている講では、前年の代表者はそのハガキを当年の代表者に渡し、当年の代表者がハガキを持って参拝に訪れ、神社備えつけの『恵比寿講々員名簿』(以下、『名簿』とする)に訪れた旨を記してもらい、必要数の神札を受けて帰るというわけである。

長野県にはさまざまなエビス講があり、またエビス神の神札頒布者がいるが、本章で取り上げている西宮神社の頒布圏は、大町市を中心に、北は小谷村・白馬村、南は松川村・池田町、東は信州新町・美麻村・八坂村という広い範囲におよんでいる。この範囲の約三五〇のエビス講に、約二〇〇〇（約二〇〇〇セット）の神札が頒布されているのである。

ところで、この各集落エビス講であるが、なかには講の集会をもったり独自の講行事を営んでいたりする例もあるかもしれないが、筆者が聞いたり直接にいくつかあたったりしてみたかぎりでは、神札を共同で受けるためだけの組織のようである。すなわち、交替で代表者を選び、その代表者が十一月十九日か二十日に西宮神社に参拝して講員数だけの神札の頒布を得、それを各家々に配るためだけの組織のように思われる。

約三五〇あるエビス講の大町市域の組織状況は、西宮神社の『名簿』によると表1のとおりである。大町市は、明治二十二年の町村制施行によって成立した大町・平村・社村・常盤村が、昭和二十九年に合併し、市制施行してできた市である。現在、合併以前の町村が行政上は区として扱われているので、表1ではその区単位にまとめてみた。平・社・常盤の各区は周辺農村部にあたるので、各区のなかの集落はほぼ近世村に相当するが、近世村がさらにいくつかの集落から形成されている場合には、『名簿』の記述にしたがって、その集落ごとにまとめてある。大町区は市街地を中心に市域の中央部にあたるので、町ごとに講数をまとめてみた。

ところで、『名簿』でみるかぎり一講の講員数は五人という講が圧倒的に多い。それ以外では四人・六人が一般的で、員数の多いものでも一〇人ぐらいである。例外的には一人というのもいくつかあり、神社側（商盛会役員たち）ではこれを一人講（いちにんこう）として扱っている。このように講は集落単位に組織されているのではなく、集落のなかに五人を標準単位としたいくつもの講が存在しているわけで、その数は表1に明らかにされている（たとえば、平区の野口には一七ものエビス講があるということ）。

信仰を同じくする気の合ったもの同士がエビス講を結成していったのであれば、員数にもっとばらつきがあってよ

表１　大町市の区別・集落別エビス講数の推移　　(2001. 6. 10現在)

区	集落など＼年	昭５年～昭34年	昭35年～昭54年	昭55年～	備　考
平	野　口	17	17	17	
	大　出	6	6	6	花見も含むか。
	北条屋敷	2	2	2	
	二ツ屋	4	4	3	
	源　汲	8	8	8	犬窪も含む。
	借　馬	12	14	14	
	木崎・山崎	3	3	2	
	海ノ口・稲尾	14	14	11	
	鹿　島	3	2	2	昔から12軒の地。10人講と２人講。
	森	5	5	5	
	中綱・青木	9	11	5	
	加　蔵	4	5	5	
	（小　計）	87	91	80	
社	松　崎	15	14	12	
	常光寺	3	3	3	
	舘ノ内	8	8	7	
	本　舟	3	3	3	
	閏　田	7	7	7	
	曽根原	7	7	4	
	丹生子	1	1	—	
	宮　本	30	27	21	山寺も含む。
	（小　計）	74	70	57	
常盤	柿の木	—	—	5	古い『名簿』なし。昭54以前不明
	須　沼	—	—	2	〃
	清　水	—	—	1	〃
	泉	—	—	1	〃
	上　一	—	—	3	〃
	下　一	—	—	5	
	西　山	—	—	—	講不明。平12現在約110軒。
	（小　計）	—	—	17	
大町	八日町	2	4	2	他に25軒。
	五日町	18	17	14	
	旭　町	—	2	4	五日町よりの分町。
	日之出町	6	3	2	
	神栄町	10	14	10	
	仁科町	11	7	8	
	下仲町	9	5	5	
	上仲町	5	1	2	
	高見町	11	7	6	１人講多し。
	南原町	4	4	4	
	堀六日町	8	7	5	
	東　町	6	3	2	
	白塩町	7	9	8	
	九日町	13	13	6	
	六九町	2	2	2	
	大黒町	2	2	3	
	三日町	6	6	5	
	北原町	6	7	8	
	大原町	5	4	4	
	中原町	—	5	6	
	若宮町	1	1	2	
	高根町	8	8	8	
	桜田町	—	—	1	
	大新田	1	—	1	
	相生町	1	1	—	
	昭電第一社宅	2	2	—	
	（小　計）	144	134	118	
合　計		305	295	272	

註１．『恵比寿講々員名簿』による。
　２．平区・社区・常盤区の集落の多くは、近世村である。
　３．記述の仕方によって独立した講とすべきか他と合わせて１講とすべきか迷うものは、なるべく独立した１講とみなして数えた。後者とすると数字に若干の相違が生ずる。

いはずだが、一講はなぜ五人というふうにほぼ統一されているのであろうか。いまのところ確たることはいえないが、神社を勧請してきた人々が周辺地域へエビス講結成の働きかけをしたことがあり、そのさいに集落の五人組単位に講結成を慫慂したからではないかと筆者は考えている。管見によるかぎりそれを証明する文書も伝承もないが、ほぼ五人に統一されている理由はそれ以外に考えようがない。そこで、とりあえず社区の松崎集落の一〇数講にあたってみたところ、講のメンバーと地域の五人組(トナリグミ)とがぴったり一致するのが三分の一くらいあり、あとは一軒とか二軒だけが異なるというのが多かった。昭和五年からは五人組内での家の興廃もあったということだから、その後家々に若干の異動があってトナリグミと呼んでいる五人組のメンバーも少し異なっているということを勘案すると、エビス講は当初五人組を核にし、地域の家々の実情を加味しつつ組織されていったものと思われる。

では誰が講の結成を働きかけていったのかということであるが、いまも述べたとおり、筆者は確認できないでいる。しかし、西宮本社からエビス神を勧請してきた八日町の二五の商家の人々以外には考えられない。しかもそれは、相当迅速かつ熱心に行なわれたはずである。というのは、昭和五年から三十四年までの各講への神札頒布の実態を記した『名簿』によると、昭和六、七年までにはすでに、現在あるほぼすべての講がすでに参拝に訪れ、神札の頒布を受けているからである。一例を示すと、社区(旧社村)の西宮神社に比較的近い松崎集落では、勧請してきた最初のその年の十一月のエビス講祭りに、すでに一四講が参拝に訪れているのであり(のちに一講が加わった)、社区のなかで最も西宮神社に遠い宮本集落でも、昭和五年には二講だったのが翌六年には合計二八講、七年には合計二九講と、早い段階で着実に増えている(のちに合計三〇講となる)。

このように西宮神社勧請からほんの数年以内に現在の約三五〇というエビス講が組織されたということは、そこに強力な宣布の力の働いたことを想定せざるをえないのである。五人組単位に組織化が進んだということは、商盛会の役員の熱心さに加えて、旧行政村当局の何らかの力添えがあったのかもしれないと思われる。と同時に、勧請されてきたエビス神を早々に受容し講まで組織する信仰的基盤が、各地域に整っていたことも想定せざるをえない。そのため次節では、各地域のエビス信仰の実態を少しみてみよう。

そのまえに、表1に沿い、エビス講の組織状況について少し補足しておきたい。

『名簿』は区ごとにだいたい三冊揃っている。昭和五年から昭和三十四年までの『名簿』には、講ごとに、講員の名前と、何年には当該講の誰が代表して参拝に訪れたかということが記録されている。そして余白が埋まってきたために『名簿』を新調し、昭和三十五年から昭和五十四年までを記録した『名簿』、さらに、昭和五十五年から現在(平成十二年)まで使用されつづけている『名簿』というように、三冊揃っているのである。

これらに依拠して作成したのが表1であるが、大町市域のエビス講の数は、昭和初期以降、ほとんど変わっていないとも、微減にとどまっているともいえる。そのなかで大町区においてやや変動が大きいのは、市街地ゆえ農村部に比べて人の異動がいくらか激しいからであろうか。ある講が消滅するというのは、その講のメンバー五人が一挙にエビス講を脱退したからというより、一人二人が脱退し、残るメンバーで続けていた講が、同様に数人欠けた同じ集落の他の講と合併して新たに一講を組織するというケースが多いからという。合併しないで三人のままで講を存続させるものや、極端な場合には一人講というのもある。脱退はそれほど多いわけではないようであるが、役員の話によると講から脱退する理由はさまざまで、家が代替りして若い当主が無関心なために自然脱退というケースのほか、新宗教に入会した家が信仰上の理由から脱ける例が比較的多いという。

なお常盤区については、昭和五十四年までの『名簿』が保管されていないので、それ以前のことは未詳である。常盤区のなかの西山集落は、平成に入って神札を受け始めた。それまでは松本市の浅間温泉にある西宮恵比寿神社(これについては第六章において詳述する）から神札を受けていたが、若一王子神社の宮司に西山集落在住の方が就任したために、宮司の勧めによって若一王子神社の境外末社ともいうべき大町市の西宮神社から神札の頒布を受けるようになったのである。したがって、他の講のように各講の代表者が西宮神社に参拝して神札を受けるというのではなく、商盛会役員が西山集落の講員約一一〇人の神札を、集落の総代に一括して届けることになっている。

お膝元の八日町に講が少ないのは、勧請に力を尽くした二五軒が商盛会という祭祀組織を作っているからである。

四　地域のエビス信仰

いままでは、西宮神社側からエビス講をみてきた。しかしこれでは講員宅でのエビス信仰の実態はわからないので、筆者の調査を従来の報告書類で補いつつ、大町市およびその周辺町村のエビス信仰について述べてみたい。

まず、家々のエビス神を祀る場所であるが、普通の神棚（天照大神や地域の氏神が祀られている神棚）とは別に祀る例が一般である。たとえば、大町区八日町のある商家では、普通の神棚と同じ部屋には祀っているが、エビス・大黒用の神棚は普通の神棚と向き合う位置に設けられている。社区松崎の藤沢弥五衛氏宅（農家）では、普通の神棚はオエと呼ばれる部屋にあるのに対して、エビスの神棚はかつて囲炉裏のあった部屋（いまは囲炉裏をふさいで茶の間の機能をもたせている部屋）に設けられ、ここに西宮神社から頒布された三枚の神札を祀っている。(7) 平区の西借馬においても、普通の神棚ではなく、大黒や水神・火の神・田の神とともに台所勝手の神棚に祀られている。(8) 常盤区泉には、土蔵のなかのコクマスというものに西宮神社から受けた神札を貼る例もある。これらは周辺町村においても同様のようで、小谷村の古い家々には神棚が二つあり、エビス・大黒は普通の神棚とは別の神棚に祀られている。そして、エビス・大黒の神棚にはマキワラという藁を束ねたものがつけられ、ここに正月には鰤《ぶり》や鮭の頭を刺して供えたり、麻(トモシガラと呼ぶ)・昆布・栗などの縁起物を結びつけ、今年も実入りがあるように祈るのだという。(9)

このような祀る場所からみて、エビス・大黒は天照大神や氏神とは性格の異なる神だと考えられているのは明らかである。また、代参講を組織してほかから神札を受けてくるという点では同じでも、戸隠神社や三峰神社の神札は普通の神棚に祀られるのに比べ、エビス・大黒はそうではない。昭和五年に商売繁盛の神としてエビス神を勧請して西宮神社を設けた八日町の商家の人々が、周辺の農家に対してこのような祀り方を勧めたはずはなく、それ以前から継承されてきたエビス神に対する認識が、このような祀り方に反映しているのであろう。(10)

次に祀り方や供物についてみてみたい。

『大町市史　第五巻』によると、大町市域では一月二十日と十一月十九日・二十日にエビスコーと称してエビス神を祀っている。一月をハツエビスといい、商家では売出しをするとともに親しい人を招いて祝ったという。農家では、西宮神社の神札を受けてきたあと、家ごとにエビス・大黒の神棚に灯明を点じ神酒や頭付きの魚を供える。このほか、十一月には長芋を食べる例があったり、輪切りの大根に鮭の頭を入れて煮たものを供え、家族も食べる例もある。(11)

松川村では家ごとに、大根・里芋・ちくわなどの煮物や、神酒・尾頭つきの秋刀魚を供えて祀るほか、正月には鰤や鮭の尻尾を串に刺して供えるという。(12)また、春秋の去来伝承を伴う例もある。美麻村では、一月二十日には夕方にエビス講を祝うが、一月にはエビスが稼ぎに出る日なので財布を供えて儲かるように祈り、十一月二十日には稼ぎから戻ってくるのでお礼をするのだといっている。(13)

先にも紹介した社区の藤沢弥五衛氏宅では、十一月のエビス講祭りに西宮神社からもらってきた神札は、三枚ともそのまま紙袋に入れたままエビスの神棚に納めておき、大晦日の朝に神棚から古い神札を出して清めたあと、新しい神札を紙袋から出して一枚ずつ祀るのだという。そして、エビス棚に灯明を点じて神酒を供え、鰤もしくは鮭の尻尾なども供えている。古いエビス等の神札は、その日に地域の氏神である神明宮の大祓に持参し燃やしてしまう。このようにして祀ったエビス神には、毎月一日と十五日に灯明を点じ、神酒や供物(飯・タックリなど)を供えて一年間祀りつづけるのである。

祀り方はおおよそ以上のとおりであるが、去来伝承を伴ったり近所同士招きあう例があるなど、多彩である。そのなかで注目すべきは、神札は十一月のエビス講のときに受けてきても、祀り始めるのは大晦日という例が意外に多いことである。年神は別に祀るとはいえ、エビス神にも同じく年神的性格を無意識のうちに認めているのであろうか。これはエビス神に本来備わっていた性格というより、エビス神が、新年にあたって来臨する神の性格を取り込んだ結果かと思われる。と同時に、供物の一つに鰤や鮭の尻尾を強調するのは(すなわち食しがたい尻尾を供えることを強調するのは)、そこになにかエビスは異質の神であるということを無意識のうちに伝承しているのではないかと思われる。この場合少なくとも、福神のイメージとはいくらか異なっている。

おわりに

本章では、昭和五年に大町市にエビス神が勧請されて西宮神社が設けられ、それに伴い大町市域や周辺町村におおよそ五人を一組とするエビス講約三五〇が組織されて今日にいたっていることを述べた。同時に、不充分ながらそれらの地域のエビス信仰の実態にも言及した。それでは、エビス神の勧請および西宮神社の創建と、当地域のエビス信仰とはどのように関わっているのであろうか。

筆者は、西宮神社創建以前から、当地域には何らかのエビス信仰がある程度広まっていたと考えている。その理由は、八日町の商家で商売繁盛の神としてエビス神を勧請し周辺地域にエビス講の結成を促していったであろうにもかかわらず、周辺地域(主として農村部)には、商業神とはおよそ性格の異なるさまざまなエビス信仰が存在していることである。これは西宮神社のエビス神に触れてから形成されたものとはとても思えない。

また、西宮神社とは無関係なエビス・大黒の小さな木彫り神像が、煤で黒くなったまま、少なからぬ家のエビス棚に西宮神社の神札とともに祀られているという事実があり、西宮神社の勧請以前に、エビス・大黒の木像を販売しつつ何らかのエビス信仰を説きまわっていた人々のあったことが推測できる。近年でも家々を販売に回って来ることがあるというが、家によっては古いいくつかの木像を祀っている例があり、昭和五年以前からこのような人のいた可能性は充分に考えられる。

さらには『美麻村誌　民俗編』によると、美麻村の中村家には古い神札を納めた福俵がいくつか天井裏に吊り下げられているが、それらを調べた結果によると、江戸時代の神札も多いなかに、時代は不詳ながらエビス神の神札も含まれており、当家にはエビス神の神札が平成九年現在、八八枚あるそうである。(14)現在、中村家は西宮神社の講員であるので新しい神札は西宮神社から受けたものであろうが、毎年一枚ずつ受けているとすると、八八枚には明らかに昭和五年より以前からのものが含まれていることになる。そうだとすると、西宮神社の勧請以前に神札頒布の別のルートがあり、エビス信仰が存在していたと考えざるをえないであろう。先に述べた常盤区の西山集落が、平成期に入るまでは、松本市の恵比寿神社から神札を受けつづけていたことは、その一つの証左といえるだろう。

このようにみてくると、大町市八日町の商家二五軒による西宮本社からのエビス神勧請と西宮神社の創建は、この地に新たにエビス信仰を導入したということではなかった。この地にさまざまな形ですでに浸透していたエビス信仰をおそらく念頭に置きながら勧請してきたのだと思われるが、それがエビス講結成に結びつき、この地域のエビス信仰が、西宮神社という結集の中心を新たにもつことによって、定着継承を確実にしていったのだということになる。

註

（1）エビスの表記については、序章註（1）参照。

（2）宣布者の問題について、筆者はかつて、「エビス信仰の伝播と神去来伝承の複雑化」（『信濃』三二―一。のちに一部改稿して、拙書『年中行事の研究』〈桜楓社、一九九二年〉第六章第三節に収載。本書第二部第一章所収）および、「エビス太夫と地域のエビス信仰」（『比較民俗学のために―小島瓔礼教授退官記念論集』同論集刊行委員会、二〇〇一年。本書第二部第四章所収）において、東日本農村部の実態について論じたことがある。

（3）このことに関し西宮市の西宮本社の昭和五年の『社務日記』には二月十六日の条に、「午前九時信州大町の宗教者ヨリナル講社ヨリ分霊ヲ拝受ニ来ル」と記されている。『社務日記』については、西宮本社の権宮司吉井貞俊氏のご教示による。記してお礼申し上げます。なお、大町市の西宮神社の商盛会の会長平林久人氏は、勧請は一月だったと先輩たちから聞き伝えておられるが、筆者が思うに、『社務日記』にある昭和五年二月十六日は旧暦（陰陽暦）では一月十八日であったため、当時の大町ではおそらく旧暦が用いられており、その一月として伝えられているのではないであろうか。

（4）宝永六年（一七〇九）にはすでにこの御師宅の存在していたことが、大町町絵図によってわかる（『大町市史　第四巻　近代・現代』大町市、一九八五年、一一八三頁）。

（5）皇太神宮社については、『大町市史　第四巻　近代・現代』（前掲）一一八三～一一八四頁、および一一九九～一二〇〇頁による。

(6) 筆者調査、平林久人氏談。
(7) 筆者調査、藤沢弥五衛氏談。
(8)『大町市史　第五巻　民俗・観光資料』(大町市、一九八四年)一八四頁。
(9)『小谷村誌　社会編』(小谷村誌刊行委員会、一九九三年)七三六頁。
(10) ただし、全国的に多い不具神の伝承は、管見によるかぎり大町市周辺にはないようである。
(11)『大町市史　第五巻　民俗・観光資料』(前掲)一五四・三三〇頁。
(12)『松川村誌　自然環境編・民俗編』(松川村誌刊行会、一九八八年)五一二頁。
(13)『美麻村誌　民俗編』(美麻村誌刊行会、二〇〇〇年)三〇九頁。
(14) 同右。

調査にあたっては、大町市八日町の平林久人氏にたいへんお世話になった。記して御礼申しあげます。

第六章　松本平のエビス信仰（上）
――西宮恵比寿神社の神札頒布に関わらせて――

はじめに

エビス神[1]の信仰は日本列島各地に広く分布し、現在でも日本人の信仰生活に軽からぬ比重を占めているが、このうちでも長野県の松本平は、エビス信仰の濃密な伝承地域の一つと思われる。松本平を市町村単位に細かくみれば、エビス神を祀る数多くの小社祠が存在してそれぞれ信仰を集めているのであろうが、中心都市である松本市には、筆者の知るかぎり、十一月二十日前後のエビス講にさいし、数多くの信者に支えられて賑わう神社が少なくとも四社存在している。西宮恵比寿神社・深志神社・四柱《よはしら》神社・恵比寿神社がそれである。

西宮恵比寿神社は、松本市の東北部はずれの浅間温泉の高台に鎮座し、松本平の主として農村地域の信仰に大きな影響を与えている。本章の主題であるため、これについては後述する。

他の三社はいずれも市街地に鎮座し、主として商業に携わる人々に支えられている。

そのうち深志神社は、市街中央部を流れる女鳥羽川より南の旧城下町南部域商店街の古来の中心神社である。古くこの一帯が宮村町と呼ばれていた頃には、諏訪の神（建御名方命）である宮村大明神が祀られており、領主小笠原氏が他の地に勧請していた北野天満宮をここに合祀して、天保十二年（一八四一）に深志神社となった。したがって祭神は建御名方命と菅原道真公であるが、いつの頃からか社殿を並べ相殿神のようにして大国主神・事代主神も祀られており、これが深志神社のエビス神である（本殿の右後方、すなわち本殿の向かって左後方にこの小祠がある）。

正月十日・十一日の松本の初市は、武田信玄が上杉謙信に塩を送ったとする故事にちなむ塩市に起源するという伝承をもつ。この初市は江戸時代にはすでに飴市として大盛況を呈し、現代にもその伝統は継承されているが、飴市と呼ばれる松本の初市は深志神社に関わるものである。この初市は市神祭とも称され（深志神社境内に市神宮が祀られている）、エビス神とも無縁ではないが、深志神社のエビス神の祭祀はこれとは別に、十一月十九日・二十日のエビス講に行なわれ、さらに前日の十八日にはこの神社特有の「えびす神お里帰り祭」というものが執り行なわれている。エビス講にさいしては独自のエビス・大黒の神札も頒布している。

四柱神社は、女鳥羽川より北の旧松本城の堀の埋立地に発展した商店街に鎮座しており、成りたちは深志神社とは相当に異なって、明治十一年に東筑摩・西筑摩・南安曇・北安曇・諏訪・上伊那・下伊那のいわゆる南信七郡の神職や有志により、造化三神と天照大神を祭神として創建された神社である。地域住民の自然な信仰に発し住民に密着し発展していった神社というわけではないが、その後ここの神道祭が、多くの住民の信仰を集めるようになっていった。また別に、昭和二十七年には美保神社と出雲大社（いずれも島根県）よりエビス・大黒の二神を勧請して境内に恵比寿神社（同名だが次に述べる恵比寿神社とは異なる）を創建し、周辺商店街の支持を得て、現在では十一月十九日・二十日のエビス講の日や一月十日（初エビス）に祭りが盛大に行なわれている。そして、この神社独自のエビス・大黒の神札を頒布するまでになっている。松本市では、いわば後発のエビス神信仰の中心神社と言えよう。

恵比寿神社は、市内の商店街のうちで古くより栄え商店街の中心ともいえる旧本町一丁目の住民によって祀られており、深志神社の前の地に鎮座している。社殿内には、祭神の事代主命と大国主神とは別に、風折烏帽子に鯛を抱いた一・五mほどの立派なエビス像が祀られており、これについては次のような話が伝えられている。すなわち、江戸時代の享保年間(一七一六～一七三六)、深志神社の祭礼のとき本町二丁目の舞台に据えられていたこのエビス像が、二丁目の舞台の大黒像とすれちがったさいに、笑いあったというものである。大正時代中期に社殿を新築して以降、エビス講のときには社殿内に据え祀るようになったのだという(2)。

この恵比寿神社に神職は常住しておらず、十一月十九日・二十日のエビス講に深志神社の神職が来て祭典を執行し、旧本町一丁目の人々によって祭りが執り行なわれている。昭和四十年前後までは、本町の商業活動の母体である「本町えびす会」という組織もあり、この組織が中心になってエビス神の世話をしたのでエビス講の日には賑やかであったという。深志神社に隣接して鎮座し祭典にもそこの神職が訪れるので、歴史上、深志神社と関わりがあったのかもしれないが、現在は別の神社である。

ところで全国のエビス信仰を見渡すと、エビス神は、現在、漁業を営む人々のあいだでは豊漁を授けてくれる神として、農家では田の神・作神の一種として、商家では商売繁盛の神として祀られている。まさにわが国を代表する民俗神だといってよいであろう。

未開の異俗の人々というほどの意味のエビスを名とするこの神は、最初は漁業神として信仰され、室町時代の畿内を中心とする福神信仰の高まりのなかで烏帽子姿の鯛を抱いた神としてイメージされ、商工業者のあいだに広く受容されるようになり、江戸時代以降には農村部にも浸透していった。そしてその過程でエビス神には、神社側もしくは神道家によって、主として記紀神話に登場する蛭子(蛭児)とか事代主神が比定されていった。

松本市の場合でいうと、本章で述べる西宮恵比寿神社のエビスは蛭子(蛭児)系であり、深志神社と四柱神社のエビスは事代主神系である。松本平には、地域柄として漁業神のイメージは薄く、西宮恵比寿神社のエビス神は主として農業神として、深志神社と四柱神社、一丁目の恵比寿神社のエビス神は主として商業神として信じられているのである。ただこの相違は、あくまでもエビス神を受容し信仰しようとした人々の思惑から生じたことであって、蛭子(蛭児)・事代主神の本来の性格に由来することではない。このへんがまた、民俗神としてのエビス神の興味深い点だといえよう。

このようなエビス神の信仰が各地に受容され定着していくにあたっては、エビス神の神威を発信する中心地や宣布者の存在が必要であった(3)。

以下、松本平農村部へのエビスの神札頒布の中心神社である西宮恵比寿神社の性格と、神札の頒布圏、頒布の組織をみることにより、エビス神の浸透定着およびその継承の一端を明らかにし、同時にそこでのエビス信仰について述べたい。商業神としてのエビスについては次章に譲る。

一　西宮恵比寿神社の創建と神札頒布

1　神社の成立と祭り

西宮恵比寿神社は、兵庫県西宮市の西宮神社(各地の西宮神社と区別するため、以下これを西宮本社と呼ぶ)の神札を頒布しており、元来これを目的に創建された神社だといってよいだろう。

西宮本社では、江戸時代の中期以降、東日本の国ごとに社用係を置いて西宮社人(願人ともいった)によるエビス像の神札頒布を積極的に行なってきた。当然これに伴いエビス信仰の宣布もなされたはずで、その結果、在来の民間信仰と習合しつつ東国各地にエビス神の信仰が広まっていった。漁業神・商業神として発達したエビス神が、現在、東日本に広く作神・農業神として信仰されているのはこのためである。

信濃国における西宮社人の活動や明治維新後のそれらの去就について、第一章・第五章でいくらか明らかにしたが、現在(平成十二年現在)西宮本社では、長野県全域に四四人の神札頒布の人を依頼して、エビス像を主とする西宮本社発行の神札を届けている。

このうち東筑摩郡を中心に北安曇郡のだいたい南半分にまでわたるいわゆる松本平には、頒布する人が二人いる。一人は大町市の西宮神社の神社総代の人で、ここでは大町市を中心としたその周辺部に二〇〇〇体(枚)ほどの神札を頒布している。(4) もう一人が松本市の西宮恵比寿神社の宮司で、松本平一帯に二万五〇〇〇体ほど頒布している。前者に比べて格段に規模が大きい。

大町市の西宮神社にしろ松本市の西宮恵比寿神社にしろ、西宮本社の神札の頒布を目的として創建され存続している神社といってよく、例祭日を、周辺地域のエビス講の日である十一月二十日とその前日の十九日(宵宮)と定めているため、両日は参拝者で賑わっている。

松本市浅間温泉の奥の高台に鎮座している西宮恵比寿神社は、兵庫県西宮市の西宮本社から勧請した神社である。しかし、初めからこの地に鎮座していたわけではない。現在地に本殿を新築して遷宮してきたのは、昭和二十七年のことである。その後、徐々に拝殿や鳥居・社務所などを完備していった。

創建年月や勧請の由来、勧請当初の様子、現在地への遷宮のいきさつなどは、関係者宅にしかるべき資料が保存されていないようなので、確かなことは現段階では未詳としかいいようがない。しかし、いくらかはわかる。地元の『信陽新聞』の記事をたよりに現時点で筆者の把握していることを記すと次のようである。

明治二十四年、現宮司の曽祖父にあたる宮沢宗吉氏が西宮本社から勧請したエビス像を祀っており、大正十四年には祖父が、深志神社境内南方に西宮講社の西宮神社として小さな社殿を構えてその像を祀り、松本市域（その頃は松本町）や周辺の農村地域のエビス信仰の中心にした。しかし昭和二十年代初期に維持が困難となって廃社し、一時エビス像を自宅に祀りつつ新社殿の適地を探し、昭和二十七年に現在地に新築して遷宮したというものである(5)。

現宮司によると、明治時代前期、曽祖父は旧本町五丁目で薬屋を営んでいたそうであり、その薬屋の営業と直接に関係あるのかどうかはわからないが、明治前期に西宮本社の神札を頒布するようになったというのである。筆者が考えるに、宮司宅はかつて各地にいた西宮社人の系譜を引く家か、もしくはその曽祖父が西宮社人と何らかの関わりをもつ人だったかと思われる。とにかく宮司宅では、すでに明治前期から松本平一帯に広く西宮本社の神札の頒布活動を行なっていた。そのような頒布活動を背景に、西宮本社からエビス神を勧請したり、小社を設けて人々のエビス信仰の拠点にしたのであろう。

現時点ではそれくらいしかわからないが、それほど古いことでもないので、今後の調査次第で詳細が明らかになってくるかもしれない。しかし、未詳の部分が多いのは残念であるが、今ここで松本平におけるエビス神関係の神札（像札）の頒布圏や頒布方法、農村地域でのエビス信仰の実態について述べておくことは、わが国の有力な民俗神としてのエビス神の信仰を解明するうえで意味があると考えている。

西宮恵比寿神社のご神体は、恵比寿・大黒および五穀だという。恵比寿・大黒は高さ二〇㎝ほどの木彫の神像一対で、いつ頃の誰の作かは不明である。五穀とは小さな甕に入れられた五穀（五種の穀物）のことで、かつて信者が奉納したものをそのまま神体として祀っているのだと伝えられている。

例祭日は十一月二十日で、午前中に祭典が執行される。しかし祭典に訪れる人は寥々《りょうりょう》たる数である。それに対し、前日の午後遅くから始まる宵宮の祭典への参加者は多い。このほか、一月十日の初エビスにも祭典を執行している。

参拝に訪れる人は、神社から依頼されて地域の配札の責任者になっている人(この人は総代と呼ばれている)や講の当番の人が主で(総代や講の当番については後述)、これに代々エビス神に特に心を寄せているような家の人が加わるというかたちになっている。かつては七〇〇人から八〇〇人という多くの参拝者がいたらしい。近年はだいぶ減って二〇〇人から三〇〇人だというが、平成十三年の宵宮に筆者が参拝したところ境内は人で溢れていたので、賑やかさは維持されているといえよう。

総代や当番が参拝に訪れるのには、信仰心がなくては訪れる気になれないが、ほかにもう一つ実務上の理由がある。それは講の当番としてのつとめである。一定の用紙に講員の名と翌年どの講員がどの神札の頒与を希望するかを記してこの日に持参し、同時に講員分の代参の神札を受け取って帰るというつとめがあるからである。代参の神札とは、エビス像・大黒像の神札(像札、これらはすでに各家に届けられている)とは別で、この神社において独自に発行している「西宮戎神社代参祈禱璽」と記された札である。神社側では、このときに提出された用紙に基づいて翌年のエビス関係神札の希望数を調べ、西宮本社にその旨連絡し、翌年西宮本社から届いた神札を配札ルート(これについては後述)を通して、秋のエビス講にまにあうように各崇敬者(講員)宅に届けるというわけである。

このようにして宵宮に参拝に訪れた人のほとんどは、地域ごとに固まって浅間温泉の各旅館に宿泊するのであり、秋の収穫後のこの時期の西宮恵比寿神社への代参は、周辺農村部の人々にとって地域の親睦旅行ともなっている。

2　崇敬者の範域

それでは西宮恵比寿神社の崇敬者(講員といってもよいだろう)はどれくらいの範域におよんでいるのであろうか。神札の頒布を受ける人(家)が崇敬者というわけなので、その頒布域を地図上に記すと、図1のようになる。ただ、このなかには近年頒布をとりやめた村が一、二含まれていることをお断りしておくが、それにしても、東筑摩郡を中心に西筑摩・南安曇・北安曇・諏訪・上伊那・更級という実に広い範域にわたって頒布活動がなされ、崇敬者を有していることがわかる。ここへ、二万五〇〇〇の神札が頒布されているのである。

お膝元の松本市を含むかつての東筑摩郡域では、全市町村に頒布されている。西筑摩郡(木曽郡)は楢川村(ここは贄川の二〇戸ほどのみ)だけであるが、南安曇郡域の松本平の一角をなす諸町村には、すべての町村に頒布されている。北安曇郡域は七市町村のうち、五市町村に頒布されている。同郡最北の小谷村には北小谷・姫川温泉・中土に八〇戸ほどの崇敬者があるが、ここへは神札を直接には持参せず、頒布の地域責任者として依頼している総代家に郵送しているようである。

松本平より南の諏訪郡域や上伊那郡域はそれほど密ではない。諏訪郡域は三市二町一村のうち、二町のみである。最も南の富士見町には辰沢地区に三三〇ほど、御射山神戸に一一、栃の木に三〇ほど、区長に頒布を依頼している。上伊那郡域は二市四町四村のうち三村に頒布しているにすぎない。

これ以外では、更級郡域で東筑摩郡に隣接した大岡村(芦の尻へ一八)のみである。

このようにみてくると、かつての東筑摩郡域に最も濃密に頒布され、それに隣接する北・西・南の地域が頒布域といえる。東筑摩郡よりも東の方、すなわち長野県において北信とか東信と呼ばれている地域にはまったく頒布されていない。また、下伊那郡やいわゆる木曽山中の諸地域にもおよんでいない(なお、これらの地域には松本の西宮恵比寿神社の勢力がおよんでいないというだけであって、西宮本社の神札を配る人は別にいるのであり、これらの地域においてもエビス信仰は盛んである)。

図1　西宮恵比寿神社の神札頒布町村

宮司談および、神社拝殿の諸寄附の額に記された名前より作成。
市町村名は昭和54年現在のもの。

3　神札の種類と頒布方法

現在、西宮恵比寿神社では、先に述べたように代参に訪れた人にわたす別の神札は発行しているが、エビス関係の神札は独自に発行しておらず、この神社で頒布するエビス神関係の神札はすべて西宮本社から届けられるものである。現在、本書第二部第四章掲載の図のようなエビス像(西宮大神宮、神札b)と大黒像(大国主大神、神札c)の神札を二体一対にして二万五〇〇〇ほど、崇敬者(崇敬者は信者でもあり西宮恵比寿神社の組織するエビス講の講員でもある)宅に頒布されている。

かつてはもっと多かったらしいが、崇敬者宅が世代交代し、新しい世代の人が農業を後継しないためにエビス神への関心が薄かったり、いわゆる新宗教の信者などであったりすると、もう神札を受けないというようなことになり、漸減傾向にあるのだという。エビス像・大黒像以外に、田の神像(西宮大神宮五穀成就、神札a)の神札も七〇〇〇体ほど頒布されている。これらがこの神社から頒布されているエビス関係の神札のすべてである。いずれも西宮本社から全国に配られている一般的な神札(像札)で、とくに珍しいものではない。

ただ、昭和期末頃までの前宮司時代には、エビス像だけ西宮本社から届けられるものを頒布し、大黒像と田の神像は、西宮恵比寿神社固有の板木を用いて独自に発行していたというが、その板木は筆者の知るかぎり現存していない。二十年ほど前の宮司交替のときに、頒布神札についてひとつの転換のあったことが推測できる。

このような各崇敬者への神札の頒布は、毎年、盆すぎの八月半ば頃から十一月初旬までの二か月余の間になされる。車社会になり山間域でも道路事情のよくなった現在は、基本的に宮司一人でこの作業を行なっているが、交通の発達する以前には、この期間だけ、宮司宅で近所の人を頼んで手分けして松本平全域に頒布に歩いていたという。そのさい、各地域の主だった崇敬者宅には宮司が訪問し、神棚に向かって祝詞の奏上などもしていたという。

いま、二か月余にわたって崇敬者宛に頒布していると述べたが、二万五〇〇〇（かつてはそれ以上）もの家へ各戸訪問するのはとても無理である。そこで地域を細分し、講を組織し、神社からはその地域にまで神札を届ければよく、それから先は、その地域に責任者とでもいうべきエビス講の総代を依頼して、その総代から各講の当番へ、当番から講員（崇敬者）各家に神札が届くというような組織が、松本平一帯に確立されているのである。あるいは、総代から直接に各講員に届けている地域もある。このようにエビス像をはじめとする西宮本社の神札は、西宮本社―西宮恵比寿神社―総代―（講の当番）―各家というルートをたどって、松本平一帯の崇敬者宅に配札される仕組みが確立されているというわけである。

それでは、総代とか講の当番にはどのような人が就任し、講とはどのような性格のものなのであろうか。少し説明しておく必要があるだろう。

まず、地域の頒布責任者としての総代であるが、西宮恵比寿神社では現在このような人を五〇〇人ほど依頼し、神社からその地域へ、前もって希望のあった数だけの神札を届けている。総代は、かつてはエビス神への信仰心の篤い人がつとめていた。現在でも世襲のようなかたちで親から引き継いでその任をつとめている人は少なくないが、そうでない人も増えてきている。世襲のように引き継いできた家であっても、世代が交替すると若いサラリーマンでは頒布作業をこなす時間と熱意が充分に備わらず、総代を辞退することになる。その結果、従前の家の人に代わって、地域の氏神社の氏子総代であるとか、区長・自治会長というような役職の人、老人会・婦人会の役員とかが担当する例が多くなっているのである。当然そういう人のすべてがエビス神への信仰が篤いとは限らない。しかし、そのような役をつとめる人は、その地域で生まれ育った人が多く、家も崇敬者宅であり子供の頃からエビス神には馴染の深い人が多いので、現在のところ問題も特段表面化せず、エビス像などの神札頒布の地域責任者を担当しているというわけである。

次に講と講の当番についてであるが、エビス講は一講が五人（五戸）単位で組織されている。これについては本城村などの事例を挙げてさらに後述するが、とにかく一講は原則として五人単位になっており、ほとんどの場合、一年交替でそのうちの一人が講の当番をつとめている。したがって総代は、神社から届いた神札を、総代自身が各家一戸ずつに届けている場合もあるが、数の多い場合にはそれぞれの講の当番宅に届け、その当番が、どんなに遅くとも家々の年中行事としてのエビス講の宵宮の日である十一月十九日の前日までに、各講員（崇敬者）宅に神札を配るということになっている。各家ではその神札を神棚に祀り、十一月十九日・二十日には、家々の年中行事としてのエビス講を祝うというわけである。

ところで、総代と講について若干補足しておくと、一人の総代が頒布を受持つ講員の数は、地域によってさまざまで、二〇戸ぐらいの人もあれば、三〇〇戸を越えるような場合もあるようである。また、講とはいっても、念仏講とか庚申講のように日を決め集まって講行事を営むというような性格のものではなく、当番が神札を配ったり翌年の神札希望者を募る組織にすぎず、エビス神を祀る行事そのものは各家単位で執り行なわれているのである。

二　村落内の神札頒布とエビス信仰――東筑摩郡本城村を例として――

1　本城村の頒布数

東筑摩郡本城村において長年にわたって頒布を担当している総代の一人、丸山一利氏（昭和二年生）によると、平成十三年現在、本城村の旧西条を除く地域には、西宮恵比寿神社からのエビス像・大黒像（これに田の神像が加わる家もある)を受ける崇敬者宅が三一三家ある。内訳を地区別でみると、大沢新田が三〇(三四。この括弧内の数は『本城村誌民俗編』による平成六年現在の行政戸数。以下同じ)、立川地区が二三(二九)、岩戸地区が三五(三九)、竹之下地区が三〇(四五)、田屋地区が二八(三九)、八木地区が三〇(五三)、乱橋地区が七〇(一一一)、丸山町が二一(六三)、十四区が三〇、十五区が一七となっている。(6)この地区というのは行政の最末端をなす組織であるとともに、ほとんどの地区が神社とか小祠を中心にした祭りの母体であったりムラ仕事を共同で行なったりする、古くからまとまりのある集落である(地元では部落と通称していたこともあった)。

右のうち、十四区・十五区は筆者には地区内の事情がよく呑み込めず、行政戸数というものを確認できないので除くとして、他の八つの地区だけでみると、戸数四一三のうち二六六、すなわち六五%ほどの家が神札を受けているこ とがわかるのである。戸数には新しい分家や移入家なども含まれているので、六五%という数は高いといえるのではないだろうか。

2　講の実態と頒布方法

これら地区ごとに、頒布する人が決まっている。乱橋地区だけは区長が頒布を担当し、乱橋以外の地区には、代々世襲のようにしてその地区内の同じ人が、毎年、各戸に直接に届けるとか、講の当番宅に届けるとかして神札を頒布しているのである。原則として一講は五戸を単位としているが、他出したり講から抜けたりした家もあるので四戸以下の講もあり、極端な例としてメンバーが一戸になっている講も存在している。講の組み方や頒布の仕方は地区の内情によって若干異なるので、先の丸山氏が担当している岩戸地区を一つの例として、いくらか詳しくみていきたい。

岩戸地区の戸数は、平成十三年現在三九戸である。そのうち神札を受けているのは三五戸である。残りの四戸は新しい分家であったり、宗教の関係(キリスト教など)でこの神札を受ける組織に参加していない。三五戸のうち、エビス像・大黒像をセットにして受けている家は三五戸すべてであり、このうちエビス像・大黒像に加えて田の神像も受けている家が九戸ある。さらに十一月十九日・二十日の西宮恵比寿神社への代参に参加する意志があって(実際に行くかどうかは順番が回ってくるか否かによるが)、代参の神札を受ける家が三五戸中一八戸ある(代参については後述)。

丸山氏は現在、講の当番宅へではなく、岩戸地区三五戸すべてに頒布に歩いている(その年に不幸があって受取りを遠慮する家に対しては、丸山氏宅で年内だけ預かり、翌年正月が明けてから持参しているという)。丸山氏がこれを担当するようになったのは昭和四十三年からで、父親の跡を継いで頒布するようになったのである。丸山氏は先祖が他所から来た屋根職人であり、父親が、かつて本城村全体の頒布を担当していた同じ屋根職人から同職のよしみで頒布の仕事を依頼されたのだという。父親が依頼されたのは、大沢新田・立川・岩戸など同じ谷筋の幾集落かで、初めはこれら幾集落かのすべてを担当していたが、なかなかたいへんなので、徐々に一集落ずつその集落の知り合いの人に頼むようにしていき(炭焼きもしていたのでそういう仲間に依頼していったようである)、昭和四十三年に丸山氏が引き継いだときは岩戸地区(集落)だけになっていたという。以来、一貫してこの地区は丸山氏が担当している。

ところで一講の戸数であるが、西宮恵比寿神社のエビス講の単位は五戸が原則で、岩戸地区でも近年まではこの原則どおりだった。したがって岩戸地区には七講存在していたことになる。そして一講五戸のうち、毎年一戸(一人)が十一月十九日・二十日に西宮恵比寿神社へ代参に出かけていたのであるが、そのうち、神札は受けたいが代参に出かけることはできないという家が多くなり(勤め人が多くなり平日に休むことが困難になったり、老齢家族で病気がちの人だけだったり、一人家族になり家を空けることができなくなったり、というのがその理由)、講の組替えをしたのである。すなわち、代参に行くことが可能でしかも行く希望のある家を調べたところ一八戸あったので、かつての七講と講数においてそれほど違わないようにと考え、三戸ずつで一講とし全体で六講としたのである。そして現在は、各講からの当番が一人ずつと総代をつとめる丸山氏の計七人が代参に出かけている(このほか当番以外に希望者の加わることもある)。丸山氏とともに代参に出かけた岩戸地区の人々は、祭典に参列し(宵宮の祭典のみがほとんどである)、自分の講の代参の神札を受け(この神札は帰宅後に他の二戸に配る)、丸山氏が翌年の岩戸地区のエビス像・大黒像・田の神像の希望数を神社に届け出る。そしてその夜は浅間温泉に宿泊し、翌日帰宅するのである。岩戸地区からの代参者は毎年七人であるが、先に述べた各地区からも代参に来るので本城村からの仲間は四〇人ほどになり、旅館での夕食どきは賑やかな話合いの場となるという。

3 代参講の雰囲気と家々のエビス講

このような代参の雰囲気について、『本城村誌 民俗編』は次のように平易に紹介している。

十一月十九日の夜、「えびす講」の代参の人たちは浅間温泉に出かけます。この日、午後三時より、上浅間にある西宮えびす神社で前夜祭があります。

代参の人々は西宮えびす神社にもうで、御はらいを受け、ご祈とうをしてもらい、代参のお札を受け、指定された旅館に格安で泊まります。

この旅館では、六時より夕飯がでます。代参とはこの旅館でお風呂に入ったり、夕飯を食べることまでをさします。平成八(一九九六)年度の代参人の性別はおよそ半数が女性です。これは戦前より続く伝統で、外泊の機会の少なかった女性にとっては、またとないレクリエイションであったことでしょう。(7)

このなかの「戦前より続く伝統」だというのは間違いで、昭和二十七年の浅間温泉への遷宮後のことではあるのだが、農家の人々にとっては、戦後ずっと秋の収穫後の親睦を兼ねた代参だったのである。丸山氏が総代を引き継いで代参に行き始めた昭和四十年代には、浅間温泉には芸者もたくさんいたので、代参に当たった人のほかに多くの若い衆も参加して賑やかな宿泊旅行だったという。この日には松本市街でも花火を打上げたりエビス大売出しをしたりしたので、宿から皆でタクシーの相乗りで街へ出て、花火見物したり買物なども楽しんだという。

ただ交通機関が発達してくると、これ以外にも旅行の機会が増え、この浅間温泉への代参がかつてほどには親睦旅行としての意味をもたなくなりつつある。そのため現在は、この旅行が代参プラス遊びとか骨休めを兼ねた一泊旅行というよりも、よく解釈すれば本来あるべき信仰に支えられた代参に変わりつつあるといえ、そのぶん賑やかさは少なくなっているようである。

ここで、肝腎の各家での年中行事としてのエビス講のしかたについて述べておこう。先の『本城村誌 民俗編』には、次のように紹介されている。

一般の家庭では、働きにでかけた「えびすさま」が、帰ってこられる日だといって、心をこめてお迎えをします。えびすさまは勝手から入ってこられるというので、勝手の間にある神棚に三神御姿(引用者註：三神御姿とはエビス像・大黒像・田の神像のこと)をはり、お灯明をともし、お神酒を上げ、おこわを炊き、夕食にはお汁と頭つきの魚をそなえます。魚はさんまの場合が多いようです。

この時期は、悪天候になり、雪が舞って荒れることが多いので、これを「エビス講荒れ」といっています。(8)

右の紹介によって、この地にはエビスの去来が伝承されていることがわかる。また、不具神の伝承は伴わないようだが、エビスは玄関から入ってくるのではなく勝手口から入りエビス棚も勝手の間にあるなど、一般の神とはどこか異なる神との心意も伝承されているように思われる。

これらのことを丸山氏の話によっていくらか敷衍すると、エビス講が近づくと、木彫りのエビス・大黒の像(かつて地域の彫刻の上手な人がこしらえてくれたものだという)などが祀られている勝手の間のエビス棚に、新たに頒布されたエビス・大黒・田の神の神札を祀り、神酒や飯、尾頭付のサンマなどを供え祝う。エビスは一年間働いて戻るのだからといい馳走して祝うとともに、一月二十日の初エビスには働きに出かけるのだといって灯明などを点じて簡単に祝う。年の暮には、他の神々の棚へと同様にエビスの棚にも神酒・飯・煮物などの馳走を供え灯明を点じるが、このほかエビス棚には鮭の尻尾を串に刺して供え、これは一年間そのままにしておくという。

前年までのエビス関係の古い神札の処理についても述べておこう。十一月に入って新しい神札が頒布されてくると、いったんは神棚に寝かせておき、十九日夜にエビス棚に祀る。このとき、古い札の上に毎年重ねて貼る家もある。一般に古い神札は多くの家では他の神札と一緒に、小正月の三九郎焼きに持っていって燃やす。このときに毎年持参して燃やす家もあれば、エビス関係の神札にかぎって十年ぐらい重ねて貼りつづけ乱れてきたのをまとめて持参する家もある。家によっては燃やさずに、古い神札を束にし屋根裏の柱にしばっておく例もあるという。なお、近年は三九郎焼きではなく、十二月二十五日に氏神である白山神社の広場に各家からさまざまな古い神札を持ち寄り、神主に来て祓ってもらったあとオタキビと称して燃やしているという。

エビス関係の神札と比較する意味で、岩戸地区の他の神札にも触れておこう。ここにはかつて御嶽神社と戸隠神社の神札頒布の世話人もいて配札されていたが、現在ではいなくなった。しかし御嶽神社の神札だけは地区に届けられているようで、毎年、天照皇大神・神明宮・白山神社・アズマヤサマ(四阿屋様)・御嶽神社という五枚の神札を、区長が隣組長を経由して各家に配札しており、これらの費用は区費から支出されている。このうち、白山神社は地区の氏神であり、アズマヤサマも地区内に祀られている。春秋には御嶽神社の祭りもある。

おわりに

長野県松本市において、十一月二十日前後のエビス講のさいに、多くの人々が参拝して賑わうエビス関係の神社を概観し、その一つ西宮恵比寿神社についていくらか詳しく述べてみた。

同神社は、明治時代に兵庫県西宮市の西宮神社を勧請し、周辺諸地域に西宮神社のエビス関係の神札を頒布する目的で創建発足した宗教施設であるが、その後発展を遂げ、近年やや減少気味だとはいえそれでも現在、二万五〇〇〇という多数のエビス関係の神札を松本平の農村部に頒布し、同地域のエビス信仰に大きな影響力を保持している。小稿においてはその頒布域をおさえ、頒布の方法についてまとめてみた。そのうえで、東筑摩郡本城村を例にし、一地域内においてそれらがどのように頒布され、どのように講が組まれ、どのように当該地域の家々においてエビス信仰が伝承されているのか、不十分ながらその実態を明らかにした。

わが国の有力な民俗神であるエビスの伝承解明にはさまざまな接近が考えられるが、このような頒布活動の事例の積みあげは欠かすことのできない作業である。

さらに本城村以外の農村部の実態を明らかにするとともに、商業地域のエビス神についても考えていきたい。

註

（1）　エビスの表記については、序章註（1）参照。

（2）　野村信次郎「恵比寿講について」（『信陽新聞』一九五〇年十一月十八日）。

（3）宣布者の問題について、筆者はかつて、「エビス信仰の伝播と神去来伝承の複雑化」（『信濃』三一―一。のちに一部改稿して、拙書『年中行事の研究』〈桜楓社、一九九二年〉第六章第三節に収載。本書第二部第一章所収）、および、「エビス太夫と地域のエビス信仰」（『比較民俗学のために―小島瓔礼教授退官記念論集』同論集刊行委員会、二〇〇一年。本書第二部第四章所収）において、東日本農村部の実態について論じたことがある。

（4）これについては、拙稿「信州大町市周辺のエビス信仰」（岩井宏實編『技と形と心の伝承文化』〈慶友社、二〇〇二年。本書第二部第五章所収〉）においてまとめた。

（5）野村前掲註(2)論文および、『信陽新聞』一九五二年十一月十六日の記事による。

（6）括弧内の数については、『本城村誌 民俗編』（長野県東筑摩郡本城村、一九九八年）一～二八頁。

（7）『本城村誌 民俗編』（前掲）一〇二～一〇三頁。

（8）『本城村誌 民俗編』（前掲）一〇三頁。

調査にあたっては、宮澤左千夫氏・丸山一利氏・大池五八氏・塚原泉氏にはたいへんお世話になった。記して心より感謝申しあげます。

第七章　松本平のエビス信仰（下）

――松本市商業地域のエビス社を中心に――

はじめに

前章においては、[1]長野県松本市東北部の浅間温泉の高台に鎮座する西宮恵比寿神社が、明治時代に兵庫県西宮市の西宮神社を勧請したものであることを述べ、同神社の神札（像札）が松本平一帯の農村部に広く頒布され、それら農村地域のエビス信仰に大きな影響を与えている実態を分析した。そのさい、松本市域の中心部に鎮座する深志神社境内の恵比寿神社、本町一丁目の恵比寿神社、四柱神社境内の恵比寿神社についても、周辺農村部の人々をも吸収しながら市街地の商業に携わる人々に支えられていることを、予備的に触れておいた。

本章は、それら三社のエビス、[2]および三社にかかわるエビス信仰について述べることを目的とする。そして最後に、前稿をも踏まえて、松本平のエビス信仰の全体像についてまとめる。

一　深志神社のエビス

深志《ふかし》神社は、松本市街中心部を流れる女鳥羽川より南の、旧城下町南部地域の古来の神社である。祭神は建御名方命と菅原道真公で、七月二十五日の例大祭は、天神祭りと呼ばれて市民に親しまれている。(3) 天神祭りのほか、二月の節分祭や七月の八坂祭など恒例祭事は多い。氏子圏は広くて、いわゆる南深志の四八か町におよんでいる。

古く神社周辺が宮村村と呼ばれていた頃には、諏訪の神(建御名方命)が宮村大明神として祀られていた。江戸時代初期、そこに領主小笠原家が他の地に勧請してあった北野天満宮をここに合祀し、天保十二年(一八四一)にいたって社名を深志神社とした。いつの頃からか、これに社殿を並べ相殿のような形で事代主神・大国主神を祀って恵比寿神社とし、これが深志神社のエビス神である(本殿の右後方すなわち、向かって左後方にこの恵比寿神社がある)。深志神社境内には多くの小社が祀られているが、そのなかには市神社(後述の飴市の主役となる神)もあって、いかにも江戸時代からの商業地域を氏子圏にもつ神社らしい。

1　エビスの祭り

エビスの祭りは十一月十九日・二十日で、社殿において厳粛に執り行なわれている。参拝者も少しはあるようだが、露店が出て賑わうようなことはまったくなく、神職中心の祭りである。神社ではエビス・大黒として、神社伝来の版木を用いて図1のような「事代主大神」「大国主大神」という神札を頒布している。勧請の時期や由来は明らかでないが、当時の図会類からみて、すでに江戸時代後期には祀られていたことがわかる。とくに資料があるわけでもなく、また現在、西宮の本社とつながりをもっているわけではなく、また蛭子を祀っているわけでもないが、筆者には、兵庫県の西宮神社と何らかの関係があると思われる。

2　えびす神お里帰り祭

深志神社では、十九日夕刻から二十日までのエビスの祭りに先だって、十八日夜に「えびす神お里帰り祭」と呼ぶ特異な祭りが催されている。

図１　深志神社のエビス・大黒の神札

「えびす神お里帰り祭」には、氏子有志宅のエビスの神像がお里帰りという意味で神社に持ち寄られるのだが、このような「えびす神お里帰り祭」は、管見のかぎり、全国のエビスの祭りのなかでここだけのものである。神社側の解釈では、氏子各家のエビス神は基本的には神社のエビス神の分霊なので（事実はそうとは限らない）、そのエビスが、年一回、各家のエビス祭祀である十一月十九日夜から二十日のエビス講に先だって、十一月十八日に神社に里帰りをするということであり、神社で祀られたあと再び家に戻り、家単位のエビス講を迎えるというわけである。

筆者には、神社側あるいは有力氏子の発案によって始まったこの四、五十年来の新しい祭りかと思われるが、神社側には確たる資料が保存されていないようであるし、また氏子間の伝承もまちまちなので、発祥の確かな年代や意図は今のところ明らかにできないでいる。しかし、この祭りの背景には、エビス去来伝承や興味深い俗信も潜んでいるので、次に、興味深いこの祭りの全体像を明らかにしておきたい。

十一月十八日の「えびす神お里帰り祭」当日には、昼頃から、氏子のうち希望者が、自宅や店舗で祀っているエビス像(エビス・大黒一対の神像がほとんどである)を風呂敷などに包んで大切そうに神社に持ち寄り、神社ではそれらを本殿正面に設けられた壇上に、まるで雛祭のときの雛を飾るようにつぎつぎに並べる。受付などこの祭りの世話は神社年番町会の人々が担当するので、神像を受け取るのは年番であるが、それらを壇上に並べ祀るのは神職が行なう。筆者が祭りに参列させてもらった平成十三年(この年には本殿改築中であったため社務所二階の大広間にて行なわれた)には九八体(エビス・大黒一対を一体と数えて)、平成十七年には九七体の神像が壇上に並べられていたので、毎年だいたい一〇〇体前後のエビス像が持ち寄られていると考えてよいのだろう。氏子である四八町会約五〇〇〇世帯のうちの商家から持ち寄られるものが多く、自宅神棚のエビス像のほか、店舗や会社事務所のエビス像も含まれている。(4)

そして、夕刻六時三十分頃より祭りが始まる。拝殿にはエビス像を持ち寄った人々が参列している。祭りは、神職による修祓、全員一拝、神職による祓いの詞、里帰り祝詞奏上などが型どおり進められ、祝詞のなかでは神像を持ち寄った家の名がすべて読みあげられる。そのあと氏子会長などの玉串奉奠があって祭りは終了し、直会となる。直会の前に、参列者はめいめい壇上から自家のエビス像を下ろして風呂敷に包んだり紙袋に納めたりし(写真1)、直会のあと自宅に持ち帰ってエビスの神棚に納め(写真2)、翌日からの家々のエビス講を迎えるのである。

十一月十九日夜から翌二十日の家々のエビス講は、祭りに集まった何人かの方の話によると、各家のエビス神棚のエビスに、神酒や白いご飯、秋刀魚などの尾頭つきの魚を供え、商売繁昌・家内安全などを願って、家族揃って拝むというような祀りかたが多い。魚としては秋刀魚にしろ鮭にしろ尻尾だけ供えてもよいといわれているようだが(ということは尻尾だけでもよいから、魚がなければならないということであろう)、実際には尾頭つきを供えている。

神社のこの里帰り祭に参加はしていても、エビス神去来の伝承を知っている人はほとんどなく、またエビスの不具神伝承も参加者からは聞くことができなかった。周辺農村部では、稀薄ながらも去来や不具の伝承を聞くことが可能なのに、商家のエビス神はもっぱら商売繁昌の神として祀られているように思われる。

ところで、他にほとんど例をみないこの「えびす神お里帰り祭」は、そもそも、いついかなる契機から始まったのであろうか。神社に資料が保存されていないらしく、また参加者からの聞き取りによっても明瞭な答えが得られず、筆者には現在のところ確たることは不明としかいいようがない。しかし筆者が思うに、古い祭りではなく、昭和三十年代後半から四十年代初頭にかけて行なわれ始めたものと推測している。それは、持ち寄られるエビス・大黒像から判断しての推測である。

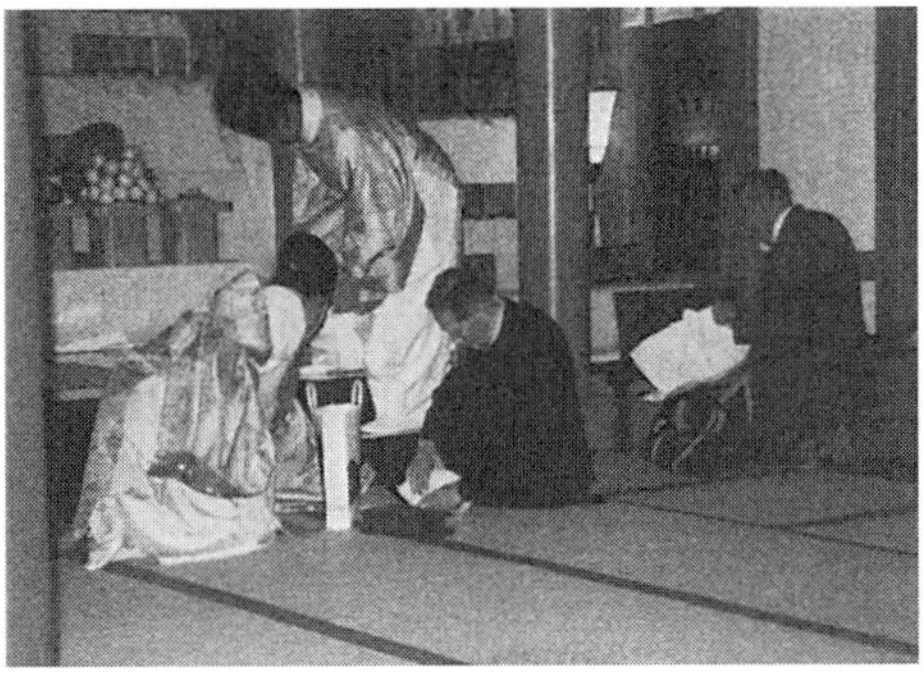

写真１　祭りのあと、壇上から下ろして持帰る

写真２　神札やエビス・大黒像はこのように家の神棚に祀られる

持ち寄られるエビス・大黒像は大小さまざまであるうえ、木彫の像、金銅製のもの、陶製のものなどいろいろあり、祭壇上は、さながら各家のエビス・大黒像展示会の観を呈している。黒光りしている像が少なくないのは、長年、台所のエビス棚などで、煤にむせながら家の繁栄を護りつづけてきたからであろう。そのうち筆者が確認できたもので制作年代の明らかなもっとも古い像は、明治十二年のもので、「原田蒼渓彫刻」と記されて

写真３　向かって左三体が深志神社で授与しているエビス・大黒像

写真４　本殿前に並べられたエビス・大黒像

いるエビス・大黒像であった。この像の制作経緯は興味深いので、後述したい。

　それらさまざまな神像のうち圧倒的に多いのは、写真3の向かって左の三体のような、一升枡に納められた高さ一五cmほどのエビス・大黒一対の木彫の神像である。枡の側面表側には「別表社深志神社」、底部表側には「奉祀　大国主大神・事代主大神　□年□月□日□□家」(□にはそれぞれ年月日や家名が入っている)と、皆同じ形式で墨書されている。平成十三年の場合、全九八体のうち七二体が、このような一升枡に納められた画一的な木彫神像であった。写真4によって、この画一的な神像が祭壇上に多数を占めている様子がわかるであろう。

　画一的なこの神像は、側面に「別表社深志神社」と記されていることからもわかるとおり、かつて神社側が希望者に頒布(ないしは授与)した像である。そのうち、やや煤けて古色を帯びているもの一〇体につき、枡の底部表側に記されている頒布年月日を見せていただいたところ、もっとも古いのは昭和四十二年十一月吉日と記された像で、これが二体、続いて古いのは翌四十三年一月吉日のもので、四体あった。

　すべてに当たってみればさらに年代の遡りうる像があったかも知れず、また、筆者が参列した年には何らかの家の事情で持ち寄ることのできなかったもののなかに、さらに古い像があるのかも知れないので断言はできないが、右の事実からみて、筆者は、このような画一的なエビス・大黒像を頒布するようになったのは、昭和四十年前後ではなかったかと考えている。したがって、これら頒布したエビス・大黒像を里帰りさせるという「えびす神お里帰り祭」も、昭和四十年前後に企画されたのではないかと考えられる。

「えびす神お里帰り祭」の現状は、以上のとおりである。それほど古くからの祭りだとは思われないにもかかわらず、開始の時期や意図については、現在のところ以上に述べたような推測しかできないでいる。ただ、里帰りを目的とするこの祭りの背景には、現在ではほとんど忘れ去られているとはいえ、エビス神が春秋に去来するという古い民俗的心意のあったことは想定してもよいだろう。と同時に、今後の課題として、次に述べるようなたいへん興味深い事実との関連についても掘り下げるべきであることを、指摘しておきたい。

3　橋板三枚目で制作のエビス・大黒像

興味深い事実とは、先に触れておいた明治十二年に原田蒼渓が制作したエビス・大黒像の台の裏側に、「松本一ツ橋掛替三枚目板ニテ是ヲ刻ス　二福神　彫刻師伊勢町原田蒼渓」とある点である。伊勢町とは松本市中心部の町名の一つだが、その地元の彫刻師が、松本一ッ橋の架け替えのさいに取りはずした三枚目の板で刻したのが、このエビス・大黒の二福神像だというのである。

神像を、こともあろうに誰でもが踏みつけたであろう古い橋板を用いて制作するとは何ごとか、というのは現代人の感覚であって、福神像制作に三枚目の橋板が良いという俗信はすでに江戸時代前期からあった。井原西鶴の『日本永代蔵』巻二「才覚を笠に着る大黒」には次のように述べられている。

一に俵、二階造り、三階蔵を見わたせば、都に大黒屋といへる分限者ありける。冨貴に世をわたる事を祈り、五条の橋切石に掛けかはる時、西づめより三枚目の板をもとめ、是を大黒に刻ませ、信心に徳あり、次第に栄え、家名を大黒屋新兵衛と、知らぬ人はなかりき。

京都の鴨川・五条大橋架替えのさい、ある商家が西から三枚目の踏板で大黒像を制作させて祀っていたところ、次第に繁昌して分限者になったという話である。『日本永代蔵』はフィクションではあるが、『百姓伝記』巻二にも、伝教大師が比叡山の鎮守として橋の三枚目の板で大黒天神を制作したと述べられており、その理由として、「いかなる橋へも人行かかるに、三枚目の板に足のあたらぬといふ事なし」と説明されている(5)。誰でも踏みつけるからこそ、橋の三枚目の板で彫ったというわけであり、江戸時代にこのような俗信が一般に信じられていたことがわかる。

明治十二年制作の「松本一ツ橋掛替三枚目板ニテ」刻したという二福神(エビス・大黒)像は、同様の俗信が松本にも広まっていたことを明らかにしてくれている。この俗信は昭和に入っても松本周辺において生きつづけたらしく、南安曇郡の穂高神社の古い橋板でもエビス・大黒像が制作されていた。穂高神社では、本殿三殿のうち一殿ずつを二十年に一回建て替えているが、昭和三十年頃に橋を石橋にするまでは、本殿の建替えにあわせて木の橋も架け替えていた。その昭和三十年頃の最後の架替えのとき、穂高神社では、神社といろいろ関係のあった彫刻家の田中徳齋氏に依頼して古い橋板でエビス・大黒像を彫ってもらい、一升枡に納めて信者に頒布したといわれており、深志神社の氏子のなかにもそのときのエビス・大黒像を祀っている家がある。

さらに、田中徳齋氏は松本在住で深志神社の氏子の一人でもあったようで、「えびす神お里帰り祭」に持ち寄られている神社頒布の昭和四十年代のエビス・大黒像は、田中徳齋氏彫刻のものだと伝えられているのである。これらが穂高神社の場合のように、どこかの橋板で制作された像であったのかどうかは確認できていないが、以上のことから、深志神社が頒布して「えびす神お里帰り祭」に持ち寄られる一升枡に納めた画一的なエビス・大黒像が、かつて穂高神社でエビス・大黒像を信者に頒布した趣旨にどこかで結びついている可能性はある（ただし穂高神社の場合は一回だけのことであるうえ、お里帰りなどは行なわれていない）。詳細は今後の調査をまたねばならないが、まことに興味深い事実ではないだろうか。

これから述べることは「えびす神お里帰り祭」にとっては余談といえようが、なぜエビスや大黒の神像を橋板で作るのか、その理由を問う必要もある。そこには、橋に纏綿する古い信仰が隠されているのであろうか。あるいはそれもあるかも知れないが、理由を考えるにあたっては、神像がエビスや大黒という福神である点と、『百姓伝記』が説明するように誰でも踏みつけるであろう三枚目の板である点に注目する必要があるだろう。

農家のエビス・大黒は、天照大神や氏神などを祀る一般の神棚とは異なり、勝手・台所に祀られることが多い。一般の神棚に並祀されている場合でも、他の神とは一段低い位置に祀られている例も珍しくない。どことなく差別されているかにみえる。エビス・大黒、とくにエビスは、目や耳や足が不自由だとか、極端に醜いという伝承が全国に広く分布していることも考えあわせると、(6) 元来、他とは異質な神だとされてきたのは間違いない。また、エビスの春秋去来伝承を説く地域では、エビスが春に働きに出ていくさいには、わざと粗末な物を少量だけ供えて反撥心を喚起させ、一生懸命働かせ稼がせようなどとしている例も多いのである。農家においてしばしばみられるこのような、異質な神であり苛酷な境遇にとどめて大いに働かせようというエビス・大黒への認識から、その神像を誰でも踏みつけるであろう三枚目の橋板で彫るという発想が生まれたのだと、筆者には思われるのである。

二　本町一丁目のエビス

深志神社のエビスとは別に、深志神社氏子圏の商業地域には、地域で祀るいくつかのエビスがある。その代表とも思われる本町一丁目の恵比寿神社（他と区別するために、以下、一丁目エビスと呼ぶ）について、述べていきたい。

一丁目エビスは、実は本町一丁目には鎮座していなくて、本町一丁目とは離れた深志神社境内脇の独立した社殿内に祀られている。なぜここに一丁目エビスが祀られているのか、筆者には未詳であるが、かつて一丁目で買い取って祀り始めたのだと伝えられている。これが事実だとすると、明治中期の神社景観図には現在の一丁目エビスの社殿とほぼ同じ位置に社司宅とエビス・大黒祠があるので、何らかのいきさつがあって、明治後期か大正初期に、有力商人の多く存在していた一丁目が社司宅とエビス祠を神社から譲り受け、本町一丁目の恵比寿神社として祀り始めたものであろうか。

社殿内には、祭神の事代主命・大国主神とは別に、拝殿には風折烏帽子に鯛を抱いた一・五mほどの立派なエビス像（写真5参照）が祀られており（組み立て式になっており祭りのときのみ祀る）、これについては次のような話が伝えられている。すなわち、江戸時代の享保年間（一七一六〜一七三六）、深志神社の祭礼の山車巡行のとき、本町一丁目の舞台に据えられていたこのエビス像が、二丁目の舞台の大黒像とすれちがったさいに笑いあったという話である[7]。本来は山車に乗せるものだったのだろうが、大正時代中期に社殿を新築して以降、これをエビス講のときには拝殿にも据え祀るようになったのだという。

祭りには深志神社の神職が来て祭典を執行するが、一丁目エビスの管理運営は本町一丁目でしている。神札も、本

図２　本町一丁目のエビス・大黒の神札

写真５　一丁目のエビス講で拝殿に据えられるエビス像

町一丁目の年番が保管している独自の版木で印刷し頒布している（図2参照）。このようにこの恵比寿神社は、あくまでも本町一丁目が所有する神社である。祭日は十一月十九日・二十日であるが、松本市商店街の伝統行事である一月十日・十一日の飴市には、一丁目内に仮宮を設けて一丁目エビスの祭神を勧請し祀る。以下に述べていくのは、十一月の祭りと一月の飴市のさいのエビスの祭りである。

なお、本町《ほんまち》とは、町名変更以前に長らく用いられていた地域名で、一丁目から五丁目まであり、中町・伊勢町などと並んで市の商業の中心であった地域の名称である。そのうち一丁目は、現町名ではほぼ中央二丁目を中心とした範域にあたる。旧来の本町一丁目とか二丁目などという単位は、現在においても、飴市など祭りの単位としては生きている。また、一丁目エビスの縁によるのであろうか、かつては一丁目の商店（その後二丁目の商店なども加わる）が「本町えびす会」を組織していて[8]、松本の商業活動の中核となっていた。しかし、この会が中心となって昭和三十年代後半に本町近代化推進連盟を発足させた結果、「本町えびす会」はそのなかに発展的に解消されることになってしまったのである。

1　十一月のエビス講の祭り

まず、現在の一丁目エビスの祭り（エビス講ともいう）について述べる。

十一月十九日は宵祭りで、午後遅くに年番の人々が深志神社脇にある神社に集まって、日頃は閉めてある社殿（エビス殿と呼んでいる）や社務所を開放し、提灯を吊したり神饌を供えたりして宵祭りの準備をする。この年番とは一丁目独自の組織で、一丁目を三ブロックに分け、ブロックごとに一年交替で担当する。同じブロックの商人でも、ビルにテナントとして入っている人に年番をあてるわけにはいかないので、旧来の商家が担当し、そのうちから年番長が一人選ばれている。年番の仕事はエビス講のほかに、一丁目としてかかわる年間のいくつかの祭りの世話である。そして、十一月のエビス講の世話をしてから、次のブロックの家々に年番を交替する決まりになっている。

宵祭りの祭典は、神職の祝詞奏上のあと、町会長が玉串奉奠をし、つづいて年番長が玉串を捧げ、その年番長の拝礼にあわせて参列者一同が拝礼して終わる。筆者が平成十七年に参列させてもらったときには、参列者は二〇余人で、年番の家々を中心に一丁目の有志数人が加わるというくらいの規模であった。そして祭典のあと、社務所にて参列者一同賑やかに直会をして解散した。

宵祭りといっても右に述べたことがほとんどすべてで、年番をつとめる家々の人以外には参拝者もほとんど見当たらず、したがって露店などどこにも出ていない。そして翌二十日が本祭りであるはずだが、この日にはとくに祭典はなく、宵祭りのみが一丁目エビスの祭りだというのが現状である。

神札は祭りの終わったあと、終了報告をかねて年番のうちの係の人が一丁目の家々に頒布して歩く。宵祭り当日も社務所にて頒布しているが、筆者のみるかぎり受けていく人は年番の家以外ほとんどいなかった。参拝者が年番以外にほとんどいないのだから、これは当然のことである。

現在ではこのように小じんまりした祭りになってしまっているが、戦前には一丁目エビスの祭りも賑やかだったという。

宵祭りの祭典の基本的なことは現在と同じだったが、戦前、この両日(十九日・二十日)には本町・中町など南深志の商店街ではエビス講大売り出しを盛大に行なったため、松本の町は周辺農村部からの買い物客で溢れ、また農家の人でも作物を持って来て売る人がいたりして、市の中心部は殷賑をきわめたのであった。これに伴って一丁目エビスへの参拝者も多く、一丁目の人々は年番を中心に社務所に詰めて神札やら福枡などを授与していた(売っていた)。露店も多く並んだが、当時は深志神社前の天神通りの一角にはいわゆる花街があったので、芸者を連れた酔客なども商売繁昌祈願に訪れていたようである。このように、かつてのエビス講はたいへん賑わい、宵祭りなどは夜通しやらないといけないといわれていたくらい、夜遅くまで続いていたようである。

このような一丁目エビスの祭り(エビス講)だったが、戦中戦後には商店街の大売り出しもかつての盛況を減じたためか、次第に参拝者が少なくなり、年番だけが集まる小じんまりした祭りになってしまったのである。それに代わって、後述するように昭和二十七年に四柱神社でエビスを祀り、四柱神社周辺の商店街が大売り出しに力を入れ始めたこともあり、現在の松本市域のエビス講は、四柱神社境内の恵比寿神社を中心とした祭りになっている。

なお各商家では、家のエビス・大黒像に、お頭つきの魚や白米・神酒を供えて商売繁昌を祈るが、この日は商家自身が忙しいので、多くの人を招いて祝ったりはできない。このような家のエビス祭りは、家々によって事情は異なると思うが、現在でも続けている家が多いようである。また大きな商家に従業員が多かった戦前には、エビス講の日からは足袋を履いてもよいとされていたようである。[9]この日までは寒くても素足だったという。これは農村部でもいわれていたことのようで、そのためエビス講には足袋がよく売れたようである。[10]

2　飴市のエビスの祭り

次に、一月十日・十一日(近年は一月の第二土・日曜日となっているが、本章では以前にそうであったように、十日・十一日として述べていく)の飴市のさいの一丁目エビスの祭りについて述べる。

飴市とは、江戸時代初期あるいはそれ以前から続くという正月の初市で、古くは塩を中心に各種商品が扱われていたが、その後、飴の商いが目を引くようになり、自然に飴市と通称されるようになった。市がたつのは本町・中町・伊勢町など南深志の中心的な商業地域においてである。当日はここへ、深志神社境内の市神が本町二丁目の人々によって勧請され、それに伴って本町一丁目から五丁目までの神輿や山車や獅子頭が各町内に迎えられ祀られるので、初市(飴市)は市神祭りとも呼ばれてきた。戦後しばらくの間やや衰えたというが再び盛りかえし、また昭和四、五十年代になって少しさびれるというように若干の盛衰はあったようではあるが、江戸時代から現代まで一貫して続く賑やかな祭りである。平成四年からは「松本あめ市フェスティバル」と名づけられ、市神祭りとしての神事色は各町内の行事として残しながらも、いろいろな催しを加え、松本市の冬の大イベントになっている。本章ではこの飴市の全体像には触れないでおく。[11]このときに本町一丁目に勧請される一丁目エビスの祭りについてのみ、述べることにする。

社殿からエビス神を迎えるために、かつては鳶職が一丁目内に大きな仮宮を建てていたが、新しい街づくりとして商店街にアーケードが設けられたために仮宮の屋根を高くすることができなくなり、現在では小さな仮宮を設けて迎えている。この仮宮を拝殿、仮宮にエビスを迎えて祀ることを出開帳と呼ぶ人もいる。

十日が宵祭りで、十一日が本祭りである。十日午前中に深志神社脇の一丁目エビスの社殿から、神体を神輿に納めて粛々と本町一丁目の仮宮に迎えてきて祀る。十一日の午後に仮宮を片づけて再び神体を神輿に移し、町内を練り歩いたあと、夜に一丁目エビスの社殿まで担いで行って神体を元に納める。現在では往復とも神輿を車に乗せるが、後述のように、帰りのときにはかつて激しく担いだといわれている。

十日・十一日の両日は寒い時期であるにもかかわらず、正月祝いの余韻もあってか、戦前も現在においても近郊農村部から多くの人出があり、各商店街では大売出しをする。飴を売る店なども並ぶが、戦前や戦後しばらくまでは、呉服屋などでは端切れ布を福ギレと呼んで安く売ったので、これが人気だった。

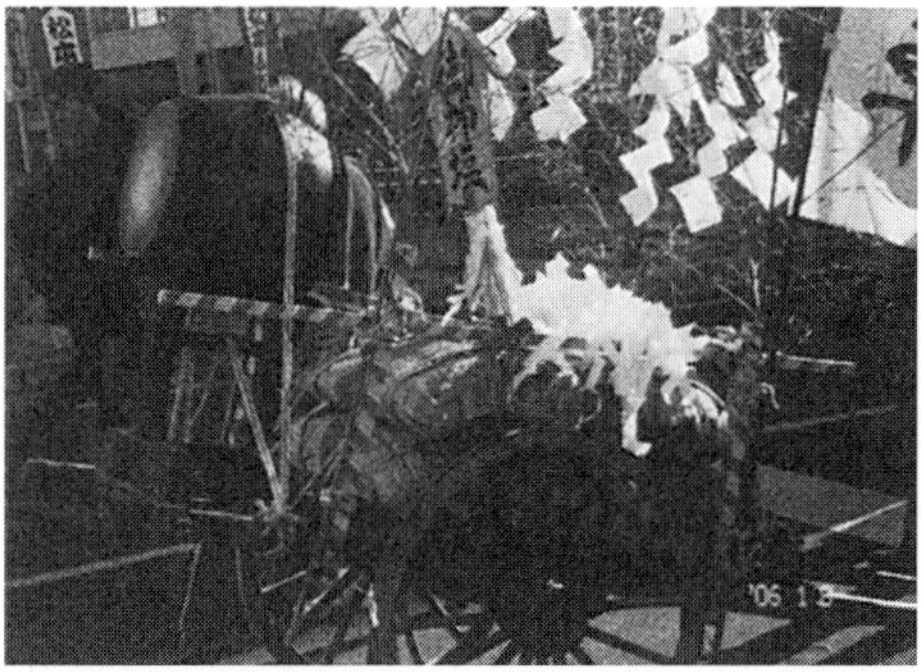

写真６　飴市のとき、町内を曳きまわす塩。これは本町二丁目のもの

また、かつては塩の専売所が神前に粗塩を一斗ほど三角形に盛り上げて供えたので、子供組がそれを分けてもらい、少しずつオヒネリにして仮宮の横で売っていた。「ジュゴニチノオカユノオシオ(小正月の十五日粥用の塩の意)」という掛け声で売ったのであるが、縁起のよい塩だということでよく売れたという。子供組は同時に縁起物の小さな土製ダルマも売っており、これらの収入は、祭りのあとでオオンド(大音頭か)という子供組の親方(小学六年生)の裁量で子供たちに配られたり、祭りのあとの子供組のご馳走の費用に充てられていた。このご馳走を機に、オオンド役は次の年代の子供達に引き継がれたのである。このように、かつての子供達は自分で物事を考え自主的に運営していたなあとは、古老の述懐である。現在でも飴市では塩が売られているが、専売所からの塩の奉納はもうないので、購入した精製塩を少量ずつビ

ニール袋に入れ、それを飴市の由来を印刷した袋に入れて売っている。もちろん子供組の自主的な販売ではない。

このように祭りが進み、十一日の午後になると神輿が町内を練り始める。現在は広い歩行者天国を力強く整然と担がれているが、戦前には相当に荒っぽい担ぎ方だったという。神輿は祝いの意味で家の中へ練り込みしていたので、練り込みのときには販売を一時停止する店も出たくらいだという(ただし過去一年間以内に不幸のあった家へは入らなかった)。その頃は道も狭かったので庇や雨樋が壊されることがあったが、一丁目内にかぎっては、神輿に壊されることは神に触れてもらったことになってむしろ縁起がよいのだなどと考えて、弁償の必要なしという不文律のようなものがあった。ただ、一丁目以外の家を壊した場合には弁償を求められることもあったという。

そして夜遅く、深志神社脇の一丁目エビスの社殿まで担いで行くのだが、担ぎ手の若者達は興奮して神社手前で行きつ戻りつするので、全体を指揮する年番達はやきもきしたという。ときには途中で電車を止めたり、警官を井戸に落とす騒ぎがあったりして、年番が警察に拘留され、皆で警察へ差し入れに行ったこともあるらしい。

なお、戦時中でも休むことなく毎年一月十日・十一日に一丁目エビスを仮宮に迎えてはいたが、若い者が戦地に行っていて少なかったので、商家の旦那衆など年輩者が国民服に戦闘帽・ゲートルという姿で神輿を担いだという。このときには、若者ではないので激しく練ることはなかったという。

三　四柱神社境内のエビス

四柱《よはしら》神社の境内に祀られている恵比寿神社は、エビス・大黒として、昭和二十七年に、島根県の美保神社から事代主神を、出雲大社から大国主神を勧請して創祀された新しい神社であるが、現在では松本市の商業地域のエビス講の中心的な神社となっている。

四柱神社は、松本市を南北に二分する女鳥羽川より北の旧松本城の堀の埋立地に発展した商店街に鎮座している。市域の中心部に鎮座する規模の大きい神社であるため、いわゆる南深志に鎮座する深志神社に対し、現在では北深志を代表する神社のような感じであるが、広い氏子圏を持ち歴史も古い深志神社のように、地域住民の自然な信仰に発し住民に密着し発展していった神社というわけではない。明治十一年に東筑摩・西筑摩・南安曇・北安曇・諏訪・上伊那・下伊那のいわゆる南信七郡の神職や有志により、造化三神と天照大神を祭神として創建された、比較的新しい神社である。

したがって特定の氏子はいないが、次第に多くの周辺住民の信仰を集めるようになり、信者が増えていったのである。例祭は十月一日～三日で、神道祭《しんとうまつり》と呼ばれている。恵比寿神社は、この四柱神社の境内に勧請され鎮座している。

1　エビスの勧請と恵比寿神社

恵比寿神社の主祭神は事代主大神と大国主大神で、保食神も配祀されている。昭和二十七年に出雲地方から事代主神・大国主神二神を勧請してきたとはいえ、最初は独立社殿をもたず、境内に独立社殿が創建されたのは昭和五十年であった。

祭日は、他のエビス関係神社と同じく十一月の十九日・二十日で、エビス講と呼ばれている。このほか神社では毎月十日に恵比寿神社の月次祭を執り行ない、そのうちとくに一月十日は、初エビス祭として賑わっている。祭りにあたっては、神社所有の版木（元宮司上条氏の刻という）から図3のような事代主大神・大国主大神・保食神の神札（像札）

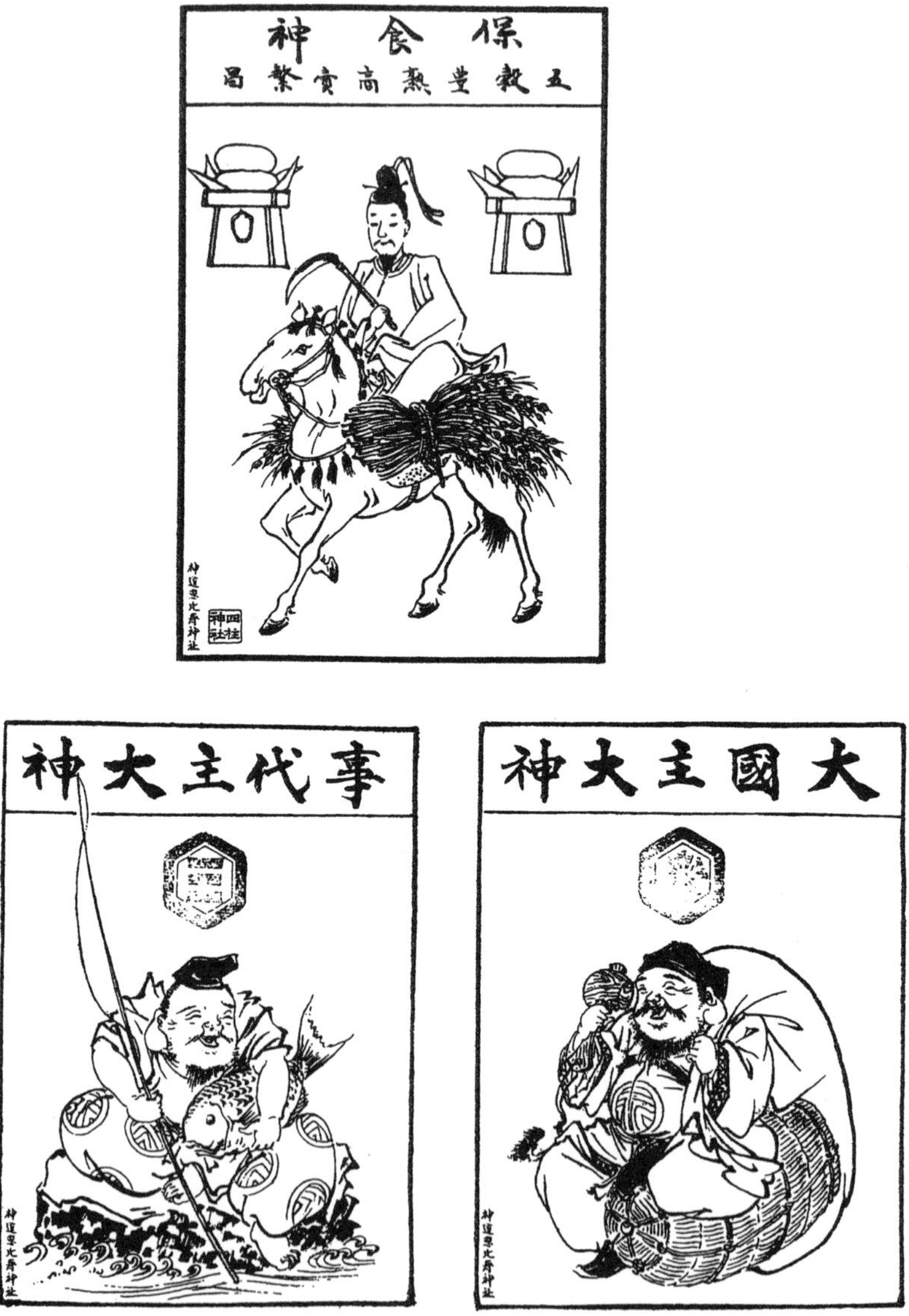

図3　四柱神社境内の恵比寿神社の神札

を印刷して、希望者宅に頒布している。頒布先は北深志の家々が多いが、深志神社の氏子圏である南深志にも希望者はいる。神札は三神(三枚)セットで頒布するのが原則だが、エビス(事代主大神)の神札だけを希望する家もあるという。もちろん祭礼当日にも四柱神社の社務所において頒布し、それ以外の日にも参拝者には随時授与している。

勧請には、市の商業関係者が関わっていたという。そのうちとくに四柱神社周辺の縄手通りと呼ばれる地域の商店街の人々が中心になって進めたようで、このエビス・大黒に、戦後復興期の商売繁昌の夢を託そうとしたのだった。勧請の昭和二十七年一月には、早速、遷宮祭大売り出しが行なわれている。(12) 南深志の商店街では、戦後においても江戸時代からつづく正月の飴市が周辺農村部から多くの人を集めて栄えていた。しかし、十一月十九日・二十日のエビス講には深志神社や一丁目エビスはまだ一定の賑わいは保っていたが、かつてほどの盛況さは消えかけていたという。それに比べて長野市などでは秋のエビス講大売り出しが盛大に行なわれていたので、北深志の商工関係者としては、出雲地方からエビスを勧請することによって、南深志の正月の飴市や長野市の秋のエビス講に対抗して、集客をはかろうとしたのであろうか。

松本市周辺部の農村が兵庫県西宮神社のエビスの神札頒布圏であるのに、四柱神社ではなぜ出雲から勧請したのかについては、現在のところ筆者は明らかにできないでいる。とにかく、代表者が出雲に出かけて勧請してきた事代主大神・大国主大神が松本駅に着くと、駅から馬に乗せて賑やかに行列をして神社へ迎えたのだと、当時をよく知っている人々の間では語られている。

勧請から十年ほどの間は戦後復興の波に乗って商店街も栄えたので、花火をあげたりしてこのエビス講はたいへん賑わった。しかし昭和三十年代以降、各種の団体がスポーツ大会や商業祭り、農業祭り、芸術祭などを企画し、さらには昭和四十一年に産業祭りが始まり、それらイベントは十月から十一月初旬に集中した。そこで市がこれらを「市民まつり」としてまとめ、商工会議所も呼応して市民まつりに力を入れるようになった結果、十一月十九日・二十日のエビス講の熱気は、一時、ほぼ同じ時期の市民まつりの方に吸収される形になってしまったという。ただしその間も、神社では祭祀が厳粛に続けられ、昭和五十年には、多くの信者の芳志によって社殿が建立されたりもしたのである。

このような事情とは別に、平成の時代に入ると、四柱神社前の女鳥羽川周辺地域が松本市の景観整備の対象となった。そこで、川の護岸工事や地域整備事業をするための国や県・市からの補助金受け入れの組織として、四柱神社周辺の緑町・上土町・商業会(主として地元の古い商店)・商業協同組合(主として地元の戦後開業の商店の会)というような地域の町内会や商店会が中心になって、お城下町《しろした》づくり推進協議会が結成されたのである。そして景観整備事業推進の過程において、ハード面の整備事業だけではなく人々が連帯する街づくりについても話し合われるようになり、四柱神社境内の恵比寿神社の祭りが再び注目されるようになった。そして、推進協議会の下に「お城下町えびす講実行委員会」が設けられ、神社の祭りを盛りあげて祭りを地域の連帯発展の核に据えようという話になり、従来のエビス講とは趣を異にした新たな装いのもと、平成十年に、「まつもと城下町えびす講」が発足したのであった。

2　まつもと城下町えびす講

「まつもと城下町えびす講」は、平成十七年に第八回を迎えた。そのときの状況を述べると、神社側が行なう厳粛な祭典を講の中心に含めつつ、えびす講全体は実行委員会が組織されてこれが主催し、松本商工会議所と松本商店街連盟が協賛し、松本おかみさん会が協力するという体制で進められた。来賓として市長や市議会議長などの祝辞もあり、北深志の範域を越えた全市規模のたいへん盛大な祭りに育っている。

境内や神社周辺には多くの露店が並び、海鮮市がたち、市中心部街路には祭り用の多くの小幟が立てられて(写真8)雰囲気を盛り上げている。松深会という神輿の会が神輿を担いで地域を巡ってもいる。境内では福引抽選会が行なわれ、福娘による縁起笹のプレゼント(写真7)、おかみさん会による豚汁サービスや掘出し市の開催があり、境内の特設ステージでは、歌謡ショーやライブなど各種イベントがつぎつぎに繰りひろげられていた。十九日夕刻には神社前の河原で、かつてのエビス講の呼び物であった花火の競演もしっかり復活されていた。

それらのうち、ここでいささか述べておきたいのは、福娘による縁起笹のプレゼントと海鮮市についてである。福娘が登場し、縁起物の吊された福笹を授与するのは、大阪の今宮戎神社や兵庫県の西宮神社の十日エビス風景である。今宮戎神社では福娘が「商売繁昌、笹持って来い」とはやしたてて、大いに雰囲気を盛り上げている。その福笹授与が出雲から勧請してきた恵比寿神社の祭りに取り入れられているのは、全国のエビスの二大中心神社ともいうべき西宮神社と美保神社の信仰がここで融合しているように思われ、まことに興味深い。

写真7　恵比寿神社(四柱神社境内)の祭りで縁起笹を進呈しているところ。

写真8　市内各所に立つ「お城下町えびす講」幟

海鮮市には、新潟県糸魚川市の漁業関係者が魚介類を持ってきていたが、これは実行委員会が招いて市を開いてもらっていることのようで、四柱神社拝殿前の好位置が市のために広く確保されていた。松本市と糸魚川方面は、大町市を経由し姫川に沿ったいわゆる塩の道を通じて歴史的にも深い関係にあるので、糸魚川の関係者が海鮮市をたてているのは当然だと考えられなくもない。しかし、平成十年の講再発足のときには、魚介類は北海道の佐呂間町から運ばれてきていた。松本市はかつて佐呂間町のカボチャ祭りに参加したことがあるので、講再発足のさいには魚を持って来て売ってもらっていたのである。しかしなにしろ遠隔地なので、コストがかかりすぎて長続きしなかった。とはいえ、魚介類の販売がないと講の祭りとしては淋しいので、距離的にも近く歴史的にも松本平とは関係の深い日本海沿岸の糸魚川に依頼したということのようである。

エビス講の祭りの境内に魚介類の市がないと淋しいと感じる背景には、各家のエビス講の供物には魚が欠かせないという、古くからのエビス講観があるのではないだろうか。エビス講と魚との関係は、各地のエビス像が必ずといってよいほど鯛を抱いていることからも明らかなように、全国的なものである。家の神棚に供える魚として、訪れた人々がこの海鮮市で買い求めた魚を用いているかどうかは別にして、エビス講には供え物として魚は欠かせないという心意が、「まつもと城下町えびす講」に海鮮市を定着させているのではないだろうか。そうだとすれば、イベント化した今のエビス講にも、エビス講をめぐる伝承的心意が継承されていることになる。

おわりに

長野県松本市の商業地域に祀られている、深志神社の恵比寿神社、本町一丁目の恵比寿神社（一丁目エビス）、四柱神社の恵比寿神社について述べ、三社のエビス関係の祭りをみてきた。

本町一丁目の恵比寿神社（一丁目エビス）も歴史的には深志神社と関わりのある神社であるため、松本市街の秋のエビスの祭り（エビス講）は、昭和二十年前後までは深志神社氏子圏の商業関係者が深志神社関係のエビスを中心に熱心に推進し、それがやや賑いを減じはじめた昭和二十年代後半以降は、出雲地方からエビスを勧請して創祀され四柱神社境内の恵比寿神社中心に展開されている。これとは別に、市神の祀りを核とした、松本の伝統的な初市である飴市にも、本町一丁目ではエビスの祭りを執り行なっている。いずれも商業地域に鎮座しているエビスであるだけに、周辺農村部の人々を吸収しながらも、もっぱら商売繁昌の神として祀られている。

そのなかにあって、深志神社の「えびす神お里帰り祭」は、エビス講の前日に、各家からエビス・大黒像を神社に持ち寄って合同祭祀しようというもので、全国のエビスの祭りのなかでもユニークな行事である。全国の家々のエビスには、春に働きに出て秋に稼いで戻るという春秋去来伝承を伴うものが少なくないが、このお里帰り祭は、このような去来伝承を、昭和四十年頃に神社側が取り込んだ巧みな企画として注目される。それに関連して、本章では十分に論じることができなかったが、持ち寄られるエビス・大黒には、橋の三枚目の板で福神を制作すると富貴になるという俗信を想起させる像が存在し、今後のエビスの研究に興味深い課題を提供することができた(13)。

前章と本章にわたって「松本平のエビス信仰（上・下）」をまとめ終え、不十分ながらも、松本平の農村部には農作物豊穣祈願のために、また市街地商業地域には商売繁昌の神として、エビス信仰が広く深く浸透定着している実態を分析することができた。そして、商業地域のエビス講は周辺農村部の人々を吸収して殷賑をきわめているのであるが、その背景には各商店の努力に加え、江戸時代、西宮神社が宣布したエビス信仰が定着し、農村部の人々にエビスに何かを求めようとする心意が充満していることがあげられるであろう。

註

（1）拙稿「松本平のエビス信仰(上)―西宮恵比寿神社の神札頒布にかかわらせて―」(『日本常民文化紀要』二五、二〇〇五年。本書第二部第七章所収)。

（2）前稿でも断わっておいたが、エビスの表記は、恵比須・恵比寿・戎・夷・蛭子・胡などさまざまあるが、小稿においては、資料の引用部分や固有名詞を除いて「エビス」で統一したい。

（3）高美正浩・鈴木俊幸『松本の天神さま』(高美書店、二〇〇二年)。

（4）エビスと考えられていても、ほとんどはエビス・大黒がセットとして信仰されている。これは興味深い事実で、本章において単にエビスという場合でも、実際にはエビス・大黒であることが多いことをお断りしておく。

（5）『百姓伝記』巻二(日本農書全集一六、農山漁村文化協会、一九七九年)五七頁。

（6）エビスの不具神伝承については、拙稿「エビス神の一側面―不具神伝承について」(『日本常民文化紀要』一〇、一九八四年。本書第二部第二章所収)。

（7）野村信太郎「恵比寿講について」『信陽新聞』(一九五〇年一一月一八日)。

（8）『商都まつもとを担って(松本商店街連盟五十周年記念誌)』(松本商店連盟、一九九八年)九一頁。本町の商業活動の母体として「本町えびす会」があったことについては、『本町近代化の歩み』(本町近代化推進連盟、一九六六年)にも述べられている。

（9）関東地方の農村部でも同じようなことがいわれていたので、その背景には何かがあるのかもしれない。

（10）『信陽新聞』(一九五〇年一一月二一日)には、「ほくほくの足袋やさん」との見出しで、「エビス景気をさらったのは市内各通りの足袋やさんで本町通り某店では山のようにつみ上げた一足百十円の純綿紺足袋、百四十～百五十円の同色足袋などがまたたくまに売りつくされ」たと、報じている。

(11) 飴市の全体像については、松本あめ市実行委員会編『松本のあめ市—その歴史と起源』(高美書店、一九九七年)に詳しい。

(12) 『商都まつもとを担って』(前掲註(8))二八頁。

(13) このことについては後に「橋板製のエビス・大黒像」(『民具マンスリ』四三—八)としてまとめ、本書第二部第三章として収載した。

調査にあたっては、遠藤久芳氏、太田　坦氏、小口博之氏、北澤道生氏、清水暎芳氏、竹内　功氏、藤村吉彦氏、藤森睦三氏、古田昭夫氏、三村　晃氏、横沢徳人氏ほか、多くの方のお世話になった。記して心より御礼申しあげます。

第八章　漁民のエビス信仰

はじめに

磯での藻類採集や潜水しての貝類採捕も重要な漁撈活動だといえるが、もっとも一般的かつ主要な漁撈といえば、船を用いての釣漁・網漁であろう。水産物の養殖も年々盛んになっているとはいえ、やはり最大の漁撈活動が船を漕ぎ出して魚類を捕獲することであるのは、昔も今も変わりがない。

多くの漁民は、日々、「板子一枚下は地獄」の世界に生きてきた。同時に、漁撈が自然相手の採集活動であるからには、いかに潮流や瀬の状態、気象、魚群の習性などを熟知した経験豊かな漁民も、豊漁・不漁に一種のときの定め的な思いを抱き、そのような不確実な世界のなかに生きてきたのである。船内に無線装置が備えられ、精度のよい魚群探知器が開発されても、漁撈が海上での採集活動である以上、身の危険と漁の当たりはずれからはなかなか解放されるものではない。したがって、安全と豊漁を、どうしても超人間的・超自然的な霊格すなわち神に頼ろうという気持ちになるのは、やむをえないことといわねばならない。このような心性は、農民や商人、山林業者や諸職人等々、働く人々すべてに共通することではあろうが、漁民においてはそれが、とくに厳重なように思われる。

漁業の民俗学的研究には、漁法や魚具そのものと、それらの背後にあるさまざまな伝承的知識を取り上げることができる。漁民社会や特有の漁撈組織、漁業権や資源保護に関する諸慣行（たとえば口明けなど）を対象とすることもできる。また、水産物の加工法や商品としての販売流通のシステムまでも、視野におさめることが可能であろう。このような幅広い研究分野のなかにあって、先に述べた、海上・船上活動に伴う危険性と採集活動の不安定さの克服を神に頼ろうという漁民の信仰は、漁業民俗の基底をなす重要な研究課題だといえる。

早くに桜田勝徳は、『漁村民俗誌』(1)のなかに「漁祭と海の信仰」「船と航海」の章を設け、さまざまな豊漁祈願や船霊・漂着神など海と漁に関わる漁民の信仰を論じて、この分野の研究に先鞭をつけている。昭和十二年からの「海村調査」や昭和二十五年からの「離島調査」においても、信仰の面には充分な注意が払われて、多くの資料が集積された。「海村調査」の正式報告書『海村生活の研究』では、これらが「漁撈と祝祭」「海の怪異」「海より流れ寄るもの」「海へ流すもの」「海辺聖地」「海上禁忌」「血の忌」として整理されている。「離島調査」の報告書『離島生活の研究』は地域単位に編集されているために、『海村生活の研究』のように全調査対象地の海と漁の信仰を鳥瞰できないが、各調査地の報告のなかには、他の民俗と関連させつつ海と漁の信仰が詳述されている例が多く、地域の漁業民俗を考えようとする場合、信仰の問題を抜きにしては十全な理解に達することの困難であることを示唆している。

本章の目的は、かつての「海村調査」「離島調査」に述べられているエビス神信仰と現行のものとの比較にある。

一　漁民の信じる神

関敬吾は、『海村生活の研究』の「漁撈と祝祭」の章において、漁民の信ずる神を次のように整理した。

漁夫の間にあっては概して三つの神が信仰されている。一は漁の神であり、他は海の神である。しかし今回の調査の結果ではそれほど明確には現われていないが、前者はエビス様と謂われ、後者は龍王様といっている。（中略）今一つの信仰対象は船霊様である。[2]（引用者註：常用漢字と現代仮名づかいに改めた。以下、引用文については同じ）

漁の神としてのエビス、海の神としての龍王、船の神としての船霊、この三つが漁民の信ずる三大神格だというのである。筆者はこれを参考にしつつも、漁民が信じている神は、地域神・海神・漁神に三大別するのが適当かと考えている。そして、漁神の下位概念として船の神・網の神・海上漂流神（もしくは漂着神）が考えられ、このうち船の神は海神の下位概念ともなりうる。これらの関係を図示すれば、図1のようになる。いくらか敷衍してみよう。

地域神は地域社会全体と地域の個々人の安寧繁栄を約束する神ではあるが、漁民が漁撈に関わらせて信じる場合には、海上安全や豊漁をかなえてくれることを期待している。わが国では半農半漁地域が多く、同じ神を農民が農耕にかかわらせて祈願すれば、その人にとってはその場合、農耕神とみなされる。同じ漁民でも漁撈を意識せずに、少しばかり耕作している田畑の作物の豊穣のみを祈ることもあるだろうし、正月や例大祭に詣ずればこの神に地域の安寧や家内安全を祈ることになろう。このように地域神は融通性に富む神ではあるが、沿海諸地域には漂着神の伝承の伴う地域神が少なくなく、また、海神・漁神的性格を強くもつ住吉大社や金刀比羅宮・宗像大社などが地域神として祀られているケースも多く、漁民が漁撈にかかわらせて信じる神を考える場合でも、地域神の存在は無視できない。

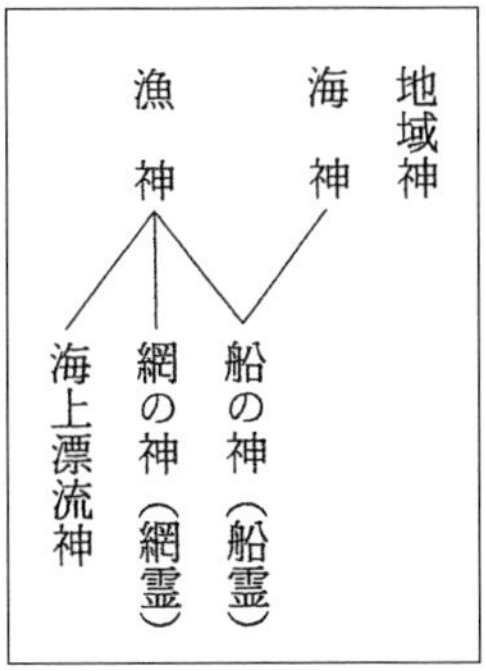

図1　漁民の神

海神とは、海波の平穏と海上での安全を願う神である。漁民は心のなかで、海・凪など単なる自然神に祈ったり、遠くに見える山に鎮まる神を頼る場合もあるであろうが、海上安全を標榜する大小の社寺の神札・護符を船中に祀り、つねにそれらに安全を祈りつづけている。造船時に船霊《ふなだま》を祀りこめ、その加護を信じてもいる。船中のみでなく、漁民同士海辺に海上安全の神々の小祠を設けて共同で祭祀したり、各自で屋内に祀ることも一般的である。

漁神とは、豊漁を祈る神である。これも、大小の神社の神札を船中や海浜の小祠や屋内に祀って祈願する。また、船の守護神として船霊の支援をも期待する。不漁のさいには、船霊をとくに丁寧に祀ったり、ときには新たな神体に祀り替えたりする例が多いことから、船霊が漁の神としても意識されていることがわかる。このことは、船霊の神体の一部として毛髪を提供した女性に対し、漁果の一部を持参することからもいえるであろう。

漁神としては、網の神や漂流神の存在も無視できない。網の神とは、大型定置網の浮子《うき》の部分を漁を授けてくれる網霊（オオダマサマなどと呼ぶ）として祀る例が西日本に多く、また、定置網のミトグチ（魚の入り口）に神霊を意識して神酒を注ぎかける例も多く、明らかに網の一部にも豊漁の神が意識されている。漂流神とは、たんに漂着神伝承によるものにかぎらず、鯨・海亀をはじめ、特殊な石、流木、流れ藻、さらには水死体までも豊漁をもたらせてくれるものとして祀る例が多く（事実、こういう漂流物の周囲には魚群のまとわりついていることが多いらしい）、これらも一種の漁神として意識されているのは明らかである。

漁民が漁民として信じる神は、右のように三つに類別できる。ただ、海神・漁神的性格の強い住吉大社や金刀比羅宮などが、海神・漁神に限定されずに地域神として祀られていたり、本来は海神・漁神の性格のない地域神が、氏神であるがゆえに船中に祀られている例があるなど、漁民自身がつねに筆者のいう地域神・海神・漁神を截然と三類別しているかどうかはわからない。

そのなかにあって、「海村調査」「離島調査」で多く報告された龍王やエビスは、今回のわれわれの「「海村調査」

追跡調査」においても、龍宮や弁天などと並んで各地で海神・漁神として依然信仰され続けていることがわかった。そこで小稿では、全国の沿海諸地域において漁の神としてはもっとも馴染み深いかと思われるエビスにつき、幾地域かを取り上げて、信仰の継承あるいは変容の具体的諸相を、その要因とともに考えてみたい。それに先立ち、エビス信仰を概観しておこう。

二　エビスの信仰

現在、エビスを神とする信仰は、漁民のみならず農業・商業を営む人々のあいだにも、さまざまなかたちで広く定着している。[3] 未開の異俗の人々というほどの意味のエビスが神として文献上に表われるのは平安時代のごく末期らしい。[4] 都の知識人の記す文献においてはそうではなかったが、その頃、地域の人々には漁の神として信仰されていたと思われる。それが鎌倉時代から室町時代にかけて畿内中心に多くの信仰を集め、とくに室町時代には福神信仰の高まりのなかで七福神の有力なメンバーに加えられるにいたって、都市部の商人の間に商売繁盛を約束してくれる神として迎えられるようになった。福神信仰がしだいに農村部へ浸透する過程で、在来の各種豊作祈願の神との習合をへて農耕神としての性格も帯びるようになった。というわけで、エビスは現在、わが国有数の民俗神として多くの人々の信仰を集めているのであるが、早い頃から海・漁に関わり深い性格を示していたことや、現在漁民信仰においてもっとも豊かな展開をみせていることから、エビスは本来、漁民のなかで育まれてきた神だったかと思われる。

現在、エビスの信仰は、沖縄県を除く全国ほとんどの地域に分布している。このうち沿海諸地域のエビス信仰をながめてみると、東日本と西日本では、西日本のほうが分布が濃密、かつ信仰形態が多彩である。東日本において漁民信仰が希薄だというわけでは決してないが、ことエビスに関しては、その発祥と展開に西宮神社（兵庫県）・厳島神社（広島県）・美保神社（島根県）・宗像大社（福岡県）などがかかわっていたと考えられるだけあって、西日本によく浸透している。

鯛を小脇に抱えて手に釣竿を持つエビス像を祀るのは全国的で、中世の福神信仰の広まりのなかで定着していったエビスイメージであろう。この場合には、大黒像とセットにして祀られることがほとんどである。たんなる自然石を神体とする例も全国的であるが、神体に自然石を用いるのはどちらかというと西日本に多い。大型定置網の浮子を網元宅でエビスの神体としていたり、海波に揺れる浮子に網関係者がエビス神を観念するのも、西日本とくに瀬戸内周辺に著しい信仰形態である。

湾近くに寄るクジラをエビスの訪れとする信仰も広い。大型のクジラそのものが有用であるのはもちろん、他の魚を追ってくるなどいわゆる幸を与えてくれるからであろう。魚群を伴いつつ漂流する流木や海藻の固まりにエビスを観念するのも、似たような心意かと思われる。漂流死体に対しても同じような観念がもたれている。漂流死体を鄭重に扱わねばならないというのは全国的であるが、これをエビスと呼ぶ例は、下野敏見によると、東北地方にもエビス信仰の南限にあたる薩南諸島にもなく、日本列島のなかでエビス信仰全体よりは少し小さい分布圏をなす伝承だという。(5) 筆者のみるところ、この少し小さい分布圏のなかも均質ではなく、西日本の方が漂流死体をエビスとする伝承は濃いように思われる。

海中に釣糸を垂らすときや網を入れるときなどに、しばしば豊漁を祈って「ツヤ、エビス！」とか「エビスさん頼む」などと唱えるのも、西日本漁民のものである。ただ、新潟県山北町の川漁において、捕獲した鮭を撲殺する際に「オエビス、オエビス、オエビス」と唱える例が報告されており、(6)「エビス！」なる唱え言の分布は東日本にもおよんではいるのである。

三　「海村調査」「離島調査」との比較

「海村調査」「離島調査」の各報告には、なんらかのかたちでエビスに言及したものが多い。当時熱心に信仰されていたからであろう。今回のわれわれの調査（成城大学民俗学研究所による追跡調査）においても熱心さに変わりはなかったが、この五十年ないし六十年間の激しい社会組織の変化や漁組織・漁形態の変化によって、信仰の様相にはそれなりの変容がみられた。筆者が直接に調査したもののうち、過去の報告が比較的詳しい三地域を選んで、昭和十年前後（鹿児島の例は昭和三十年前後）から平成十年前後までの六十年ほどの間の変化の実相を垣間見てみよう。

1　岡山県笠岡市白石島

福島惣一郎は『離島生活の研究』[7]の笠岡市白石島の報告のなかで、オダママツリと一月十日の初エビス・十日エビスについて報告している。A・Bとして引用しよう。

A　四月三日をオダママツリ（網霊祭り）といい、オカガミをつくって神棚にそなえ、浜のエビスにも進ぜてからサカモリをする。オダマは大黒様であるという。オオダマというときには大きなタマ網であるともいい、昔は苧《お》を用いて網をつくったからであるという。

B　（一月）十日は、初エビス・十日エビスといって仕事を休む。またこの日にはオダマオコシ（網玉起こし）といって大漁の予祝を行ない、一年間の計画をたてる。竜神の祭りは、一月十日の初エビスにその年の豊漁を予祝して行なわれる。エビス講は、正月十日漁師だけが集まって行なわれる。

まず、オダママツリであるが、福島はオダマ（大黒様）とオオダマ（大きなタマ網）を明確に区別しており、当時はそのように説く人があったのかもしれないが、今回の調査では明らかにできなかった。しかし、カッコづきで網霊祭りとしているのだからオダママツリの実態は網霊祭りだったと考えられ、そうすると、瀬戸内地方では広く大型定置網の中央に置く浮子（アバ）もしくは浮樽（ミトダル）をオオダマサンと呼んで漁網の神としていることからみて(8)、筆者には、これはオオダママツリと理解すべきではないかと思われる。Ｂのオダマオコシについても同様である。

【変化と現代の様相】

オオダママツリ・オオダマオコシは、現在でもそういう名を聞いたことがあるという人は多い。しかし、八十歳代の人でも具体的な行事内容は覚えていない。この行事は昭和二十五年頃までは定着網の網元を中心に行なわれていたようだが、網の権利が漁協へ移るようになって消滅したのであろう。

初エビス・十日エビスは、現在でも旧暦一月十日をそのように呼び、漁をする人は皆、各自で浜のエビスに参りにいく。現在はただそれだけであるが、今回の聞き取りによると、一九四〇年代（昭和十五～二十四）には宵宮にあたる九日夜に漁師が浜のエビス祠の前に集まって火を焚き、飲食を共にしていたという。昭和二十三年頃、巾着網に大漁が続いたことが現在なつかしく語り伝えられており、エビス祠の前での九日夜の行事はその頃は盛んだったという。これも大きな網元の衰退とともに徐々に消滅していったようである。

白石島では、漁師宅で神棚にエビス像を祀るほか、浜という場所に共同のエビス祠がある。そこへは、十日エビスのとき以外にも、網が破れると同じ網の仲間同士で仕事を休んで参りに行ったり、不漁が続くと漁を休んで参りに行ったりし、そのあとで仲間の誰かの家で酒盛りをしたという。これはエビスゴモリと呼ばれており、一種のマンナオシである。エビスゴモリも一九五〇年代には行なわれていたというが、現在ではほとんど行なわれない。浜のエビスは、オオダママツリや十日エビスのように定期的な豊漁祈願をするほかは、もっぱらこのようなマンナオシの対象だったようである。

このほか浜のエビスは、十月の氏神の祭りの際の神輿の重要なお旅所の一つである。これは現在でも同じである。

【小括】

各漁師宅のエビスのほか、浜のエビスが祀られており、これは「離島調査」当時と同じである。浜のエビスの具体的な祭りとしては、旧暦一月十日の初エビス・十日エビスにだけは参りに訪れる人がいるが、その宵宮の行事や、オオダママツリ・オオダマオコシに関連した行事、それに、不漁などのさいの不定期のエビスゴモリなどは、現在では行なわれなくなっている。その要因には、一般的な信仰心の衰えもさることながら、それらの行事の中心になっていた有力な網元の退転があげられよう。

2　愛媛県越智郡宮窪町

倉田一郎は「採集手帖（沿海地方用）」[9]の質問74（神への供物などを問う内容）・78（漁の神などを問う内容）に答え、地域のエビス祭りと各家のエビスについておおよそ次のように報告している。A・Bとしてまとめてみよう。

A　浜方では新暦九月十日にオエベスサンの祭りを行ない、宮の窪の四トーといって、四つの頭屋の戸主が小鯛を二尾ずつ持ってきて供える。九日の宵には太夫が来て頭屋宅のカドに注連縄を張る。九日宵から漁は休みとなる。オエベスサンは漁の神である。

この頭屋は、旧暦正月八日の初祈禱という行事の際に、前年度の頭屋宅に皆が集まって籤をひいてきめる。このとき参加者は五〇銭とか三〇銭とか持寄るが、頭屋宅では五円とか一〇円など多く出す。新旧頭屋のあいだに、格別の引継ぎ儀礼は行なわれない。五十年ほど前の明治中期には頭屋は一軒だけだったというが、その後、北・南・中ジョ・ハシという四つの組ごとに一つの頭屋を選ぶようになったので、昭和十三年当時は右に述べたように四頭屋制をとっている。四頭屋制になったのは、元来八〇ほどだった戸数が五〇〇ほどに急増し一軒の家だけでは皆が入りきれなくなったためである。

B　浜方では各家でもオエベスサンを祀っている。オエベスサンは男神だといい、女性が神酒をあげる。なお、漁の神はオエベスサンだけでない。ある漁師宅の神棚を見ると、ただの板を壁間に架けたところに山代サン（稲荷だという）・大黒さん（古く浜で拾ったという黒い木片）・舟玉サン（長顔・高鼻の像で今治で買い求めたという）・観音さんなどの画像・神札を祀り、これみな漁の神だと考えられている。

ここでは、在方という農村地域に対して漁村地域を一般に浜方というようだが、右にいう浜方とは、宮窪町宮窪のなかで漁民が多く住む浜という地区を指している。

【変化と現代の様相】

浜方の世帯数は約五〇〇で、現在、そのなかは約三〇世帯前後の広報区（単に区ともいう）一六に分かれている。戦前は倉田一郎が記しているように確かに四つに分かれていたが、現在のこの一六の広報区の役員を広報委員と称するとともに常会長・自治会長とも呼ぶことからみて、戦中の町内会や戦後の自治会結成のなかで、四つがさらに一六に分けられていったものと思われる。

浜にはオエベッサンと通称されている美保神社が祀られている。かつては漁協所在地の西に鎮座していたものを、漁協移転に伴い昭和五十四年に漁協前の埋立地に遷移新築した立派な社である。倉田の報告には登場しないが、文政九年（一八二六）の刻銘を持つ常夜燈があるので、「海村調査」当時には当然祀られていたはずである。倉田のいうオエベスサンの祭りが、この美保神社にかかわる祭りであることは間違いない。

美保神社の祭りは、現在は十月十日前後の日曜日に行なわれる。宮窪全体の氏神である尾形八幡神社の例祭と同じ日である。宵宮（土曜日）の夕刻五時を目安に青年が美保神社の幟を境内に立て、丸一日、すなわち祭り当日の夕刻五時までそのまま立てておく。この幟の立っているあいだは漁止めとの慣行があり、この祭りがムラ休みになるのは、「海村調査」当時も現在も変わらない。宵宮には地区の主だった人や漁協の役員が神社に集まり、タユウサン（尾形八幡神社宮司）を招いて形どおりの祭典を執行する。祭りの当日には、尾形八幡神社の神輿が各地区を練りながら浜へ下りていき、いったん船で沖合にでたあと午後遅く美保神社に渡御し、そこで激しく練ったり、獅子舞をしたりする。現在のオエベッサンの祭りとは以上のとおりで、夕刻にはもう漁止めは解除になるのである。しかし神輿はその夜は美保神社に留まり、翌日に何か所かに立寄りつつ尾形八幡神社へ還御する。

では、かつての頭屋の制度はどうなったのであろうか。浜地区が四つの組から一六の区に分かれた段階で「海村調査」当時の四頭屋制が崩れ、各区ごとに頭屋を決めるようになったようである（すなわち頭屋の数は一六になった）。そしてオエベッサンの祭りには、前日に区の若い者が各戸を回って米を集め頭屋に持参し、また、年輩の者は頭屋宅で料理の支度をし、当日には皆が頭屋宅に集まってにぎやかに祭りを楽しんだという。昭和三十五年頃にはまだこのようにしていたというが、頭屋の出費があまりにも大きく、それに家が広くなければ頭屋をつとめることができないので特定の家数軒だけが過重な負担をしばしば負わねばならないことになり、しだいに頭屋での飲食の慣習はなくなったという。したがって現在は、「海村調査」当時のような頭屋制度はなくなっている。しかし、頭屋という名称と若干の機能は継承されており、エビス祭りのときに尾形八幡神社の神輿が立寄って馳走の招待を受ける頭屋が、浜全体で毎年数軒決められている。この頭屋は、新築した家などが縁起をかついで申し出てつとめることもある。

なお、倉田の報告にある初祈禱（ハッビトといっている）は、漁師のおもだった者が海南寺（真言宗）の住職とともに漁協の船に乗り、岬や近くの島々を巡って海中に米飯を投ずる海難者供養の行事として、今も行なわれている。ただ、オエベッサンの祭りとは関係がないようである。

狭義のオエベッサンの祭りは右のようであるが、旧二月一日のナラビツイタチ、七月第二日曜日の水軍レース、九月第二日曜日のスポーツ大会にも、前日の夕刻から当日の夕刻まで丸一日（水軍レースのみ当日朝から翌朝までの丸一日）、美保神社境内に幟が立てられて漁止めとなり、これらも漠然とオエベッサンの祭りだと考えられている。

このうち水軍レースは、宮窪町がかつての村上水軍の根拠地であったため、町当局が町起こしの一環として平成に入って始めた行事である。しかし、その数年前まで旧五月五日に押し船競漕や相撲が行なわれており（このときも漁止めだった）、それがちょうどこの頃はタイ漁の盛期にあたるため漁止めを撤廃しろとの声が大きくなり、漁協の総会で、長年続いた旧五月五日の行事を取り止めてしまった。水軍レースは、それを町の行事として復活させたものといってもよい。スポーツ大会は昭和六十年頃に始めた。しかしこれも、昭和六十年前後までは盆も漁止めだったのを、各家への帰省者の楽しみを考えて盆の漁止めを撤廃したので、漁止め回数の増減という点で符合している。

美保神社に幟が立てられ漁止めとなって何か行事をするのを漠然とオエベッサンの祭りだとする心意からすれば、かつては旧二月一日、旧五月五日、盆、十月十日の四回が広義のオエベッサンの祭りであり、現在では旧二月一日、七月第二日曜日、九月第二日曜日、十月十日（その前後の土・日）の四回がオエベッサンの祭りだということになる。

次に、個人で祀るエビスの件であるが、倉田の報告にあるように、オエベッサンは男神なので女性が神酒をあげるという伝承は、筆者は聞くことができなかった。しかし漁師宅には他の神々とともにエビスは必ず祀っているようであり、「海村調査」当時と基本的な変化はないと思われる。神体としては木像もあるが、木像の神体とともに、毎年氏神の神札などと一緒に配札されるエビス・大黒一対の神札(絵像)を祀るのが一般的である。この神札は筆者がみるところ西宮神社系のではなく、出雲の美保神社系ではないだろうか。

浜には大型定置網はないので、瀬戸内海各地に例が多い網霊(網魂)にエビスを観念する伝承はみられない。しかし、船から釣糸を垂らすときに、頼むから魚を釣らせてくれという気持ちで「オオダマッ」と唱えることは多いらしく、このオオダマとしては船霊を念頭に置いているともいうがエビスだという伝承もある。釣り上げるときに魚が落ちてしまうと、「エエクソッ、オオダマッ」などと悪態もつくという。また、船タデが終わると、「オオダマ漁させてくれ」などと唱えて船タデに用いた竹竿で船腹を叩くこともある。

【小括】

当地のエビスの信仰が浜に所在する美保神社を中心にしていることは、「海村調査」当時も現在も変わらない。祭りに漁止めが厳守されていることも同じである、ただ、社会組織の変更に伴って頭屋制度が崩れたために、かつてエビス祭りのにぎやかさを支えていたかと思われる頭屋宅における共飲共食は、昭和五十年頃でなくなってしまった。美保神社に幟を立てて漁止めを知らせる点でエビスと深く関わると思われている他の広義のエビス行事は、形を若干変えながらも当地の特色ある行事として存続している。個人宅のエビスの祭祀にも大きな変化はないと考えられる。

3　鹿児島県薩摩郡上甑村

上甑村は、甑列島四村の一つである。「離島調査」の正式な調査対象地ではなかったが、『離島生活の研究』には小野重朗の調査報告が掲載されており、しかもエビスについて興味深い記述がなされているので取り上げることにした。

小野の調査は、「離島調査」より十年ほど後の昭和三十五年頃と思われる。エビスの報告例がどの集落のものか明記されていないが、川崎晃稔が他で引用している上甑村平良の内容ときわめて類似しているので、[10]平良かその近くの集落のものと考えてよいだろう。小野重朗は十日エビスとしておおよそ次のように報告している。

大敷き網（引用者註：原文は綱）の漁場にまつるエビス神の祭りについて記しておこう。巾着網や大敷き網の網元はエビス神をまつっていて、旧一月十日（今は新暦）に十日エビスという行事をする。船中のなかで両親揃ったものを三人選び（引用者註：三人という数は疑問。後述）、一人は産婆に、二人はエビスとり（一人が男神とり、ほかが女神とり）となる。三人は舟に乗って海に出る。三人ともに新しい褌をつけて、エビスとりは新しい手ぬぐいで目かくしをして海に飛びこみ、もぐって手にふれた石をそのまま拾い、抱いて浮き上がってくる。早く浮いた方を女神、後から浮いた方を男神とする。産婆は待っていて、その石を新しいトマに包み、持ち帰ってエビス社に安置し、古い神体は海に返す。その後の二月以降の十日エビスは、酒を供えてみなで一杯飲むだけである。

これは、集落内や各家で祀るエビスではなく（甑列島ではそれらの祭りも盛んである）、定置網の漁場近くに祀るエビスについての報告である。内容は、今回の聞取りから判断して、小野が調査したと思われる昭和三十五年頃よりいくらか前の実態を示しているように思われるが、それについては後述したい。まず、平良の現状を述べておこう。

【現代の様相】

平良には現在、弁慶・深浦・木の口という三か所に定置網の漁場があり、漁協が漁業権を持ち船や網を所持し、経営している。定置網の船の乗組員は漁協の組合員のなかから雇用している。昭和四十年頃は三〇人ぐらいいたが、その後まもなくこの網漁に従事する船を櫓漕ぎ船からすべてエンジンつきの船にするなど（プラスチック船にしたのは平成に入ってから）、船を大型化・機械化して船数を少なくしたために、現在は八人だけで仕事をしている。

三か所の漁場のうち、弁慶には九月一日前後にやや小さな網をカマエル(設置する)。台風の影響がまったくなくなる頃、すなわちだいたい一月に入ってからこれを取りはずして、近くに本格的な大型定置網を設け、六月末までおく。深浦漁場のは十月に入ってから本格的な網を設け、六月末までおく。弁慶と深浦の両漁場は比較的近いが、もう一つの木の口はこれと少し離れたところにあり、網も小さい。その木の口へは九月一日前後に設置し、六月末までおいておく。弁慶・深浦両漁場近くの弁慶浜に納屋があり、定置網設置期間中の日々の網繕いは長年この納屋でしていた。しかし、近年、平良漁港の整備に伴い、漁港の一角の埋立地で網の作業をするようになったので、弁慶浜の納屋はいまは荒れるにまかせたままになっている。

前置きが長くなったが、エビスについて述べよう。弁慶の定置網が見下ろせる場所に一つと、深浦の網が見下ろせる場所に一つ、計二つのエビスが祀られている。これらは集落内の恵比寿神社とは異なり、各定置網固有の漁の神だと考えられていて、原則としてこれらの網関係者だけによって祀られている(集落内の恵比寿神社は平良の漁師すべてで祀る)。両定置網のエビスの祭場は比較的近く、ともに弁慶浜から上がっていった小高い山の上にある。両エビスの神体は高さ三〇cmほどの自然石二基(男エビス・女エビス)で、毎年旧十月十日に海中に潜って拾いあげてくる。これに関する一連の行事をエビスカヅキと呼び、次のように行なわれている。

前日に、網関係者で山道の草刈りをしたり、祭場の整備をしたあと[11]、旧十月十日のエビスカヅキ当日は、朝のうちに漁をすませ(したがって当日も漁は休まない)、午後十時頃に弁慶と深浦両方のエビスのエビスカヅキの役割分担を、同時に籤によってきめる。役割とは、幟持ち・花持ち・供物持ちなどのほか、肝腎の海中から神体を拾い上げ抱き上げる役四人である。四人は、男エビス関係者二人と女エビス関係者二人に分かれ、それぞれは潜って石を拾い上げる人(カヅキ方という)と拾い上げた石をトマにくるんで抱き上げる人(これを産婆という)とに分かれる。このように分担すべき役は多く、しかも弁慶と深浦との両方のエビスカヅキを同時に平行して行なうため、現在の漁協の定置網の関係者八人だけではまったく手不足である。かつてのように多くの関係者がいた頃は関係者だけでエビスカヅキを実施できたが、現在ではそうもいかないので、漁協の組合員のなかからかつて定置網の船に乗った経験のある人など、現在の定置網関係者以外の者も加わっているようだ。

さて役割分担が決まると、海中から神体を拾い上げ抱き上げる役四人のうち、男エビス関係者は白褌・白鉢巻、女エビス関係者は赤褌・赤鉢巻を着けて近くの小川で禊をしたあと、そのままエビスの祭場に近い海中に入る。胸ぐらいの深さまで進んだところで、男エビス・女エビスともにカヅキ方は手拭いで目隠しをして同時に潜り、手にした石を拾い上げる。これがその後一年間エビスの神体になる石であるが、一度拾い上げた石は不満足な形であっても決して取り替えてはならない。このように拾い上げた石は、男エビス・女エビスともに産婆役がすぐにトマ（トマを編んだもの）で抱き取りトマに包んで胸に抱く。このときがエビス誕生の瞬間だと考えられているが、作業はすべて海面下で進められる。祭場に無事安置されるまで、神体を人目に触れさせないためであろう。

そのあと浜に上がり、幟持ちを先頭に、トマに包まれた神体石を抱く産婆役、カヅキ方、花持ち・供物持ち、ほかの関係者の順で山上のエビス祭場まで行く。祭場で待つ定置網関係者の長老が神体を受け取って祠に安置し、花を飾り神酒・魚・米・塩などを供えたあと、参加者一同でエビスを拝むのである。神体を包んでいたトマはそのまま祠に屋根として葺かれる。ただし近年、祠にはスレート製の永久的な屋根が葺かれたので、このトマ葺きは必要なくなり、そのため、海中でのエビス抱きにもバスタオルが用いられるようになり、神体を祭場まで包んでいったあとバスタオルはそのまま家に持ち帰るという。なお、前年の神体石は前日の祭場整備の際に取り除かれ、前々年までのものと一緒に祭場周囲に並べられる。このようなことが弁慶・深浦両エビスで同時平行で実施されたあと、両方の関係者は弁慶浜の納屋に合流して、型どおりの直会をする。

右のようなエビスカヅキによって定置網ごとの新たなシーズンの漁の神が定まるのであるが、その後はこのエビスに対して特別な祭りは行なわれない。近年まで弁慶浜の納屋で網繕いをしていたときには、エビス祠がそこから近いので誰ともなく気がむいたときしばしば花を供えに行っていたというが、現在では山上のこのエビスの見守るなか、日々、海上で網モチ(網上げ)作業を繰り返しているだけである。

そして六月末に定置網を取り上げるとき、取り上げた跡に次のシーズン(九月初旬)に入れる際の目印のために錨につけた浮子(タンポと呼んでいる)を入れるが、この浮子の周囲を船で一周し浮子に神酒を注ぐ。この浮子をエビスとはみなしていないが、神酒を注ぐときに皆が山上のエビス祠の方を向いて、来シーズンの漁もよろしくとの意で手を合わせるという。

【変化の諸点】

小野重朗の報告と現在の実態とを比較すると、基本な信仰は異なっていないが次の五点に相違がみられる。一つ目は期日、二つ目は定置網の組織、三つ目は潜る人の資格、四つ目は前シーズンの神体石の扱い、五つ目はシーズン中の祭祀の継続である。以下、少し検討してみよう。

まず期日であるが、かつての定置網は十一月に入ってから、海の状態によっては正月になってから網を入れたこともあり、エビスカヅキは網を入れたあとの最初の十日(旧暦)にしていたという。したがって、小野のいうように一月十日ということもしばしばあったらしいが、固定していたわけではないようだ。それが網をカマエル(入れる)時期が早くなり旧十月十日に固定したのであるが、それが何年頃なのかは明らかにできなかった(昭和五十年以前であることは間違いない)。

次に組織についてであるが、漁協(平良漁協)が弁慶漁場の定置網を経営するようになったのが昭和二十七年、深浦漁場は三十一年である。(12) それ以前は個人が網元として経営していた。網元時代には、漁期が近づくと網元が乗り子希望者を集め、船中ツナギという宴を張って定置網ごとに組織を固め、エビスカヅキはその網単位(船中ごと)でなされていた。漁協が二つの網を経営するようになって定置網関係の組織は一本化されたが(したがって漁そのものは同じ人々が毎日両網とも上げるが)、エビスは網ごとの漁の神だとの意識が残っているので、エビスカヅキだけは別々に(しかし同時に)行ない、籤によって両網どちらかの役割につくのである。

三つ目の潜る人の資格は、かつてはたしかに両親そろった者が担当していた。しかし、関係者が少なくなり、しかも若い人が少なくなると、両親そろった者を四人(両網合計で八人。小野報告にある三人は疑問)選ぶことが不可能になり、遅くとも昭和三十五年頃にはこの原則は崩れてしまっていたようである。

四つ目の古い神体の扱いであるが、現在は好不漁にかかわらず前年の神体石は前々年までの神体石と一緒に祠周辺に並べておく。今回の調査では小野報告のように古い神体を海に返したことは確認できなかったが、かつては不漁のシーズンにかぎり、シーズン終了後に神体を山からころがり落としたり、はなはだしい場合にはシーズン途中で神体を取り替えることもあったという。神体石にそれだけ重要性を認めていたのである。したがって現在でも、不漁が続くと、海中からエビスの神体石を拾い上げたり抱き上げる役を担当したその網の関係者四人は、いうにいえない責任を感じるのだとは、ある漁師の言である。

五つ目のシーズン中の祭祀であるが、現在ではほとんど何もしていない。しかしかつては小野報告にあるように、網を入れてある六月末まで、神体石にかかわった四人が神を授かった人として毎月十日(旧暦)にエビスまで供物をしにいったという。

エビスカヅキについて述べるべきことは以上である。

これとは別に平良集落には恵比寿神社があり、旧十一月三日に漁協の主催で漁関係者すべてが参って祭りをし、そのあと賑やかに直会をしている。このほかに旧六月八日にチンチンドン祭りとも呼ばれる水神祭りがある。これは海の祭りとも考えられているので、弁当持参で参った人々は弁当の一部を近くの海に投げ入れ、さらに一部を神に供えてから食べるのである。漁や海の神以外では、三島神社(氏神)の祭りが旧九月九日(このときのみ神職が祭典を執行)、山の海の祭り(ヤマノコロンという)が旧六月二十四日にある。また、漁師宅の神棚にはすべてエビスが祀られているという。

【小括】

平良には漁師が共同で祀る恵比寿神社とは別に、定置網の網ごとにエビスが祀られている。そしてこのエビスの神体は自然石で、エビスカヅキという行事の際に海中から引き上げ、シーズンごとに毎年祀り替えているのが特徴である。エビスカヅキの方法は、現在の方法と、『離島生活の研究』のなかの小野重朗の報告にあるのとは、基本的に同じであるが、細部にわたれば五点ほど相違の生じていることがわかった。その変化の要因として、定置網の経営主体が個人の網元から漁業協同組合に移ったこと、網の関係者すなわち網に雇用される人々の数が、設備の近代化や若年労働者の減少により少なくなったことなどがあげられる。

おわりに

島嶼部も含め日本の広い沿海地域ではさまざまな生業が営まれているが、漁業はそのもっとも代表的なものである。本章では、漁業のうち魚類の捕獲に従事する人々の信仰、とくにエビス信仰のこの五十年ないし六十年間の変化を垣間みようとした。

漁業とは、水界の魚介類や藻類を採捕・養殖する漁撈活動のほか、それらの加工・販売等の経済活動まで含む広い概念であり、漁業民俗とは、それら諸活動に従事する個人や集団の伝承的営為である。人の営為であるからには、目的達成に向けての人間関係の調整、自然への働きかけの技術的工夫のほか、さまざまな精神活動を無視することはできない。漁業を経済や技術の面からとらえることのほかに、漁業従事者の精神活動に焦点を定めてみることもまた重要ではないだろうか。本章において、エビスを漁の神とする観念やその祭祀のあり方を追ったのは、その試みの一つである。

「海村調査」と「離島調査」の各報告にはエビスに言及したものが多く、それらは、個人宅で祀るエビスと共同で祀るエビスとに大別できる。第二次世界大戦後の漁業制度の諸改革にも拘わらず、それら諸改革が信仰面の改革を意図したものでなかったためか、今回の調査の結果、エビス信仰には個人・共同に拘わらず、「海村調査」「離島調査」当時と現在とに基本的な変化はなかった。

共同で祀るエビスには、集落全体で祀る氏神化したエビスと、あらゆる漁師が共同で祀るエビスと、網エビスとでも呼ぶべき定置網の守護神的エビスで網の仲間同士で祀るエビスとがある。信仰そのものに大きな変化がなかったとはいえ、それらを支える組織の変更によって祭祀形態には変化が生じていた。組織の変更とは、集落の自治組織の組み替えや、定置網の漁業権が網元個人から漁協への移行に伴う漁撈組織の変更のことである。そういう意味では、これらは地域の内発的要因によるものとは必ずしもいいがたく、この五十年ないし六十年間の中央での諸改革が、エビスの信仰にも影響をおよぼしているのだといえよう。

註

（1）桜田勝徳『漁村民俗誌』（一誠社、一九三四年。のち、『桜田勝徳著作集』1、名著出版、一九八〇年に所収）。
（2）柳田国男編『海村生活の研究』（日本民俗学会、一九四九年）二九九頁。
（3）エビスの表記については、序章註（1）参照。
（4）長沼賢海「えびす考」（北見俊夫編『恵比寿信仰』民衆宗教史叢書28、雄山閣出版、一九九一年）。
（5）下野敏見「エビスと水死体―ヤマト・琉球比較の視座から―」（北見前掲註（4）書）。
（6）萱豊『修験がつくる民俗史』（吉川弘文館、二〇〇〇年）七五頁。
（7）日本民俗学会『離島生活の研究』（国書刊行会、一九七五年）。
（8）瀬戸内海歴史民俗資料館『瀬戸内の海上信仰調査報告（東部地域）』（一九七九年）二一八頁。
（9）この「採集手帖」は、成城大学民俗学研究所「柳田文庫」に保蔵。
（10）川崎晃稔「南九州のエビス信仰」（北見前掲註（4）書）一〇三～一〇四頁。
（11）祭場・小祠の作り方については、『上甑村一〇〇年』（鹿児島県上甑村、一九八九年）参照。
（12）『上甑村一〇〇年』（前掲）。

第九章　真鍋島（岡山県笠岡市）のエビス信仰

はじめに

エビス神は、わが国の代表的な民俗神の一つである。未開の異俗の人々というほどの意味のエビス[1]を名とするこの神の信仰は、少なくとも近世中期には、全国の漁業・農業・商業を営む多くの人々のあいだにさまざまな形で定着し始めており、現在でもなお、各地において熱心に信仰されている。その解明は、わが国の複雑な民間信仰の研究にとってきわめて重要であり、現代社会理解のうえでも魅力的な課題である。

本章は、エビス神の信仰すなわちエビス信仰の全国比較を意図しつつ、まずは一小地域におけるエビス信仰の様相を、瀬戸内海のほぼ中央に位置する岡山県笠岡市の真鍋島の事例をもとに、うかがおうとするものである。

真鍋島がエビス信仰に格段の特色があるというわけでも、いま信仰が特に盛んというわけでもない。むしろ衰退ぎみといってもよいが、同島を取り上げるのには、二つの理由がある。

一つは個人的な理由で、もうだいぶ時を経てしまったが、昭和六十一年八月に成城大学の筆者のゼミの学生諸君と同島にお邪魔し、美しい自然に加え興味深い民俗と豊かな人情に心惹かれたからである。多くの方が長年にわたって経験し伝えてこられたことを、熱心に話してくださったにもかかわらず、筆者の指導力不足と諸般の事情により、申しわけないことに成果をまとめることができないまま今日にいたっている。いま不十分ながらエビス信仰についてだけでもまとめ、かつてのお世話のお礼としたい。

もう一つは、かつて瀬戸内海歴史民俗資料館が瀬戸内海各地で海上信仰を調査した報告書『瀬戸内の海上信仰調査報告』を公表したが、(2)同島はその時調査対象になっておらず、同島のエビス信仰を一つの事例としてそれに加えておくことも意味のあることと思ったからである。

いま栄えているエビス神関係の特定の神社・小祠を中心としたエビス信仰を分析するのも、研究上、意義のあることであろう。また、福神としてのエビスとか、エビスと漂流水死体とかいうように、さまざまな性格をもつエビス信仰の特定の側面に焦点を定めて広く各地の比較をするのも、意義のあることであろう。また同時に、あるまとまった小地域におけるエビス神をすべて取り上げ、そこの人々がエビスをどのように認識していたのか、あるいは現在認識しているのかを明らかにすることも、エビス信仰研究上、欠かせない作業である。本章は、真鍋島という小地域において、ささやかながらそのことを試みようとするものである。

一　瀬戸内のエビス信仰の概略

真鍋島のことを述べるまえに、瀬戸内海歴史民俗資料館編刊の報告書により、瀬戸内海地域のエビス信仰について概略みておきたい。

同報告書は、瀬戸内地域の漁村部に広く見られるフナダマ(船霊)信仰、オオダマ信仰、龍神信仰、白旗信仰、金比羅信仰、住吉信仰、稲荷信仰、石鎚信仰、先山信仰、山の神信仰、弁天信仰、厳島信仰、鵜戸信仰、青島信仰、さらには海亀信仰、魔除けの貝をめぐる俗信等について述べるとともに、エビス信仰についても一定のページを割いている。そこで次のように要約している。

瀬戸内の漁民のあいだで、もっとも広く信仰されているのは、エビスサンである。およそ漁民のいる集落であれば、どんなに小さい部落でも、エビスサンの信仰がある。大きなものは、瓦ぶきの本格的な社から小さなものは、粗末な石のほこらまで、その形はさまざまである。エビスサンは大漁をもたらす神様として信じられている。ご神体は、ふつう木製か石製の、鯛を小脇にかかえ、他の片手に釣竿を持ったエビスサンの像である。なかには、海底から拾いあげた自然石や、白さんごであるのもある。(3)

さらにそれらは、だいたい東部瀬戸内地域では兵庫県西宮市の西宮神社、西部瀬戸内地域では島根県美保関町の美保神社か広島県宮島町の厳島神社の、それぞれエビス信仰とつながりをもつものが多いという。

エビス神に大漁を祈願する点では同じでも、祀り方は各地微妙に異なっている。そのなかで比較的目につくのは、かつて鯛網の盛んであったころには、鯛網中央のオオダマと呼ばれる浮子または浮樽をエビス神と観念し、これを家の床の間などに据えて豊漁を祈ったことである。網おろしの際にも、神酒を注ぐなどしてこれを祀っていた。また、不漁が続く際には、エビスの神社や小祠の前でマンナオシをしたり、エビスの神像を漁場や沖合いに持ち出して豊漁を祈ったりしている。

エビスにまつわる伝承としては、他所のエビス像を盗んできて祀ると豊漁になると信じられ、しばしば盗んだり盗まれたりしていたという。そのさい、西の方角から盗んでくると効果があるとされていた。このほか、エビスは耳が不自由だとする伝承や、漂流水死体をエビスと考え、出漁中これに遭遇すると縁起がよいとして引き上げて戻り、丁寧に埋葬したともいわれている。

二　真鍋島の概観

笠岡市は岡山県の最南西部に位置し、真鍋島は笠岡市街から二〇kmほど南方の、瀬戸内海のほぼ中央に浮かぶ島である。図のように細長く、周囲約七・五km、面積は約一・六km²の規模である。島内には、本浦《ほんうら》と岩坪の二集落がある。

筆者が初めて訪れた昭和六十一年八月当時の世帯数は、本浦が一八〇、岩坪が一〇一で、人口は、本浦が四〇六、岩坪が二七五であった。以前から続いていた過疎化がその後さらに静かに進み、現在（平成十三年〈二〇〇一〉）の数はそれより少ない。特に人口減が著しい。

生業は、少なくとも近世以降は漁業と農業が中心であった。農業の場合、水田は皆無で、緩傾斜地を拓いた畑で主として麦・甘藷等を作り、自給食料としていた。しかし、昭和二十年代初頭より除虫菊の栽培が盛んとなり、続いて切花用の花卉栽培に力を入れるようになったため、昭和二十～四十年代は農業による収入が安定していたようである。だいたい昭和期末までその状態が続いたが、若年層の島外流出と農業従事者の高齢化によって、花卉栽培は衰退傾向となり、かつて美しい花の島といわれた真鍋島ではあるが、平成十三年に再訪島したときには、それらの畑のうち、灌木の藪となってしまったものも少なくなかった。

漁業は、真鍋島の主生業である。漁業従事者の高齢化の進んだ現在においても、主生業であることに変わりはない。昭和戦前期までは鯛網漁が盛んだったという。鯛網漁は親方船・網船など七～一〇ハイ（艘）の船団で行ない、そのころはまだ櫓で漕いでいたので、一つの鯛網漁に五〇人前後が携わっていた。それらの人々を網元が雇用していたのである。網元も何軒かあり、かつては網元を中心に、関係者によってエビス祭りやマナイタオコシ・オオダマオコシな

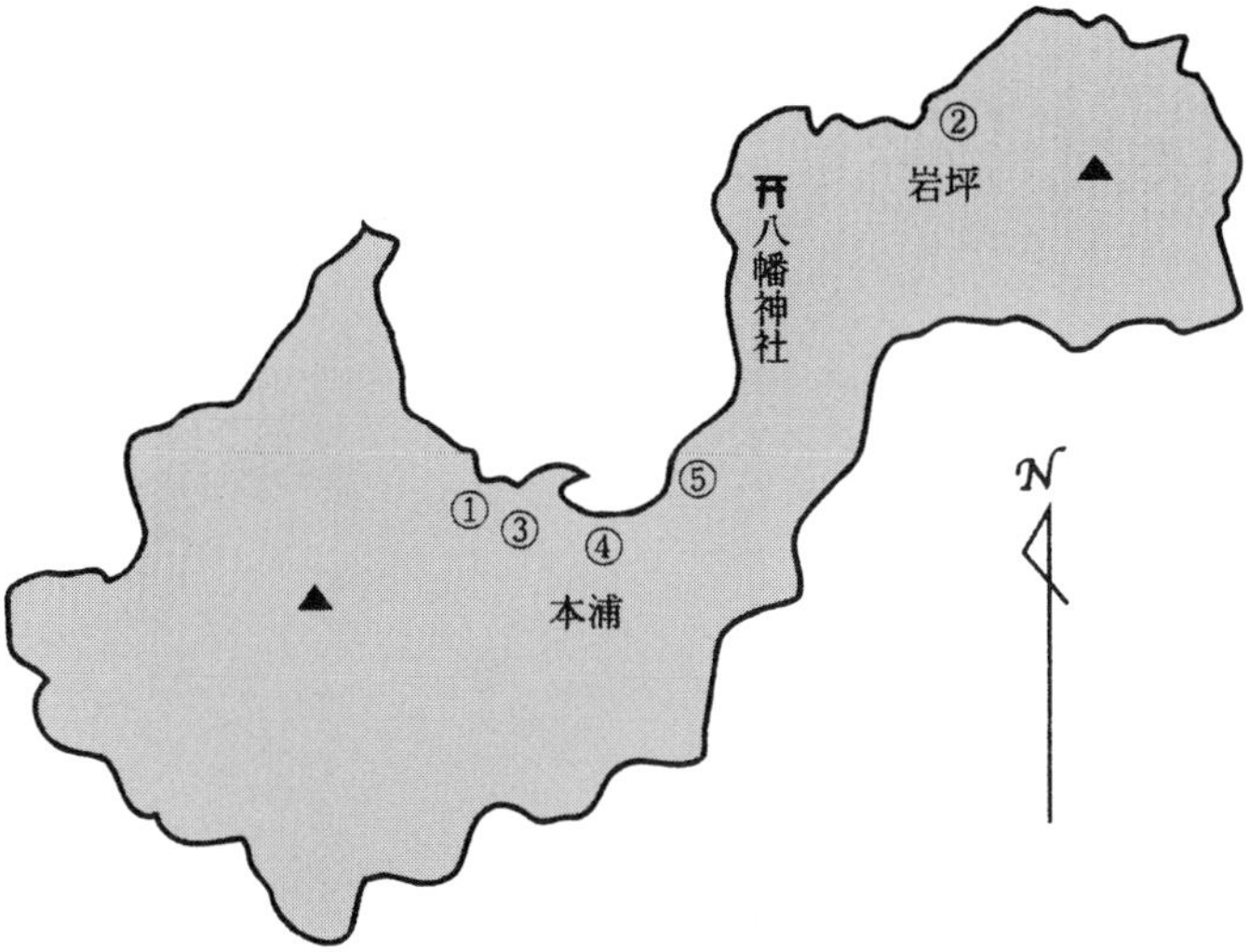

真鍋島略図

①〜⑤は文中の①〜⑤のエビス社の位置

ど漁撈儀礼が盛大に行なわれていたという。また、鰯網や、昭和二十年代には、いかなご網が一〇〇統以上あったこともあるが、現在の網漁は家族中心で営まれ、さまざまな魚を対象とした底引網が主力である。一本釣漁や鮹壺縄・えび網なども行なわれている。

氏神は、両集落の中間に鎮座する八幡神社である。八幡神社の秋祭りには、神輿が本浦まで海上渡御をし、さらにお旅所まで走り込みをするいかにも漁村らしい威勢のよい行事が伝承されているが、青年層の減少で、現在はかつての勢いは薄れているという。八幡神社のほか、金刀比羅宮・山の神・州浜神社・荒神・天神・稲荷・住吉神社などの小祠が島内に祀られている。後述する戎神社やエビスの小祠も、それらの一つに属する。それら小祠ごとに独自の祭りが伝承されている。

特に漁村らしいものに、香川県の金比羅神社から元日早々に授けられる木の大きな神札(護摩札と呼んでいる)を、船でその日の午前中早いうちに島に持ち帰って、いったん氏神に参ったあと浜に戻るのであるが、それを皆が浜に出て迎え、神札で頭を叩いてもらうムラガイチョウという行事が伝えられている。櫓で漕いで往復していた頃には数日前に出発し、元日の朝できるだけ早く島に戻ろうとして漕ぎ手の若い衆は必死だったという。このように競争するように早く漕いで戻ることをオシゴクという。なお、これに用いる船には新造船二艘があてられていた。

とにかく、かつて真鍋島には数多くの興味深い伝承があったし、現在でもまだまだ存在しているが、それらについてはすでに公刊されている『笠岡諸島の民俗』（岡山県教育委員会、一九七四年）その他をご覧いただくとして、以下本章では、エビス信仰関係の伝承に絞って検討を試みたい。

三　真鍋島のエビス信仰

1　エビス各社と祭り

真鍋島には、祭りのときはもちろんのこと、祭り以外にも多くの人がおりおり参るエビスが、左のように五社存在している。

①本浦の戎神社
②岩坪の戎神社
③玉姫大明神参道脇のエビス社
④本浦の桟橋脇のエビス社
⑤久一家裏のエビス社

このうち、①②のみ、簡易ながら拝殿を有する。しかし、①②を含めすべてが小祠と称すべきものばかりである。

特に境内地らしきものもない。
以下、①〜⑤について順次述べていく。

①本浦の戎神社

本浦の戎神社は「ハブのエビス」とも呼ばれている。そう呼ばれる理由は、本浦の地域区分の八区にあるからとも、八区は別名生土?（ハブ）と呼ばれるからだともいうが、人により説明は一定しない。

平成に入って戎神社前の海岸が埋立てられたので、現在は海から隔てられているが、それまでは細い海岸道を挟んで直接海に面していた。約二間四方の拝殿（写真1）を有し、拝殿内の正面奥の一段高くなった場所に木の小祠が据えられ、その小祠内に、彩色された木像のエビスが祀られている（写真2）。像高は約五四cmで、姿は烏帽子をかぶり、左手に鯛を抱き右手に釣竿を持っている。平成十三年現在、小祠の前には、高さ三〇cmほどの陶製のエビス・大黒像一対や、プラスチック製の小さなエビス・大黒像一対が置かれている。これらは祀られているというよりも、どこかの家でもう祀られなくなったエビス・大黒像を、ここへ納めたものであろう。同じ場所にいくつかの珊瑚も並べられている。漁師が海から拾いあげてここへ納めたものであろう。かつては網を揚げると、魚に混じってしばしば美しい珊瑚が入っていたものだとは、老漁師の言である。

写真1　本浦の戎神社（拝殿）

現在の拝殿は昭和四十六年に改築されたもので、拝殿内に掲げられた改築に

写真２　本浦の戎神社拝殿内の小祠とエビス像
前には珊瑚も納められている。

際しての寄附者名の板には、社司として坂本猪之助・山下亀吉・関東文吉の各氏、世話役として拝地友次・川東清・大島君正・関東清太・芳本光義の各氏、それに七八人の氏名が記載されている。当時、このエビスの世話をしていた人達や、これを信じていた人達であろう。なお、社司とは、戎神社に限らず、八幡神社の祭礼をはじめその年の真鍋島の神事の世話係をつとめる役である。

　平成十三年に訪れたとき、拝殿内はやや雑然とし、個人的に参る人はいるようだが、全体的にエビスが熱心に祀られている感じはしなかった。近所の人に聞いてもここで祭りが行なわれているのをしばらく見ていないというし、漁協付近で二人の漁師に尋ねても、しばらく祭りをした記憶がないという。では、しばらくとはどれくらいの期間かと聞いても答えは曖昧であったが、三十年ほど前には拝殿を改築したくらいだから、当時はまだ熱心に祀る人が多くいたのであろう。

　九日エビス・十日エビスという言葉を記憶している人は多く、いろいろな話を総合すると、かつては一月十日と前夜（宵宮）に参る人が多かった。特に宵宮にはエビスに神酒と鏡餅（重ね餅という）を持って参る人が多く、網元などは、そのあと家で若い者に酒を飲ませていたという。これが戎神社の定期的な祭りだったのであろう。このほか臨時には、豊漁や不漁のときにも参りに行った。豊漁のときには網の仲間でお礼のために戎神社に参り、拝殿の前に旗を立て、皆で飲食を共にした。不漁のときにはマンナオシといって仲間で参って共同祈願したが、この際には神主に来てもらい拝んでもらうことが多かったという。また、潮の小さい漁の合間とか、台風ぎみで海の荒れているときとか、身体に疲れがでて休養のほしいときなど、このような出漁をひかえるときにも、年輩の人がエビス祭りをやろうかと提唱し、戎神社に集まって一パイやることがあった。

鯛網時代には、網を入れる網代を決める相談も、戎神社に集まってしていたという。また、網を張る漁師と一本釣り漁師とが漁場をめぐって対立するようなときにも、ここに集まって相談をし、対立を調整していた。

②岩坪の戎神社

岩坪の戎神社は、約二間半四方の拝殿を持ち、拝殿内の正面奥に木の小祠が据えられ（写真3）、そのなかに高さ約三〇㎝の石像エビスが祀られている。その姿は、左手に鯛を抱き右手に釣竿を持つ坐像である。小祠の前には小さなさまざまなエビス像が置かれているが、これは祀られているというより、個人宅で祀らなくなった像をここへ納めたもののようである。珊瑚も多く散在しており、漁師が網にかかった珊瑚をエビスに供えたのだという。ローソク立て・線香立てもあり、また、散米した人がいるらしく米粒が周囲にぱらぱら散らばっており、信仰が現に生きていることがわかる。

神社前には、「美保神社守護」と書かれた幟があり、この戎神社が島根県美保関町の美保神社系のエビスであることがわかる。小祠には美保神社の神札も納められている。

ここでは現在でも、一月十日（新暦）に十日エビスの祭りを行なっている。ただ、十日エビスとは称していても、賑やかなのは宵宮である九日夜である。戎神社の祭りに積極的に関わる家々をエビスのクミウチと呼び、平成十三年現在、クミウチは六軒ある。クミウチといっても特定の家筋の家というわけではない。クミウチはかつてはもっと多

写真3　岩坪の戎神社拝殿内のエビスの小祠

エビス像は少ししか見えない。近くには珊瑚が納められている。

かったが、親の熱心な信仰を子が継承せずにクミウチを離れる家があったり、また希望して新たに加わる家があるなど、クミウチのメンバーは流動的である。金比羅のクミウチなどもあり、一軒でいくつもの神のクミウチに入っている場合もあるのである。

祭りのまえには、クミウチの人々が拝殿の掃除をしたり、幟を立てなおしたりという準備をする。供物には神酒・生魚(鯛とか鮃など何の魚でもよいが生のもの)・塩などが用意されるが、これはクミウチのなかから毎年交替で選ばれる当番が中心になって整える。宵宮に皆で飲み食いする馳走の準備も同じである。

さて、ヨミヤ(宵宮)にはクミウチ以外でも漁師を中心に集落の多くの人々が参りに来る。拝殿の前で火を焚き、クミウチの人々がそれら参拝者に酒や煮〆などで接待するので、ヨミヤは賑やかである。そういう意味で、岩坪ではエビス信仰が現在十分に生きているといえよう。翌十日は十日エビス当日であるが、参拝者は多くなく、午前中に八幡神社の神官を招いて型どおりの式典をし、そのあと、クミウチの人々が卵酒に刺身という献立で飲み食いをして別れるだけである。十日は休漁日でもない。

十日エビスのほか、不漁が続いた場合などには、クミウチとは関係なく、漁形態の業種ごとに戎神社へ参ってそのあと飲食を共にし、マンナオシをする。釣り漁をしている仲間同士とか、底引網の仲間、建網の仲間、鮹壺縄の仲間、海苔養殖の仲間など、さまざまな業種ごとに豊漁を共同祈願するのである。これらの業種は季節によって漁の盛期が異なるので、一人でいくつもの仲間に加わっている人もある。

③玉姫大明神参道脇のエビス社

本浦の玉姫大明神へ参る坂道途中に祀られているエビスで、高さ約四〇㎝の木像である。左手に鯛を抱え、烏帽子をかぶったエビス像であるが、像の彫刻は素朴である。

平成十三年現在、小祠は破損し、エビス社というにはあまりにも簡素である。熱心に信仰されているとはとても思えない。もともと特定の祭りはなかったようである。このエビスをツンボエビスと俗称する人が多く、耳の悪いエビスなので、小祠をバンバンと叩いたり、来たことを大声で告げたりしてから参るべきだといわれている。また、オカエビスとも称され、かつては漁師以外の人でも多く参っていた。

④桟橋前のエビス社

本浦の巡航船の桟橋脇の、小さいながらがっしりした木の小祠内に祀られている、高さ約五五㎝の石像のエビス。像の姿は、左手に鯛を抱え右手に釣り竿を持ち、烏帽子をかぶっている。このエビスを「中のエビス」と呼ぶ人もいる。小祠内には、別に高さ約一〇㎝の石像のエビスも納められている。もともと特定の祭りはなかったようである。

⑤久一家裏のエビス社

本浦の東はずれの久一氏宅の裏に祀られている。そのためこれを「東のエビス」と呼ぶ人もいる。石の小祠に納められた高さ約四〇㎝の石像で、左手に鯛を抱え右手に釣竿を持つ姿である。頭部がやや損傷しているので定かではないが、かつては烏帽子姿だったのであろう。小祠の背面に「久屋久兵衛」と刻されているほか、台石裏に何か字が刻されているが、摩滅していてよく読みとれない。

久一家四代目の人が祀り始めたのだと伝えられている。その頃、久一家は鯛網を経営していたので、鯛の豊漁を願って祀り始めたのだろうといわれている。したがって、かつては個人宅で祀るエビスで、久一家の屋内の床の間に祀られていたというが、いつの頃にか屋外に小祠を設けて祀るようになった。そうすると人目にもつくようになり、参る人もでてきたようである。ただ、特に祭りというようなものはない。

以上、①から⑤まで、筆者が確認したエビス社について述べてきた。このうち小さいながらも拝殿をもち、十日エビスといって一月十日に定期的に祭りを執行し、多くの参拝者を集めていたという点で、①が本浦の、②が岩坪の中心的なエビス社である。真鍋島には、八幡神社という由緒のある神社が、本浦・岩坪両集落共通の氏神として存在しているため、両エビス社はついに氏神社に発展するにはいたらなかったが、漁民の多い真鍋島においては、①②がそれぞれの集落の重要な神としてかつては盛んに祀られていたのである。この両社は、いうなれば村エビスだといってもよいであろう。

それに対して、③〜⑤のエビス社は、社というにはあまりにも簡素な祠しかもたず、かつて集落の大多数の人々のエビス信仰を結集していたとは思えない。明らかに⑤のエビス社がそうであったように、③④も誰か個人（おそらく網元）の祀っていたエビスが、ある時期に複数の関係者間の信仰するところとなり、その信仰が薄れて、現在のかたちになったのではないかと思われる。真鍋島にはイッコンリュウという言葉があり、それは信心のある特定の有力者が、独力で神社の石の鳥居とか社殿を建立したとか、小祠を改築したときなどに用いられるそうだが、③〜⑤のエビス社は、かつて個人によってイッコンリュウで祀り始められたのであろう。

小さな真鍋島ではあるが、現在では祀り始めの時期や動機が不明になっているとはいえ、さまざまなエビスが祀られている、あるいは祀られていたことがわかった。筆者はかつて、鹿児島の屋久島各集落のエビスを悉皆調査して報告したことがあるが、(4) その際にもほとんど例外なく、どの集落にも数社のエビスの存在することがわかった（なかには小祠とさえいえない単なる自然石のものもあったが）。それらには多くの家々・人々の信仰を結集している村エビスといってもよいものもあったが、飛魚を獲るためとか鰹の豊漁を祈ってとかいうように、特定の人々が個別目的で祀り始め、その後、祀り始めた人が離島したり、飛魚漁や鰹漁が衰退したりしても何となく粗末には扱えずに、皆で祀り続けているものが多かった。同じく海上信仰の神であっても、金比羅や住吉などにはこのような例はあまりなく、同じ地域で複数祀られ続けているのはエビス神の特徴といってもよいであろう。

2　エビス社に参る機会

多くの漁民が十日エビスのとき①②のエビス社に参ったことはすでに述べたが、本浦の漁民の場合には、同じ集落内にある③～⑤のエビス社にも、必ずというほどではないにしても、個別に簡単な供え物をしに行ったり、ちょっと手を合わせて拝むくらいのことはしたようである。これは不漁のときにも同様だったという。

正月二日朝の船のノリゾメ（乗り初め）のあとにも参る。ノリゾメには、かつては船で港内を一周したというが、現在では繋留したまま、船内に祀る船霊に、イリワと呼ばれる白木の桶に入れて持参した白米（一升桝に入れてある）・鏡餅・小さい丸餅・小豆飯・尾頭つきの魚・神酒などを供えて礼拝し、船内各所（操縦室や生簀など）に神酒を注ぐ。龍神に献ずるのだと考えて海にも神酒を注ぐ。若い者を連れて行ったりしたときには、甲板で神酒を少し飲み合うともいう。そのあと、イリワに入れた供物をそっくり下げて下船するのであるが、そのあと、戎神社をはじめ金比羅の小祠など順々に参り、イリワに入れた供物を供え(供えたあとまたすぐに下げる)、神酒を注ぐのである。

人によって行ない方は多少異なるかもしれないが、筆者が昭和六十二年正月に岩坪の山本卯一郎氏に見せていただいたのは、以上のようであった。ノリゾメはエビスに参るのが目的の行事ではないが、このときにはエビスにも必ず参るということだった。なお本浦の人は、下船したあと、戎神社のほか本浦のエビス社すべてに参ったのだという。

真鍋島では大晦日と節分の二回、屋内に豆撒きしたあと、集落内各所に豆撒きに歩く慣習があるが、このとき漁師は集落内のエビスには必ず参って撒くという。この豆撒きは、夕方提灯に火を点じ、一升枡に大豆を入れ、その上に鰯など尾頭つきの小魚を載せて豆を撒いて歩くのであるが、このとき、ほかの家の人と出会ってもいっさい言葉を交わしてはいけないとされている。なおついでながら述べておくと、豆撒きに出ていくさいには、通常の入り口ではなく縁側から出るのだという人もいる。

エビスに参る機会を尋ねると、ほとんどの人がこの豆撒きのときのことを熱心に答えてくれるので、真鍋島の人々にとって、この二つは強く関係づけられていることかと思われる。このとき撒く豆をトシマメといい、トシマメの残りは必ず船に入れておけという。海上でボウレイ(船幽霊のこと)が出たときに投げつけるためだという。

3　家々のエビス

すべての家かどうかは確信をもてないが、筆者の知るかぎりでは、どの家にもエビスの小さな木像が祀られている。長押の上に渡した大きな板(これが神棚である)にほかの神々と同様に並べて祀られている。西宮神社や美保神社の神札を一緒に祀っている例もある。

4　エビスにまつわる伝承

筆者が判断するに、エビスは、もっぱら漁の神だと人々に理解されている。船や海上守護の神ではない。船内には船霊が祀られ、同時に金刀比羅宮や厳島神社、鞆の浦（広島県福山市）の沼名前神社などの神札が祀られているが、筆者の知るかぎりエビスは祀られていない。エビスは豊漁を願って海浜において祀られているのである。同じ漁民が生業神として祀る神々であっても、機能は微妙に分かれているといえよう。

エビスはシモ（西の方をさす）から移動してくるといわれている。真鍋島ではエビス盗みの話は聞くことができなかったが、これは瀬戸内海各地で西の方から盗んでくるとよいという所があるのと、関係のある伝承であろう。エビスを不具神とする考えは一般的ではなかったが、かすかながら③のエビス社に耳の不自由な神だという伝承があるのは興味深い。

5　エビス関連の行事

鯛網が絶えてから久しいので、昭和六十一年当時でも、網元など中心的役割を荷なって鯛網漁をしたことのある人はもう健在ではなかった。若い衆として働いた人はいたので、それらの方にエビスのことを尋ねていると、話はしばしばオオダマオコシのことと混線してしまい、エビスの祭りの話なのかオオダマオコシのことなのか、筆者はもとより話者自身も判然としないことがあった。何度か聞き返しても、同じであった。主宰者の網元などは別として、多くの若い漁民にとっては、エビス祭りとオオダマオコシは、結局はどちらであってもたいした差のない、豊漁を求める関係深い行事として認識されていたからであろう。

そこで、筆者が理解したかぎりのオオダマオコシについて述べておきたい。オオダマとは、鯛網の浮子の中心をなす烏帽子の形をした大きめの浮子のことで、オオダマアバとも呼ばれ、桐の木で作られていた。網元家では、古い網からオオダマアバをとりはずして、他の神札やエビス像などと一緒に神棚に祀っていた。それを十日エビスのときに、戎神社に参るのとは別に、家のエビスと一緒に屋内で特別に祀ったようである。このとき、今年船に乗ってくれる人を招いて馳走などし、賑やかに祝ったようである。また、春に鯛網を始めるにあたって、浜でウタセアミをしてオオダマをつける際にも、神棚のオオダマに供え物をして祀っていたようである。

おわりに

真鍋島のエビス信仰について述べてきたが、集落ごとに村エビスとでも称すべき中心となるエビス社があり、そのほかさらに数社存在することが確認できた。いずれも由緒は定かでないが、村エビス以外のエビス社のなかには、かつて有力な網元家などが祀っていたものが、鯛網漁の衰退とともにその家の信仰を離れ、不特定の人々の不断の信仰にわずかに支えられ存続しているもののあることも推測できた。かつては一つの地域にさまざまなエビスが熱心に祀られていたことが、わかったのである。

しかし漁の形態が、鯛網漁など多人数で行なう漁から、機械力を生かした家内労力中心の漁に移行するようになり、エビスへの共同祈願の機会が減り、エビス信仰は全般的に衰退しつつあるように思われる。本浦集落においては、特にその感が強い。ただ、まだ岩坪では十日エビスの祭りが生きており、本浦においても鯛網漁の経験者が少数ながら健在で、いくつかの貴重な話をうかがえたのは幸いであった。

本章ではエビス信仰についてしか述べることができなかったが、真鍋島の漁信仰は多彩である。

註

（1）エビスの表記については、序章註（1）参照。

（2）この報告書は『瀬戸内の海上信仰調査報告』で、瀬戸内海歴史民俗資料館から「東部地域」編が昭和五十四年三月に、「西部地域」編が昭和五十五年三月に編集発行されている。

（3）『瀬戸内の海上信仰調査報告』（前掲）「東部地域」編、一二三〇頁。

（4）拙稿「屋久島のエビス神信仰」（『日本常民文化紀要』八、一九八二年）。本書第二部第十章。

調査にあたっては、荒山忠氏、井本栄太郎氏、井本満寿夫氏、久一滝夫氏、城山鉄二郎氏、的場石蔵氏、的場勲氏、真鍋礼三氏、峯口貞造氏、山下孟氏、山本卯一郎氏、芳本光義氏をはじめ、多くの方々にお世話になった。記して感謝申しあげます。

第十章　屋久島のエビス信仰

はじめに

エビス神(1)の信仰はわが国に広く分布し、農・山・漁村の人々、都市部の商人など、いろいろな生業の人々によって支持されている。エビス神の性格についての理解の仕方は、それら支持する人々の生業や地域の別によって必ずしも一様ではなく、信仰内容は総じて複雑である。

エビスの語義は未開の異俗の人々というようなものであるから、神名としては一風変わったものといえよう。その出現がいつの頃なのか確たることは明らかでないが、すでに平安時代末期にはエビス神を祀る広田神社の夷社の信仰があり、それ以後、鎌倉時代にかけて、石清水八幡宮や東大寺・龍田大社・鎌倉鶴岡八幡宮等々、各地の社寺にエビス神は勧請されていたようである(2)。しかしこの信仰がさらに広まるのは、もともと西宮において並祀されることが多く関係の深かったエビスと三郎殿という二神の性格が混融し(3)、烏帽子姿で鯛を抱いたエビス神のイメージが室町時代の福神信仰の高まりのなかで歓迎されたからである。

三郎殿の性格を取り込みながら、エビス神は早くから漁業航海の神として漁師や海運に携わる人々の間に信仰されていたが(4)、福神の仲間入りをするにおよんで、室町時代以降、都市部の商人の間に広まっていき、干鰯商人、漆商人、その他同業者ごとにエビス講を結成する風が生じたりした。(5)現在においても商家では、エビス講の日にはエビス像を拝み、その前に有り金を桝などに入れて供し、相集まって売り買いの真似を縁起よく行なうことがあるし、エビスに因んだ大売り出しも行なわれている。

一方、農村部へのエビス神信仰の伝播はそれよりもやや遅れてはいたが、江戸時代中期以降、田の神・亥の子神等と結合するような形で、あるいはそれら諸神の地位を襲うようにして次第に受容されていった。そこでのエビス神は、豊作を約束してくれる福神的イメージとともに、特に東日本においては、春秋に去来する神とか、不具神としての性格の顕著なことが特徴といえる。これについてはすでに小稿を成したことがある。(6)

エビス神の信仰が最初は漁業者を中心にしてなされていたであろうことはすでに述べたとおりであるが、また現在においても、漁村部におけるエビス神の信仰は盛んなものがある。その研究にも桜田勝徳(7)・亀山慶一(8)・宮本常一(9)・川崎晃稔(10)・波平恵美子(11)等々のものがあり、事例報告にいたっては枚挙にいとまがないほどである。

屋久島のエビス神については、宮本常一の『屋久島民俗誌』や、地元の雑誌『南島民俗』『鹿児島民俗』等に若干の事例報告をみるのみだが、九州南部に範囲を広げてみると、先の桜田や川崎のように、神体を中心とした研究にその特色をみることができる。漁の開始にあたって、選ばれた漁夫が手拭で目隠しをして海中に潜って石を拾いあげ、それをエビス神のご神体として漁の期間中祀り続ける鹿児島県甑島などの例をあげ、南九州から西北九州に点々と分布している同様の例と比較しながら、かつてこのような漁業儀礼を持つ漁撈生活集団が広く活躍していたことを予想した業績(12)や、種子島全域にわたる漁村のエビス神のご神体を詳細に調査し分類したもの(13)などである。

さて本章の目的は、従来研究上空白であった屋久島内のエビス神信仰の実態を述べ、周辺地域の例や従来の研究成果と比較しながら、同島のエビス神信仰の特徴を考えてみることである。

一　屋久島の概観

屋久島は、鹿児島湾口より南方約七〇㎞の所にある面積約五〇〇平方㎞のほぼ円形の島で、島の周囲は一〇〇㎞余である。九州地方の最高峰宮之浦岳(一九三五m)を中心に、一〇〇〇m以上の山が重畳し、温暖な気温と多量の降水とによって、屋久島杉をはじめ樹木の繁茂が著しい。島のほとんどは山岳部で、耕地は外縁部にのみあり、集落もまたそこにしかない。

人の住みついたのは古く、すでに縄文時代の遺跡も数多くみられるというが[14]、歴史の表面に出てくるのは推古天皇二十四年のときで、『日本書紀』に「三月、掖久人三口帰化、夏五月、夜勾人七口来之。秋七月、亦掖玖廿口来之。云々」とあり、屋久島の人が何らかの理由で、続けて中央へ出ていったことがわかる。その後史書にしばしば登場し、特に中世以降は屋久杉が島外の人々の注目の的になって、薩摩の島津氏により森林統制を受けたりしている。

十五世紀末に、日増上人という日蓮宗の僧侶が種子島への布教後屋久島に渡り、寺院を建て教えを広めるに及んで島内は日蓮宗一色に塗りつぶされたという[15]。しかし明治以降、浄土真宗が伝えられ、現在島の宗旨別寺院数は日蓮宗八か寺、浄土真宗五か寺、その他一か寺となっている[16]。神社は各集落に中心となるものが一社あるが、神官は宮之浦の益救神社と原の益救神社に一人ずついるだけであり、宮之浦の吉元氏が上屋久町の、原の有川氏が屋久町の各社の公式行事に関与している。

明治以前の統計書がないので確たることはわからないが、食糧生産の中心は甘藷で、これを主食として生活してい

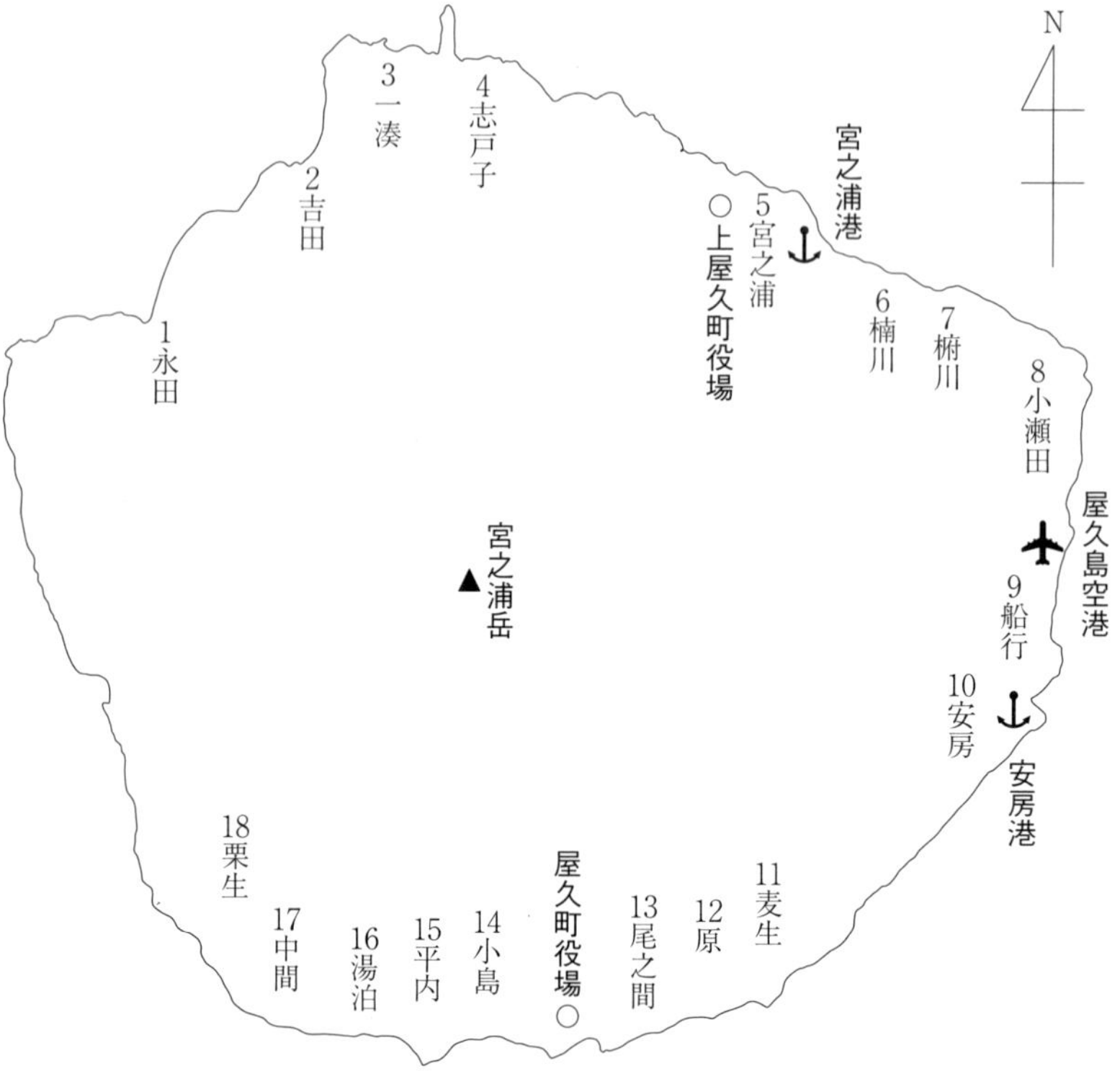
N
1 永田
2 吉田
3 一湊
4 志戸子
5 宮之浦
○上屋久町役場
宮之浦港
6 楠川
7 椨川
8 小瀬田
屋久島空港
9 船行
10 安房
安房港
11 麦生
12 原
13 尾之間
屋久町役場○
14 小島
15 平内
16 湯泊
17 中間
18 栗生
宮之浦岳

屋久島の集落配置

たらしい。もちろん米麦もとれたが充分ではなかったという。林業も重要な産業ではあったが、全集落が海に面しているので、良港の有無と漁獲量の差はあっても漁業に依存する度合いも大きかった。第二次世界大戦後は甘藷やポンカンの栽培も本格的に行なわれ、公共事業等も増えたためそこに雇用される人も多くなり、人々の生業は安定しているかにみえる。

屋久島は鹿児島県熊毛郡に属し、行政上は上屋久町と屋久町とに分かれている(上屋久町には隣島の口永良部も含まれる)。各集落ごとの世帯数は表1のとおりであるが、このなかには第二次世界大戦後に開拓して新たに住み始めた所もあるので、本章においては、それ以前からある＊印をつけた所のみのエビス神信仰について考えることにしたい。

表1　部落別世帯数

町名	集落名	世帯数
上屋久	口永良部	110
	＊永田	287
	＊吉田	137
	＊一湊	544
	＊志戸子	182
	＊宮之浦	1187
	＊楠川	167
	＊椨川	60
	＊小瀬田	155
	長峰	90
	白谷	1
	合計	2920
屋久	永久保	47
	＊船行	90
	松峰	58
	＊安房	585
	春牧	295
	平野	115
	高平	29
	＊麦生	75
	＊原	152
	＊尾之間	239
	＊小島	49
	＊平内	190
	＊湯泊	96
	旭	—
	＊中間	127
	＊栗生	312
	合計	2459

上屋久町は昭和55年10月1日現在、屋久町のは昭和54年7月1日現在のもの。いずれも役場住民調査より。
＊は小稿でとりあげた集落。

二　屋久島の漁業習俗の概略

屋久島の代表的な漁業集落は、一湊《いっそう》と栗生《くりお》である。それ以外では現在、志戸子《しとご》・宮之浦・楠川・安房・原などが比較的盛んであるというにすぎない。しかしこれは動力船が主力になって以来のことであって、戦後しばらくまでの無動力船の多い時代には人手を必要としたので、全集落の男たちは何らかの形で漁業に従事していた。その頃は、古くは鰹漁、続いて飛び魚漁が主体で、一湊のように鯖漁に精を出す所もあった。各集落のエビス神信仰について考える場合、鰹漁と飛び魚漁に関することが多いので、以下少し述べてみたい。

1　鰹漁

表2　明治14年部落別戸数・人口と鰹船所有数

部落名	戸　数	人　口	鰹船数
吉　田	30戸	男　86人 女　106	2隻
一　湊	166	男　470 女　498	11
永　田	190	男　503 女　514	13

上屋久町編刊『上屋久町産業の展開構造』(昭38)より。

大正時代初期まではほとんど全部の集落に鰹船が何隻かあり、集落の成年男子は乗り子としてどの船かに雇われる形で、漁に関係していたのである。たとえば表2によると、単純計算をしても、吉田では鰹船一隻につき男子が四三人、一湊でも約四三人、永田では約三九人となる。これは老若をひっくるめての数であるので、一隻当りの実際に働ける男子数はずっと少なくなる。鰹船の船中には十五歳以上の男子が二五、六人くらい必要だったというから[17]、かつては集落中の働ける男たちがほとんどすべて鰹船に乗っていたと考えても考え過ぎではなかろう。鰹漁が屋久島の生業ひいては日常生活に占める重さが理解できようかと思う。

鰹の漁期は四月から十二月頃までで、日和がよければ毎日でも出漁したという。朝まだ暗いうちから出漁し、まず餌にするキビナゴ(ザコと呼んでいる)をテンマ船とペアになってザコ網で獲り、エダルという大きな樽に生かしたまま積み込み、本船だけは櫓を漕いだり帆をあげたりして沖合に出た。そして鰹の群に近づくと、生きた餌（キビナゴ）を撒いて鰹を近くへ寄せて釣るのである。[18] 詳しい漁法については割愛するが、一応釣り終わると帰港するのであるが、その日のうちに帰港することもあったが、翌朝になることが多かったという。

鰹漁は大正初期までは、まだ活況を呈していたが、その頃になると鹿児島県内の山川港方面から動力船が進出してきたために屋久島沿岸の鰹群は次第に島から遠ざかってしまい、それまでのように帆船での操業は困難となった。そして一部の人達は銀行の融資を受けて動力船に切り替えて一時的には成功するが、結局は長続きせず、以後は鰹漁に代わって鯖漁や飛び魚漁に力を入れるようになったという。[19]

2　飛び魚漁

鰹漁に代わって漁業の中心になりだしたのが飛び魚漁である。飛び魚は長い翼（胸びれ）を持ってしばしば空中を飛ぶ異様な魚であるため、初めは地獄の魚・毒魚などといわれて捕食する者はいなかった。屋久島沿岸には昔から多くいて、[20] 先に述べた鰹の餌用としてキビナゴを網ですくうとこの毒魚が次から次へと入って来、一日中邪魔されて鰹漁に行けないほどだったという。しかし天明三年（一七八三）四月八日、誰かの発想によって飛び魚獲りを始めたのが、この漁の始まりだと伝えている[21]が、またそれよりずっと古く慶長年間（一五九六～一六一五）頃だという記録もあるらしい。[22]

起源はともかくとして、飛び魚漁は鰹漁と並行していくらか行なわれていたが、大正時代初期に鰹漁が衰えるとともに、代わって漁業の中心になった。ただ漁期が鰹漁ほど長くなく五月上旬から七月上旬までの二か月間であるため、それを専業とするわけにはいかなかった。しかし、逆に農業を中心にしながらも季節的に参加することができたし、獲った飛び魚の加工に女性の力も必要としたので、大正初期から昭和三十年代までは、鰹漁の時以上に島をあげて漁業に熱心だったといえる。

飛び魚は八十八夜頃から半夏生の頃までの間、沖合から屋久島沿岸の森林の蔭になった所のモロ（ムロ）と呼ぶ海藻に産卵するために、大群をなして押し寄せるのである。雌が産卵をするとそこへ雄が精子（ニゴリという）を出し、そのあと海面近くへ浮きあがって再び沖合に逃げていくのであるが、そこを待ち伏せして網でとるのが飛び魚漁である。この魚は一般に大きな群れをなして回遊するので、その群れの動きを的確に判断して網を入れ、タイミングよく引きあげることが必要で、うまく群れを捕えられれば大漁になるし、さもなければ一尾も獲れないということも珍しくなかった。したがって同じように出漁しても、集落によって、また船中によって好・不漁の差があり、そのためエビス神を中心に豊漁祝いや豊漁祈願が盛んに行なわれた。

漁をするグループは、二隻のテンマ船と一張りの網で一つの組をなし、それに携わる者一二人くらいで一つの船中を構成しており、各集落には幾船中、幾十船中とあり、男手のたりないときには飛び魚漁に限っては女性でも船に乗り込むことが許され、それでもたりないときには、熊本県天草あたりから乗り子を雇ったりしたという。獲った魚は船中ごとにすぐ浜で各家々に分配され、冷凍船のない時代には、腹わたを出して洗って塩をして大きな樽に一晩くらいつめたあと、再び取り出して一日半ほど乾して問屋に売ったという。したがって飛び魚漁の時期には、屋久島のほとんどの家が漁家に変わって老若男女が参加したため、その漁業開始期や終了時の祝い、不漁時のマンナオシ等は、鰹漁のとき以上に集落をあげて盛大にかつ真剣に行なわれていた。

しかし、昭和三十年代末頃から飛び魚は島の沿岸に寄りつかなくなったため、ほとんどの家では飛び魚漁から手をひき、改めて漁業を専業とする者だけが沖合はるかで、ロープ引きという大々的な飛び魚漁を行なうようになったのである。

3　漁の祝祭

漁業に関する儀礼について触れておきたい。次に述べる集落ごとの実態説明と若干重複するが、各集落にほとんど共通すると思われるものについてのみ、述べることにする。いずれも豊漁祈願とその感謝の気持を表わすものであって、集落共同で行なったり船中単位でしたりするのであるが、そのいずれの場合にもエビス神に対する参拝を欠かせないことにしているのである。ただ、現在聞くことのできるのは、ほとんどが飛び魚漁関係のものである。おおよそ明治三十年以前に生まれた方のなかには鰹漁に従事した人もいるにはいるが、当時はまだ若くて儀礼の主役を果たす年齢ではなく、その内容についてては残念ながら断片しか知りえない。また既発表の論文・報告書をみても、管見のおよぶ限りでは屋久島の鰹漁関係の儀礼にまで触れているものは見つからなかったのである。

①船祝い　どの集落でも一月二日に船主宅に集まって行なっていたし、現在でも漁を続けている所では祝っている。一湊集落の例を、川崎の報告(23)を引用する形で述べてみる。二日早朝、船主が馳走と神酒、白紙に包んだ米・塩を持って浜に行き、トリカジから乗り込んで船霊の前に供えて拝礼する。そのあと神酒を少し飲み、米・塩をトリカジ、オモカジの順に海に投げ入れて海を清め、オモカジから船を下りる。続いて同様な供え物を浜のエビス神にもするが、エビスには「大漁〇〇丸」と書いた長さ六尺くらいの紅白の布の旗も奉納した。これらをすませると船主宅で船祝いが始まる。船祝いは午後二、三時頃から始め、このとき一年間同じ船中として乗り込む者同士が初めて正式に顔を合わせることになる。即ち船祝いであると同時に、乗り子たちの勢揃いの機会であった。船主は船祝いに集まる乗り子や親戚の数だけ膳を用意し、床の間の掛軸もエビス神のものに代える。全員膳についたら、船霊に供えた神酒の残りを船主が全員についで廻ったあと酒宴に入るが、決まった歌などはないが、とにかく無礼講の飲み放題で夜明かして飲むという。帰りには船主が乗り組員全員に手ぬぐいと船餅を配るという。

②漁業開始期の儀礼　そろそろ飛び魚が獲れ始めようかという八十八夜前後に、船主が浜のエビス神に豊漁を祈願したあと、乗り子が船主宅に集まって飲食を共にして祝った。このさい、楠川では、若い者を代表にたてて石塚岳まで豊漁祈願の岳参り（集落背後の山や島中央の山に登拝すること）に行かせ、他の者はエビスに参拝して祈るというし（麦《むぎ》生《お》でも岳参りはした）、宮之浦ではこの頃までに各船中ごとに益救神社に願かけをし、神官からもらった網札や船札を網にくくりつけたり船に貼ったりして出漁の準備をすませておくという。

③初漁の祝い　漁期に入り最初の漁獲のあったときにはオスケの祝いをする。これは次に述べるイダケの祝いと形式的には同じであるが、より大々的に行なうものである。

④平素の漁祝い　毎朝漁から帰ってくると少しでも漁獲があればイダケの祝いをする。各集落の実態説明のところで少しずつ述べていくが、たとえば湯泊《ゆどまり》の場合には、船が港に入ってくると各船中ごとに、若い漁師が魚二尾を持って海に飛び込んでエビスの所まで泳いでいって腹合わせにして供えて拝んだ。そのあとオサ（赤いエラのところ）だけ取ってエビスの前に残し、身は持ち帰って他の魚と一緒に刺身にして酒を飲みながら食べるのだが、エビスに供えた魚の身は乗り組員は必ず一切れは食べなければならないとされていた。このように船中ごとに飲食を共にする前に、船（飛び魚テンマ）の真中（船霊を祀る所）に塩・米を供え、神酒（焼酎）をふりかけて拝むのである。これは原集落の箇所で述べる鰹漁のイダケ祝いと共通する部分が多く、鰹と飛び魚の漁獲儀礼の連続性が推察される。

⑤豊漁の祝い　そのシーズンの飛び魚の漁獲高の合計が五万とか八万とか一〇万尾とか区切りよい数を越えた時には、そのつどマンノ供養とかマン越しの祝いとかいって船主宅で大々的に祝った。このときには船に旗を立て紅白の布を舳先につけたりし、船主は乗り子に手拭を配ったりした。またその紅白の布をエビス神の像に巻きつけたりもした。

⑥不漁の時の祈願　不漁のときにはマンナオシといって、エビス神に祈願したり、神官や僧侶に祈ってもらったり

したあと、飲食を共にした。楠川の場合には集落全体が不漁のときには僧侶を招いて漁まつりをしたが、まず皆で各エビス神に参ったあと、各船中ごとに浜で飲食した。漁まつりをしようという前日には、青年が「あしたは野止め、山止めで漁まつりです」と一軒一軒知らせて歩くと、当日は誰も肥扱いはせず、野山の仕事は休みになったという（飛び魚漁の盛んな頃には、漁師でなくてもこの漁だけには参加していたからムラ休みにできたのである）。また、自分の船だけが不漁のときには、船主が小豆飯を炊いて神酒・塩と一緒に船に供え、オセエモンサマ（船大工でこの神をもっている人）に頼んで船を拝んでもらったあと、船主宅に集まって船中で飲んだという。

⑦漁業終了期の儀礼　どの集落でも半夏生前後に飛び魚漁終いの祝いをした。シーズン最後には日を決めて計算祝いとして大いに祝うが、その年、大漁のあった船中では、船主の家にマンゴシの紅白の布を張りめぐらし、女子供も集まって飲み食いし、踊った。このとき、ご馳走として冷しソーメンの出るのが慣わしだった。原の場合には右のようなことともに、各船中で語り合って氏神益救神社へ参り、さらに船中ごとに代表者が岳参りに行った。岳参りといっても奥岳まで行くのではなく、集落背後の平石・山口という奥岳への登り口（そこには松の大木があって神が祀ってある）まで行き、奥缶の名前を叫び、飛び魚漁終了のお礼を言上して帰るのである。

次に、集落ごとにエビス神信仰の実態をみていこう。

三　エビス信仰の実態

1　永田のエビス神

ここは集落が、町と呼ばれる向江・叶・新町の三つの区域に分かれている。永田全体の神社として永田嶽神社がある。かつては鰹漁が盛んで、加工工場もあった。

⑴種類と神体

Ⓐ向江のエビス。向江町の漁家で祀るエビスで、港の入口にある。道路拡幅のために祀る場所を少し移動させ、昭和五十四年五月に祠を新築した。コンクリートの祠のなかに、烏帽子姿の土製エビス像一体(高さ三〇cmくらい)と、瀬戸物製のエビス像・大黒像各一体(高さ各々二〇cmくらい)が祀られている。祠の向かって右に磨滅した自然石があり、水神だといわれている。

Ⓑ叶のエビス。叶町と新町の漁家で祀るエビスで、永田川河口にある。コンクリートの祠のなかに、木彫のエビス像・大黒像各一体(高さ各々三〇cmくらい)と、磨滅したエビスの石像(高さ二五cmくらい)と、金銅製の大黒像(高さ二〇cmくらい)が祀られている。

Ⓒ灯台の所のエビス。明治四十年の銘がある。岬の尖端の灯台のあたりは、かつては鰹の好漁場だったので祀られるようになったといわれ、このエビスをカツオのエビスと通称している。

⑵祀り方

○かつて飛び魚漁の盛んであった頃には、十日エビスといって旧暦三月十日にエビス祭りをした。各町内ごとにⒶまたはⒷエビスの前に大人も子供も弁当を持って集まり、各自波打際のきれいな砂をツワ蕗の葉にのせてエビスに供えて拝んだあと、一日中そこで遊び青年はその前で籠った。

特にⒶエビスの前では向江町の老婆たちが飛び魚招きをした。磯着物を着、襷がけをした老婆たちが、三ｍほどの青竹にさした菅笠に紅白の木綿布をさげたものを持ち、大石の上に立って海に向かって振りながら飛び魚を招き、豊漁を願う踊りをした。(24) 飛び魚漁の衰えた現在では、この踊りは旧暦四月八日のお釈迦様の日の行事と合併し、釈迦が流れ寄ったというヨッテの浜という所で行なわれている。

○初めて飛び魚漁に出るときには、その前夜カコドリといって船持が乗り子を招いて祝ったが、そのときにはエビスにもお参りにいった。また、不漁のときには船主がお神酒を持ってエビスに供えて拝み、マンナオシといって家に乗り子を集めて飲んだ。朝、飛び魚漁から帰ってくると、船の上からエビスに向けて「エビスさんにあげます」といって飛び魚を二尾投げ供え（実際には海中に落ちる）、陸にあがってからも供えにいった。

○鯖などの一本釣りにいって魚が自分の餌にだけ食いつかないときには、心のなかで「エビスさん！」といって祈る。

○エビスは二人の神で、兄弟だという人がいる。

2　吉田のエビス神

吉田には現在鯖釣り船に乗って隣の一湊から出漁する人が多い。かつては飛び魚漁用に七船くらいあった。森山神社があり、宗旨はほとんど浄土真宗。

(1)種類と神体

祀る場所は一か所で、海岸の石の小祠のなかに磨滅した三体の石像があり、これをエビスと称している。ここのエビスはかつて鹿児島から来た鰹船に盗まれたともいうし、また明治三十三年生まれの人が父から聞いたところによると、この浦で飛び魚の豊漁の続いたときにそれにあやかろうとした永田の人に盗まれ、いくら返してくれといっても戻してくれなかったので作りなおしたのだともいう。

三体のうち首の欠けているのがもとの古いエビスで、他の二体は昭和二十五年前後に一湊にいた彫刻の上手な人に刻んでもらい、益救神社の宮司にオタマシを入れてもらって祀っているのだという。また、日高森之助氏によると、かつて蛸とりをしていたときに深さ三尋くらいの海底にエビス像に似た石があったので引き上げ、小学校長にオタマシを入れてもらって祀ったものがあるというが、それがどれだかは確認しえない。

最近売りに来たエビス・大黒像を買って床の間に祀っている家もある。

(2)祀り方

○エビスの祭りは旧暦三月十日である。前日に青年達がエビス祠の周囲を掃除し、新しい褌に締め直して祠のなかの三体すべてのエビスを海水で清めて、翌日の祭りに備える。十日には、船持・網主などがエビスにお神酒を供えて拝んだあと、青年を中心に漁をする人達が出てエビスの前で飲食を共にする。そのとき、かつてはエタビ（飛び魚を網からすくって船に入れる漁具）を持ち海に向かって、豊漁を願う歌を歌いながら飛び魚を招くしぐさをしたという。

○漁のあったときには、船が港に入るときエビスに向けて「魚あげます！」といって飛び魚を投げ供えた（実際には海中に落ちる）。大漁のときには、飛び魚を腹合わせにして二尾供えた。

○五万越し（漁の期間中に魚獲が五万尾を越えること）、十万越しの祝いや、漁最後の計算祝いの日には、船主がエビスの頭に神酒をふりかけてから紅白の鉢巻をさせ、そのあと船主宅で乗り子を集めて飲んだ。

○五挺櫓で船を漕いでいたときの櫓漕ぎの掛け声のなかに、風があると帆があげられるのに風が吹かないからこのように苦しんで櫓を漕がねばならない、これもひとえにエビス様がミンツン（聾）で、われわれの願いを聞いてくれず風を吹かせてくれないからだ、という文句があり、かすかにエビスに不具神の伝承をみてとれる。

○水死体をエビスと考える風がわずかにある。一般に水死体を見つけたらトリカジから引き上げて反対のオモカジから下ろせとか、引き上げる際に、漁をさせるか否かの問答をせよとかいっているが、それをエビスと考えて歓迎する風はない。しかし、第二次世界大戦中、よく兵隊の白骨死体が浜に流れ寄ったが、その時「ああ、ここにもエビスがすもっていたよ」といって埋めてやったという。

○飛び魚網につけるイワ石を新調するときには、引き潮のときに浜辺で探したり潜ったりして手頃な石を見つけ（そのとき、目隠しをしたりはしない）、それをいったんエビスに供えて拝んでから網に取りつける。その年の漁が終わると、網をばらして川の水で塩を洗ってから干して持ち帰るが、不漁の年にはイワ石は海に戻し、翌年また新しく求める。豊漁の年には持ち帰り、翌年も同じイワ石を用いる。豊漁であったがイワ石が欠けたりすると、その石は捨てたりしないで船神として家に祀ることがある。

3　一湊のエビス神

一湊には漁業に従事する者が多い。鯖漁が盛んだが、鰹漁・飛び魚漁も盛んだった。大敷網もある。八幡神社がある。真宗の寺もあり檀家も多い。

(1) 種類と神体

Ⓐ浜のエビス。港入口の小高い場所にあり、石の小祠に納められた高さ四〇㎝くらいの石像で、漁師のエビスと考えられている。

Ⓑ町エビス。公民館近くの広場にあり、石の小祠に納められた高さ五〇㎝くらいの木像で、鮮やかに彩色されている。かつては集落の中央に祀られていたが、道路拡幅に際して数か所を転々とし現在地に祀るようになった。今の神体は五年ほど前に家大工が彫ったもの。古いのは白蟻に食われてぼろぼろになってしまった。

Ⓒ大敷網のエビス。かつて元浦の海岸の突き出た岩の上に祀っていたもので、直径二〇㎝くらいの自然石という。大敷網のために雇っていた甑島の人達が祀っていたもので、現在ではご神体は確かめられない。

Ⓓ大敷網のために元浦の納屋に祀られていたエビス。高さ一五㎝くらいの木彫のエビス像・大黒像で、納屋を使わなくなってからは漁業協同組合の事務室に祀られている。なお漁協の神棚にはこのほか、最近購入した立派なエビス像・大黒像も祀られている。

(2)祀り方

○かつてエビスの祭りといえば、オギオンさんの日(旧暦六月三日)に船主や青年会の幹部がⒶエビスに幟をあげ、お神酒を供えて拝み、漁関係の人がお参りにいくだけだった。しかし昭和四十年頃から漁協が中心になってエビス祭りを行なうようになり、様子は変わった。すなわち、当日はⒶエビスをきれいに洗ってから神体を白布で巻き(神体に人の息をかけてはいけないのでマスクをかけてする)、港の入口から町のなかのⒷエビスの横まで移し、ⒶⒷエビスを並祀して化粧をさせる。そのあと神官を招き、漁協が船主や漁関係の人を集めて祭りをするのである。

○旧暦八月十五日夜に青年達がカズラを芯にした太綱を引き合うが、かつてはその綱を丸めてⒷエビスに供えたあと綱引をしたという。

○大敷網の経営は一湊でしたが、実作業は甑島の人々にまかせていたことがあった。その頃、冬の網を入れる前に、その年大敷網に加わった若者二人に目隠しをさせて海中に潜らせ、最初につかまえてきた石一個ずつを漁師のエビスと考え、海に突き出た岩の上に祀って小さな屋根をかけておいたという。これがⒸエビスである。夏の初めに大敷網をあげたあとは、そのまま放置しておいた。十日エビスといって大敷網の期間中は毎月十日に、漁協の役員と大敷網に関係した人々が、ⒸⒹエビスに供え物をし、焼酎を飲み魚を食べて祝った。

○かつては旧暦二月十五日にも、浦まつりといって漁関係の人々がⒶエビスに幟を立てて祝った。

○漁をして帰ってくると、飛び魚漁のときだけはⒶエビスに向けて、「エビスッ！」といって船のなかから二尾投げ供える。また、飛び魚漁の開始期・終了期はもちろん、豊漁のときにはⒶエビスを祝い、不漁のときには祈った。

4　志戸子のエビス神

志戸子は半農半漁の集落。漁業専業の人も多い。住吉神社がある。ほとんど真宗。

(1)種類と神体

Ⓐ高さ三〇㎝の鯛を抱いた木像で小祠のなかに祀られている。彩色してあったようだが、今は色がはげている。一度毀れた木像を大正時代頃に、真辺幸次氏という船大工が(熊本清次郎氏だという人もいる)彫刻したものが現在のエビス像だという。古くは集落の中央に祀られていたらしいが、現在は海岸の所に移してある。この場所にはかつて魚見をする大きな松が二本あった。Ⓑエビスが港の近くに移される前には、このⒶエビスが家々から最も便利な位置にあったため、中心的なエビスと考えられていた。

Ⓑ港の近くにあり、高さ二〇㎝の石像。現在の志戸子における中心的なエビス。かつて志戸子の港は志戸子川河口にあり、Ⓑエビスも河口右岸の崖上にあって集落から遠くて不便であったが、港が現在地に移ったのでⒷエビスも今の所に祀りなおしたという。

Ⓒ港を見下ろす崖の上にあり、石像。

○このほか、形のよい石を海中から拾ってきてエビスとして祀っている家もある(例、竹之内徳清氏宅)。

(2)祀り方

○一月十日(かつては旧一月十日)に、十日エビスといって船持が中心になってエビスを祀る。お神酒・塩・米一升・小豆一升・麻一筋・草履等の供え物をⒶⒷⒸエビスにし、Ⓑエビスの前で飲食をするが、船大工にも来てもらうので、供え物の大部分は船大工に持ち帰ってもらうという。飛び魚漁の盛んな頃には集落中すべての家々が参加した。
○四月三日にも船持が十日エビスと同じことをする。この日は女の節供なので女の人も浜へ出て遊ぶ。
○旧暦六月六日は浦祭り。船持達が十日エビスと同じようにⒶⒷⒸエビスを祀り、各エビスに赤ネ(赤い襷)を巻く。飛び魚漁の盛んな頃にはⒶエビスの前で、Ⓑエビス移転後はⒷエビスの前で集落中の人々が出て飲食を共にし、踊りや演芸・相撲などをして楽しんだ。
○飛び魚漁のときのみ、漁から帰ると船の上からⒶⒷⒸエビスに向けて魚を投げ供えた。漁開始期や終了期や豊漁のときには必ずエビス(ⒶⒷⒸ)に参り、不漁の時にも祈願にいく。
○漁から帰ると毎日、主としてⒷエビスを拝む。
○エビスは聾だといい、お参りするときには「漁させてくれ」などと大声で頼まなければならないという。
○水死体を発見すると、漁をさせてくれるので必ず拾っていけといわれている。そのときはトリカジからあげオモカジの方から下ろすのだが、引き上げるときには「助けるから漁をさせてくれ」と大声で呼びかけるべきだという。水死人はエビスさんだともいう。

5　宮之浦のエビス神

上屋久町《かみやくちょう》の中心地。漁業に従事する人も多い。もと県社の益救神社がある。日蓮宗の寺もあり、檀家も多い。

(1)種類と神体

Ⓐ水洗尻のエビス。益救《やく》神社に相殿として祀られていたが、明治五年三月三日に、現在地の水洗尻に遷座したという。神体は鏡(「蛭子御神鏡」と記す)であるが、小祠のなかには丸い石も一緒に祀られている。『三国名勝図会』記載

の蛭子宮は、このⒶエビスらしい。

Ⓑ火の神山のエビス。高さ五〇㎝と三〇㎝の石像で、小祠の中に祀られている。現在地の一品が浦へ流れ寄ったのを祀ったと伝えられており、石田尾善之助氏（故人。船主）が川向えの火の神山の神社と共にこのエビスの管理をしていたという。火の神山は荒々しい神の鎮座する場所といわれているので、このエビスへも特別な祭りのとき以外はお参りにいく人がいないようである。

Ⓒ高瀬のエビス。石像だというが確認はしていない。

⑵祀り方
○一月十六日に船主達が益救神社で今年の豊漁を祈願したあと、ⒶⒷⒸ各エビスに参り、Ⓐエビスの前で船中ごとに盃を交わして祝う。
○益救神社大祭が四月十日で、その次の日の十一日が漁祭り。船主一同各エビスに参る。
○五月五日は船漕ぎ競争などがあって浜は賑わうが、各エビスにお参りにもいく。
○漁のあったときには、飛び魚漁のときのみ、船が湾内（川口）に入るときに「エビスにあげる」といってⒶⒷエビスに向けて船の上から魚二尾を投げ供える。漁開始のとき、豊漁のとき、漁終了のときの計算祝いなどにも、主として船主が各エビスにお参りに行くが、平素はⒶエビスにのみ参る。

6　楠川のエビス神

ここには漁業専業者もいるが、現在は農家が多い。楠川天満宮がある。ほとんど日蓮宗で、僧侶を招いて行なう行事が多い。

(1)種類と祀り方

Ⓐ一本松のエビス。集落からやや離れた海の岩の上に祀られており、石像。古くは木像だったという。

Ⓑ岳エビス。船が入港する際に、このエビスの背後に岳参りの山が見えたから岳エビスと呼ぶのかという。高さ三〇cmの石像で小祠のなかに祀る。現在は港のほぼ中央部に祀られているが、波止場を築く前には港の入口に祀られており、Ⓒエビスと共に港の左右で浦を守っている風だったという。

Ⓒ沖エビスといい、かつてのⒷエビスと反対側の港入口の岩の上に祀られている。高さ三〇cmの石像で、小祠のなかにある。

Ⓓ村エビスといい、集落中央に祀られている。高さ四〇cmの石像で、魚を抱き烏帽子をかぶった一般のエビス像と変わりがない。その小祠の前には、「天保五年甲午七月吉日」「奉寄進」「施主　楠川住　三角□」と記された石柱が立っている。

(2)祀り方

○旧暦一月十五日と十月十五日の二回（かつては正月・五月・九月の十五日）、船持達が中心になって集落に伝わるオマンダラ(25)を港へ出し、久本寺（日蓮宗、宮ノ浦）の僧侶を招いて拝んでもらい、海上の安全を祈って漁師達は盃を交わす。この日はⒶⒷⒸエビスにも注連縄を張り、祈禱が終わるまではこの浦から一切船を出させなかった。これは漁師を中心とした行事であるが、かつては区長は漁師でなくても裃・袴に身を整えて参列したという。

○十日エビスといい、現在船主会長が毎月十日にⒶⒷⒸエビスに新しい榊を供えている。

○飛び魚をとって帰ると、「エビットウギ」と叫んで船の上からⒶエビスに向けて数尾投げ供え、船が港に着くとⒷⒸⒹエビスに二尾ずつ供えにいく。それらの魚は、エビス係の当番の人が自分のものにするという。また、八十八夜頃の飛び魚漁開始期や、半夏生頃の終了期のほか、豊漁のときには特にⒶⒷⒸエビスを大々的に祀り祝う。不漁のときにはⒶⒷⒸエビスに祈る。

○前記のⒶⒷⒸエビスは漁エビスといわれ、船持・船頭で管理しているが、Ⓓエビス（村エビス）は集落の祭礼係が管理している。Ⓓエビスは旧暦一月二十三日と九月二十三日（古くは五月二十三日も）の三夜様、および旧暦八月十五日の岳参りの日に祭礼係がお神酒を供え、灯明をつけて祀る。

7　椨川《たぶかわ》のエビス神

椨川には現在では農家が多い。椨川神社がある。ほとんどが真宗である。

⑴種類と神体

Ⓐ本エビスと通称されているもの。椨川という小さな川の河口にあり、高さ約二五㎝の木像で、彩色されている。木の小宮の中に祀られ、小宮ごと石の小祠のなかに納められている。小祠のなかには他に自然石が一個ある。この河口はかつては鰹船なども入る港で、少なくとも明治末にはすでにここにエビスが祀られていた。

Ⓑフカバト（地名）のエビス。海に少し突き出た岩の上に立っている。かつては高さ三〇㎝くらいの石像だったと伝えているが、現在では高さ一ｍくらいの石祠のなかに木の小宮があり、そのなかに「南無八幡大菩薩」（表）、「昭和五十年六月八日恭す」（裏）（これらの字は、志戸子の真宗興正派顕正寺の住職が書いたという）と墨書したタテ一七㎝の楕円形の自然石が納められており、これがエビスだと考えられている。木の小宮の横には貝殻が多数付着した自然石があり、前には数個の奇石が置いてある。このエビスをジュウゴサマ（龍宮様カ）という人もいる。

Ⓒ村エビス。集落ほぼ中央部のお堂の横に祀られているが（少なくとも大正初期にはすでに現在地にあった）、かつて

はⒶエビスの近くにあったという。ご神体は直径二〇㎝くらいの円形の平たい石で、浜から引き上げたものだと伝え、朝晩で色が異なるという。木の宮のなかに祀られ、それが高さ一mくらいの石祠のなかに納められており、前に鳥居がある。

(2)祀り方

○旧暦四月十五日は岳参りの日でもあり、エビスの祭りの日でもある。岳参りにいく代表三人が前夜神社に籠って身を清め、朝神社とエビスを拝んでから集落背後の石塚山まで急いで参り、帰ると集落中で出てⒶエビスの前で飲食を共にした。

○八十八夜は飛び魚漁開始期にあたるので、浦祭りといって皆がⒶエビスの前で飲食を共にした。半夏生頃の漁終了期にも同様にして祝った。豊漁・不漁のときにもⒶエビスに参る。

○旧暦六月八日には集落の役員がⒶⒷエビスにお神酒や赤飯を供える。

○村エビスの祭りは旧暦一月二十三日。この日の午後、神扱いの家（その年の神社当番の家で、二軒）またはその年新築した家が中心になってⒸエビスにお神酒を供え、人々は各自参拝する。昔は朝から赤飯やお神酒、ご馳走を供え、夕方お参りに来た人々にそれらのものを少しずつ分けた。さらに余ったものを神扱いの家へ持参し、そこに集落中の人々が集まって、お神酒・ご馳走等をいただきながら二十三夜の月待をした。現在ではⒸエビスに供えたものはすべて二十三夜待の時に分けている。

8　小瀬田のエビス神

小瀬田は現在はほとんど農家。かつては飛び魚の船中が七組あったという。小瀬田神社があり、宗旨は日蓮宗の家がほとんど。

⑴種類と神体

Ⓐ集落に近い浜(古い船着場の近く)の小祠の中に祀られている高さ六〇㎝と二六㎝の石像二体。

Ⓑ古い船着場が条件のよい場所ではないので、昭和三十年頃に集落から少し離れた所に新しい港を築き、そこにコンクリートを土台にして自然石を立てて祀っている仮りのエビス。

Ⓒ神社の下の岩の上に白い砂を敷いて祀ってあるもので、丸い自然石のようなもの。[26]

⑵祀り方

○一月十日に青年が神社に籠り、年の祈願と大漁祈願をするが、古くは十日エビスといってⒶエビスの前に祈願したという。

○旧五月十日の午後、集落の人がこぞって浜へいき、役員が中心になってⒶエビスにお神酒を供えて拝んだあと、各人が波打際の小石を皿一杯とってエビスにあげて拝み、そこで持参したご馳走を食べ合う。

○飛び魚漁開始の頃にあたる八十八夜の午後には、集落中の人々が弁当持参で浜へ出、Ⓐエビスに対して浜の安全と豊漁を祈願してからご馳走を食べ合った。集落の役員が先頭に立ってエビスに祈願する公式行事が終わると、各船主がエビスにお神酒を奉納し、船中ごとに飲み合った。子供や青年の相撲も奉納された。飛び魚漁終了の頃にあたる半夏生にも、返礼の意味で八十八夜とほぼ同じことが行なわれた。そのシーズン大漁であった船中では、エビスの首に紅白の布を巻いて祝った。また、漁の期間中は、飛び魚漁から帰ってくると漁のあったときには、必ず船の上からⒶⒷⒸエビスに向けて数尾投げ供えた。とともに、船からあがるとすぐに二尾ずつ腹合わせにしてエビスに供えて拝み、供えたものはすぐ下ろして船中ごとに浜で刺身にして食べ、一パイ飲んだという。豊漁のときには特に大きく祝い、不漁の時には祈った。
○漁専門の人は、浜に出ると必ずといってよいほどエビスに手を合わせて拝むという。

9　船行《ふなゆき》のエビス神

ここは海に遠いため、昔から農業を主としていた。大山祇命を祀る船行神社がある。日蓮宗の家が多い。

(1)種類と神体

寺の入口に魚を抱き烏帽子をかぶった石像エビスが祀られていたというが、現在は盗まれてしまってない（第二次世界大戦後しばらくの間まではあったというが、確かではない）。

(2)祀り方

○エビスの祭りについては、記憶されていない。

10　安房のエビス神

屋久町の中心。屋久杉伐採に従事する人が多く、ここの人は山人《ヤマジン》と呼ばれていた。粟穂神社がある。日蓮宗の家が多い。

(1)種類と神体

Ⓐ安房川の右岸河口の突出した岩の上に祀ってあるもの。エビスと呼ばれ、そのように信じられているが、実際は「水神」と記した高さ三〇㎝くらいの石柱が小祠のなかに祀られている。

Ⓑ安房川の左岸河口に祀られている。高さ三五㎝くらいの彩色された木像で、小祠のなかに祀られている。古くは

石像であったと伝えられているが、太平洋戦争後間もなくの頃、どこか他集落の人が盗んでいったらしく、なくなったので、当集落の泊氏に新たに彫ってもらって祀っているのだという。

⑵祀り方

○旧四月十日頃にハマデバリ（浜で祝いカ）といって、飛び魚漁期を前にしての祝いがある。区長が音頭をとってⒶⒷエビスにお神酒を供え、寺の坊さんに拝んでもらったあと、集落中の人が浜で飲食を共にした。

○飛び魚漁の船が港（河口）に入ってくると、船の上から「エビスサマ！」といってⒶエビスに魚を投げ供え、船からあがるとⒷエビスに「マンタノンドウ（万以上獲れるよう頼む）」といって二尾供えにいった。また、飛び魚漁開始期や終了期、豊漁のときにもエビスにお参りにいき、不漁のときにも祈りにいった。

11　麦生のエビス神

ここは現在では農業に従事する家がほとんど。弓矢八幡神社がある。日蓮宗の寺があり、ほとんどその檀家。

⑴種類と神体

Ⓐ浦のエビス。出尻の端の下の方、港に近い所に祀られていた。別名鰹のエビスともいわれ、鰹を抱いた高さ四〇cmくらいの木像で、美しく彩色されている。明治時代初期に当集落に住みついた士族市橋右ヱ門氏（漢学者で、寺小屋を開いたという）が求めに応じて彫刻したものといわれ、旧暦四月三日のエビス祭りの前には毎年市橋家で磨いて、色を塗り直すことになっていた。当集落の漁が衰えてから放置されたままになっていたので、郷氏宅で一時保管することにし、昭和五十六年現在は、小さな大黒像とともに同氏宅の床の間に祀られている。

Ⓑ城《ジョウ》のエビス。出尻の端の城という場所に祀られているもので、石像。かつては木像のものと二体あったという。

Ⓒ田子の浦のエビス。高さ三〇㎝くらいの木像だったというが、これを祀っていた田子の浦は飛び魚のよい漁場だったので、豊漁を願う他集落の人に盗まれたらしく、現在はなくなっている。これは別名飛び魚エビスともいわれ、かつてⒶエビスと同じく市橋氏が彫刻したものと伝えられている。

Ⓓかつて集落中央に祀られていた町エビスがあったが、現在はない。明治二十五年生まれの人の子供の頃にはあったというが、それより十歳くらい下の人はすでに知っていない。

○このほか、個人でエビスを祀っている家もある。たとえば鎌田氏宅のものは高さ三〇㎝くらいの木像で、彩色されている。先祖が漁をしているときにザコアミにかかったもので、左縄に縛ってあったのを引き上げて自宅で祀るようになったのだと伝えている。この家はかつての網主宅で、三月十日と十月十日には赤飯を炊いてエビスに供えている。

○港のイエゴンシ(入江の尻)の小高い丘の上に高さ八〇㎝くらいの石塔があり、リュウオウサマと呼ばれている。戦後盛んに飛び魚が獲れていたのにどうしたことか数年不漁の続くことがあり、そのとき、ここの浦から魚が去ったのを再び戻らせようとして寺の住職が祀ったものという。漁があると、エビス同様ここへも供え物をしている。

(2)祀り方

○旧暦一月十日には、十日エビスといってⒶⒷⒸのエビスに参ったあと、船中単位で船持宅に集まって飲食を共にする。

○旧暦四月三日は岳参りの日で、現在は集落で選ばれた人が高平岳に参って、岳にある小祠の清掃をし、神酒を供えてくるのであるが、飛び魚漁の盛んなときには飛び魚の船中から一人ずつお参りにいったという。またこの日はエビス祭りの日でもあった。数日前に青年達がⒶⒷⒸ三つのエビスを持ってきて市橋氏宅で化粧直しをさせ(色を塗りかえ）、この日に再び浜へ下ろしてそれぞれの小祠に祀り、船持・船頭が中心になって供え物をしたあと、夜、飛び魚組の船中ごとに船持宅に集まって飲み食いしたのである。ちょうど飛び魚漁開始の時期にあたるので、豊漁祈願の行事とも考えられる。なお、この日は朝から肥扱いはするなという。

○飛び魚を獲って帰ると毎朝、船頭たちは焼酎を携えエナゴ（船の潮を汲み出す道具）に飛び魚を入れて担ぎ、ⒶⒷⒸエビスに供えて歩いた。供えた魚はすぐ下ろして船に持ち帰り、船中の人達で刺身にして食べ一パイ飲むのだが、この刺身は味付けせずに皆で一切れずつ分けて食べるという。イダケの祝いという。また、漁開始の前日と終了期および豊漁のときには特別にⒶⒷⒸエビスに参って祝う。不漁続きのときには、船中単位でⒶⒷⒸエビスと船持宅の船神を拝み、寺の坊さんを招いて祈禱してもらう。

○鰹漁の盛んであった頃には、釣ってくるとⒶ鰹のエビスに供えていた。また、豊漁のときやシーズン終了時にはⒶエビスに旗を奉納し、その前で、バナナの木を鰹の形に切ってそれを皆で釣る真似をした。海にザコを撒く真似だといって金をばら撒き、子供に拾わせたりもしたという。これらはカツオの船中単位にしていた。

12　原のエビス神

この集落は農業を主とするが、かつては漁の盛んだった所。益救神社がある。日蓮宗の寺があり、ほとんどそこの檀家。

(1)種類と神体

現在、原には、エビスは石の小祠に入れられた高さ五〇㎝くらいの木像のもの一体しか祀られていない。港の小高い場所に鎮座している。これは昭和五十三年末に、古いエビス像が虫に食われてボロボロになったので、当集落の川東一二氏に楠の木（この木は白蟻がつかず割れにくいという）で彫ってもらい、神主に古いエビスの魂を抜いて現在の新しいのに入れてもらったものという。魂を抜いた古いエビスは焼却したという。

このエビスにはいくらかの変遷がある。明治二十九年生まれの人が若いときに父親から聞いたところでは、この浦には木像の鰹エビスと、離れた別の岩の上に祀られた自然石のザコエビスとがあった。そのうち次第に飛び魚漁が盛んになったので、形のよい石を見つけてきて鰹エビスの横に飛び魚のエビスとして並祀したという。かくして明治二十九年生まれの人のまだ若い頃には、木像の鰹エビスと自然石の飛び魚エビスとが木の祠の中に並祀され、離れた岩の上にザコエビスが祀られている状態であった。

そのうち鰹漁が衰えたのにともない餌としてのザコを必要としなくなったので、ザコエビスを単独で祀ることをやめ、鰹エビス・飛び魚エビスと同じ祠のなかに移して、鰹エビスを中心にして向かって右に飛び魚エビス、左にザコエビスというように三体を並祀した。そして、鰹エビスだけが魚を抱き烏帽子をかぶったいわゆるエビスの姿をし、他の二体は自然石だったこともあり、かつ同じ小祠に祀られていたこともあって、鰹漁が衰え飛び魚漁が盛んになってからも、何となく鰹エビスがこの浦の代表的なエビスと考えられていたという。

そのうち、港の改修などでエビス祠を移動したりしているうちに二体の自然石エビスは行方不明になり、木像の鰹エビスだけが残った。これがすでに述べたように古くなり虫に食われたので、新しいのに作りかえ、がっちりした石の小祠の中に祀り直したのである。したがって原には、鰹エビス・ザコエビス、それに飛び魚エビスがあったが、現在ではそれらを統合した形の一つのエビスだけが祀られているというわけである。

○エビスとは別に自然石の浦島様というのが港の口に祀られている。これはジュウゴサマ（龍宮様カ）のお使いだとされ、港の入口にあって人々の安全を守ってくれているのだと信じられている。この浦島様にはホイドン（神官）ではなくて、寺の坊さんが祈禱することになっている。飛び魚まつりや港の掃除のときにも、浦島様だけは坊さんに来てもらって拝んでもらうという。

○船持の家（たとえば安藤長右衛門氏宅など）には、個人でエビスを祀っている家がある。

(2)祀り方

○旧暦一月十日と十月十日には、十日エビスといって船主・網主が中心になってエビスに祈願し、他の漁関係の人も港に集まって祝う。

○旧暦四月三日には、集落の人々がエビスに参拝し、その前で飲食を共にして祝った。

○旧暦六月十五日は、祇園祭りといって集落の益救神社の祭りであるが、その翌日の十六日はエビス祭りといい、皆がエビスに参り、神官に祝詞をあげてもらった。エビスの前で芝居をしたり相撲をとったこともあるという。

○飛び魚の獲れたときには必ずエビスに供えて祝うほか、初めての漁のあったときや漁終了のとき、さらに豊漁のときには特に大きく祝う。不漁のときには、マンナオシといって船中単位で家族すべてが浜に集まってエビスを拝み、神官に祝詞をあげてもらって魚が寄るように祈願した。

○鰹をとってくると、毎朝、お神酒と一緒にいったん鰹のエビスに二尾供えて拝礼したあとすぐ下ろし、ヒチミキという赤い心臓（肝臓カ）部分だけを取り出して供えておいた。身は刺身にして再び一二切だけツワ蕗の葉にのせて供えにいく。その刺身はまたすぐ下ろして船中の者で必ず分けあって食べたという。

○ハチマワリといって、毎月交替で船主・網主がエビス祠の周囲を掃除したり花を供えたりする。

○漁のないときには、船の上で「エビスさま、たもいや」といって祈る。

○エビス鳥といって、ヒヨドリくらいの大きさで、全体的に赤く嘴の長い鳥がいて、それをとると漁があるといった。出漁のときその羽根を持って行き、リョウゴサマにあげますといって海中に投じて願いごとを唱えると豊漁になると信じられていた。

13　尾之間のエビス神

ここはかつては漁業が盛んであった。保食神社がある。日蓮宗が多いが、真宗の家も少なくない。

(1)種類と神体

Ⓐ国民宿舎尾之間温泉横のエビス。高さ二〇cmくらいの石像が石祠のなかに祀られている。これをザコエビスと呼ぶ人もいる。

Ⓑ港の崖の中腹にあるエビス。そこには、磨滅した木像と自然石の平たい石柱が祀られている。カツオノエビスという人もいる。

Ⓒウオマチノエビス。石像。燈台近くの瀬のはずれの小高い場所に祀られていたと明治二十一年生まれの人はいうが、若い人はほとんど知らない。

Ⓓ町エビス。高さ二〇cmくらいの石像で石祠の中に祀られている。Ⓐエビスと形態は酷似している。現在、屋久町自然休養村管理センターの敷地内にあるが、かつては集落中央部の路傍に祀られていたという。

(2)祀り方

○旧暦一月十日を十日エビスといい、Ⓓエビスの前にゴザを敷いて青年や船主・網主などが飲食を共にする。集落全体の行事である。

○旧暦四月八日を飛び魚まつりといい、Ⓐエビスの前に飛び魚漁に関係する人(実は集落中のほとんどの人)が集まって、エビスを拝んだあと飲み食いして過ごす。若い者が相撲をとったこともある。Ⓑエビスの前にも供え物をしに行く。

○飛び魚を獲って帰ると、ⒶⒷエビスに供えにいき祝った。飛び魚漁開始期と終了期および豊漁のときには、Ⓐエビスの前で特に祝った。不漁のときには寺の坊さんに祈願してもらったが、エビスにも船中ごとに祈った。

○鰹の獲れた頃は漁から帰ると、Ⓑエビスに二尾供えたあとすぐ下ろして船中ごとに祝ったが、その方法は原集落で述べたことと同じである。

14　小島のエビス神

ここはほとんど農家。小島神社がある。真宗の家が大部分。

(1)種類と神体

Ⓐ飛び魚エビス。浜に祀られている。浜エビスともいう。

Ⓑ町エビス。かつては集落中央部に祀られていたが、道路拡幅の際に神社境内に移された。石祠のなかに入った石像である。

○専業漁師の家にはエビスを祀っている家がある。たとえば岩川勇吉氏の場合、熊本県天草の牛深の人が彫刻したエビスを（そこですでにショウ＝魂を入れてもらってある）、天草の知人から送ってもらって祀っている。

(2)祀り方

○一月二日のほか旧暦一月二十三日には船主の家に漁関係者が集まって祝うが、そのとき、船主はⒶエビスと屋内のエビスにお神酒など供えて拝むという。

○飛び魚がとれたときには、Ⓐエビスにお神酒と一緒に二尾供えに行く。また、漁開始期と終了期、それに豊漁のときにはⒶエビスに供え物をして特に祝う。
○旧暦八月十五夜の綱引は、かつてⒷエビスの前でした。
○エビス鳥という赤い鳩ぐらいの大きい鳥の毛をまつると漁によいといい、船霊様として祀っている漁師もある。

15 平内のエビス神

現在は農業が中心。八幡神社がある。真宗の家が多いが、日蓮宗も少なくない。

⑴種類と神体

Ⓐ港から少し離れた所で、海に突き出した崖の上に祀られているエビス。これが当集落で通常いうエビスである。一坪ほどの区画内に、磨滅した木像三体と同じく磨滅した石像らしきもの一体、それに「恵美須神」と記された石柱がある。石柱には「慶応三年丁卯十二月吉日」とある。

Ⓑ浜の峯という所に祀られていたもので（今でもあるかも知れないが確認できず）、石柱で、鰹のエビスと呼ばれていたという。鰹漁が衰え飛び魚漁が盛んになってからは、あまり祀られなかったようである（大正時代生まれの人は、このエビスについては知らない）。

⑵祀り方

○旧暦四月八日は飛び魚まつりの日で、漁に関係する人がすべてⒶエビスの前に集まり、船主の拝礼のあと、皆でエビスの前で飲食を共にした。
○飛び魚が獲れると、船主が魚二尾とお神酒を持ってⒶエビスに参ったあと、海岸で船中ごとに祝った。魚が獲れないときにはⒶエビスに祈願にいき、自分の船だけ不漁が続くと、日蓮宗の坊さんを頼んで祈願してもらった。
○鰹が獲れたときにはⒷエビスに供えにいったが、その祀り方は原集落とほとんど同じである。

16　湯泊のエビス神

湯泊は農業が中心だが、比較的漁も盛んな集落。大山祇命を祀る湯泊神社がある。ほとんど真宗。

(1)種類と神体

Ⓐ港の崖上に祀られており、石祠に入った高さ七〇㎝くらいの石像。飛び魚漁のエビスと考えられている。ここのエビスは古老の記憶によれば木像だったこともあり、医師佐々木武氏が当集落の豊漁を祈ってどこからか求めてきた金銅製のものであったこともあるが、盗まれてしまった。そのために現在のものを祀るようになった(三十年くらい以前のことかというが確かではない)。今はもう盗まれないようにコンクリートで固定してしまってある。

Ⓑ鰹のエビスと考えられているもので、Ⓐエビスと同じ崖の側面に一ｍくらいの石祠があり、そのなかに「文化十二年　絵工夷、大黒天　六月吉日」と記された石柱を現在は一応エビスとしている。しかしこのエビスには変遷がある。かつてはもっと集落に近い浜道アザという場所に木像のエビス像と大黒像が並祀されており、その横に右の石柱があった。鰹船の船頭岩川新平氏が主として世話をしていたが、鰹漁も衰え岩川氏も亡くなってお参りに行く人も祀る人もいなくなり、木像は腐り果ててしまった。あまりにももったいないので、その後、石柱だけ現在地に移しそれをエビスとして祀るようになったのだという(今から三十年くらい前のことだというが年代は確かではない)。

(2)祀り方

○旧暦四月八日には浦祭りといって、Ⓐエビスを拝んだ。

○八十八夜にも浦祭りといって、午後海岸に出てⒶエビスを拝んでから飲食を共にした。
○飛び魚を獲って船が港に入ってくると、若い漁師が魚を二尾持って海に飛び込んでⒶエビスの所まで泳いで行って腹合わせにして供え、拝んだ。そのあとすぐオサ(赤いエラのところ)だけを取ってエビスの前に残し、身は持ち帰って船中で刺身にして食べたが、この刺身は必ず一切れは食べるべきだと考えられていた。その他、豊漁の時や漁期終了のときには特にⒶエビスに供えものをし、大々的に祝った。不漁が続くときには神官に祝詞をあげてもらったりしてエビスに祈願し、そこで船中ごとに飲食を共にし、踊ったという。
○鰹漁の盛んな頃には、盆の十五日に青年がⒷエビスに手踊りを奉納した。

17　中間のエビス神

ここは現在では農業が主。大山祇命を祀る中間神社がある。ほとんど真宗。

(1)種類と神体

港の石祠の中に、木彫の高さ四㎝くらいのエビス像と高さ三〇㎝くらいと二〇㎝くらいの大黒像が祀られており、これらをエビスとよんでいる。これらはかつて、隣の栗生集落へ行く海の眺めのよい場所にあったが道路拡幅のため部落中央に移され、そこも墓地拡張にひっかかって数年前に現在地に祀られるようになったのである。明治二十八年生まれの人の知る限り当集落にはエビスはこれしかなかったという。鰹漁の盛んだった頃も飛び魚漁が盛んになってからも、一貫してこのエビスを皆で祀っていたという。

(2)祀り方

○八十八夜が集落全体の浦祭りの日で、エビスの前にお神酒を供え、神官を招いて祝詞をあげてもらったあと、エビスの前で皆飲食を共にした。この頃がちょうど飛び魚漁開始の時期であった。飛び魚漁終了の半夏生の頃にもエビスに参り、大漁した船中では特に大きく祝った。また、漁期には飛び魚が獲れるごとに二尾ずつエビスに供えた。不漁のときにも船中ごとにエビスに祈った。

18　栗生のエビス神

屋久島の代表的漁業集落。鰹漁で賑い、飛び魚漁でも栄えた。漁業に従事する家多し。栗生神社がある。真宗も日蓮宗もある。

(1)種類と神体

Ⓐ栗生川の河口よりやや上流の右岸の木叢のなかに祀られているもので、特に通称はないが、これが栗生の代表的なエビスである。かつては木像であったが白蟻に食われたので、熊本県牛深の人に石で彫ってもらい、こちらの神官に魂を入れてもらって現在祀っているという。

Ⓑ右のⒶエビスよりやや下流にザコエビスと呼ばれる小さな石塔があったが(少なくとも明治末頃にはあったという)、現在では明らかでない。

○海岸の小高い砂丘の上に石祠があり、なかに瀬戸物製の魚を抱いた老翁の立像(エビスの姿ではない)と楕円形の自然石、錆びた刀が納められており、「漁の神様」とか「浜の神様」と呼ばれている。かつては木彫の稚児姿のもので安徳天皇を祀っていたのだというが(因みに、栗生神社には二位の尼が合祀されていてこの辺には平家伝説が多い)、確認はできなかった。

(2)祀り方

○八十八夜の浦祭りのときに、青年達がⒶエビスに供え物をしにいき拝んだ。この時期は飛び魚漁開始の頃だが、終了時には青年たちが神官と共にエビスの前へ行って祝詞をあげてもらって拝み、飲食を共にした。また、飛び魚を獲って帰ると、毎朝、船の上からⒶエビス目がけて投げ供えたり、エビスの近くの川へ張り出している木の枝に船の上から二尾ずつ吊り下げて通ったという。不漁のときには祠からⒶエビスを出して水で洗い、豊漁を祈るという。

○旧暦一月十五日には「漁の神」(「浜の神」)の前で祭りをするが、このとき老婆がタオルなどを持って魚を招くような踊りをしたという。このとき、主催者である青年はⒶエビスにも拝みに行く。

○鰹漁の盛んな頃、鰹船がⒶエビスの前を通るときには、必ずエビスに向かって海中(川中)にお神酒を注ぎ拝んで通った。

四　エビス信仰の特徴

次に、⑴名称、⑵神体、⑶祀る場所、⑷祀り方、⑸その他、に分けて、屋久島におけるエビス神信仰の特徴をまとめたいと思う。

⑴名称

大きく漁のエビスと村(町)エビスに分けられるが、前者の場合、祀っている場所の地名をとって呼ぶものと、関係する魚の名をつけて呼ぶもの、名称らしいもののないもの、とに分けられる。

そのうち、鰹のエビス、ザコ(キビナゴ)エビス、飛び魚エビス等と魚の名を冠しているエビスのあることは注目すべきであろう。鰹漁の盛んなときには鰹のエビスとか鰹の餌になるザコ(キビナゴ)のためのエビスを祀って豊漁ならんことを願ったが、鰹漁の衰退とともにそれをほとんど放棄したようにして（たとえば、原・尾之間・栗生などのザコエビス、麦生・湯泊などの鰹エビス）、次に盛んになる飛び魚漁のために新たに飛び魚エビスを祀り始めるというのは、エビス神に対してその浦の漁全体よりももう少し狭くある限定した働きしか期待していない表われではないかと思う。(27)

甑島から一湊へやってきていた漁師達もそうであったが、甑島では毎年マグロ網（または大敷網）の漁の口明けにあたって海中から石を拾い求めてエビスの神体として祀り、漁期終了と共に自然に放棄して翌年新たに神体を求めるのは、(28)エビス神に一定期間のある種の網にだけ加護を求めようとするものであろうが、屋久島において漁の変遷に応じてエビス神を祀り代えるというのも、エビスに機能別の神慮を期待しようとする考えがあるからであろう。すなわち屋久島においては、エビス神を漁一般に幸いをもたらしてくれるから祀ろうとする意識のある一方で、ある限定された目的のためにしか祀ろうとしない意識もあるのだといえよう。

一湊・楠川・栫川・尾之間・小島には村（町）エビスがあり、漁師のみではなく集落全体の管理下におかれている。漁エビスとの発生上の関係については不明であるが、漁エビスのように単なる職業神としてではなくて、集落神に上昇せんとするエビス神が五集落（かつてあったという麦生のを入れれば六集落）もあることは、興味深いことである。屋久島の集落単位の行事としては、最高峰宮之浦岳を中心として、集落後背の高岳に登る岳参りや、(29)二十三夜の月待の行事が盛んであるが、これらと村（町）エビス神との関係が密であることからも、単なる職業神以上に上昇しようとするエビス神の姿がみてとれよう。(30)

⑵神体

エビス神のご神体約六〇のうち（伝承上のものも含める）圧倒的多数を占めるのは、烏帽子をかぶって魚を抱いている木像または石像のもので（磨滅しているものも、おおよその形からそのように推定できる）、これは全国的に多いごく一般的な福神としてのエビス像に酷似しているものである。しかも大黒像と並祀されているものが少なくない。誰がこのような像を彫刻したか明らかになっているものは、家大工(一湊)、船大工(志戸子)、一般の人(吉田・安房・原)、知識人(麦生)、天草牛深の人(小島・栗生)等々で、そのほとんどは島内の人であり、屋久島のなかにはすでに早くからエビス神の姿について、中央で一般に抱かれているものと同じイメージが定着していたものと思われる。それがどこからもたらされた神像観かは不明であるが、牛深の人に彫刻してもらったという例のあるのは、それを考える手がかりになるかも知れない。

一方、意外に少ないのは自然石をご神体とするものである。全部で六例であるが、一湊は甑島から来ていた漁師が祀っていたものであり、椨川のは近年僧侶が経文を記して祀ったもの、小瀬田のも一体は臨時的に祀っているもの、原のはすでに現存しないものである。となれば、現在自然石を主たるご神体としているものは皆無といっても過言ではない。近くの種子島[31]や黒島・硫黄島・竹島[32]の例と比較して非常に少ない数といえる。

これは、先にも述べた通り、つとに桜田が注目して以来、南九州を中心とする地のエビス神祭りの特徴として知られているところの、漁開始にあたって、両親の揃っている健康で評判のよい若者に目隠しをさせて、海中に潜らせ若者の手に触れた石を持って来させてエビスの神体として祀る風が、種子島や黒島・硫黄島・竹島等においては多いのに対して、屋久島では皆無であることと対応している。その理由をただちに明確にすることはできないが、とにかく現在のご神体をみる限り、屋久島のエビス神は、その形態といい大黒と並祀されているものの少なくないことといい、素朴な漁神としてよりも福神イメージの強いものであることが指摘できよう。

(3)祀る場所

漁エビスは港の入口、村(町)エビスは集落中央というのがほとんどである。築港以前の屋久島の港の多くは大小の河口を使用していたので、今でも河口の両岸に祀られていることが多い。エビス神に豊漁と漁船の安全を祈る以上当然のことと思われる。

⑷祭り方

祭日に全島共通のものはない。各集落には浦祭りといって、皆が出て豊漁と浜の安全を祈願する祭りがあるが、そのときには必ず浜に祀られているエビスに参拝することになり、結果的には大なり小なりエビス祭りの形をとるものが多い。一集落で何度も行なう所があるが、それらをすべて月日別にみると左の通りである。

一月十日(尾之間)、一月十五日(楠川・栗生)、一月二十三日(楠川)、二月十五日(一湊)、三月十日(永田・吉田)、四月三日(麦生・原)、四月八日(尾之間・平内・湯泊)、四月十日頃(安房)、四月十一日(宮之浦)、四月十五日(椨川)、八十八夜(小瀬田・湯泊・中間・栗生)、五月五日(宮之浦)、五月十日(小瀬田)、五月二十三日(楠川)、六月三日(一湊)、六月六日(志戸子)、六月八日(椨川)、六月十六日(原)、九月二十三日(楠川)、十月十五日(楠川)

このなかには十日というのが多いが、さらにそのほか、主として船主・網主・船頭が中心になり十日エビスといって一月十日にエビス神を祝っている所がある。志戸子・楠川・小瀬田・麦生・原・尾之間等である。この日は十日エビスという言葉とともに兵庫県の西宮神社に関係深い祭日であり、広く西日本に特徴的な祭日である(33)。屋久島の漁のエビス神の祭日は、かなり中央からの影響の濃いことがわかる。

右の固定した祭日のほか、先に漁の祝祭のところで述べたように、一月二日の船祝い、漁開始期と終了時の祝い、初漁や豊漁・不漁のときなど、何かにつけてエビス神を拝むし、平素でも祠の前を通りかかると手を叩いて拝礼する。船の上でも、「エビサマ!」といってエビスに祈るという。

祀り方については、日の固定した浦祭りのとき以外は専門の神官に頼むことはなく、集落の人々で共同して祀っている。特に頭屋等を決めることはなく、主として船主が独自で神酒・米・塩・魚等々を供えて拝み、船中の人もお参りに行くというものである。また、一湊や麦生のように木像エビス神に赤・青色などで化粧させるのは（他の集落のものでも木像のものはかつては着色してあったようだ）、祭りに際してエビス神を再生させようという気持の表われかと思われるが、鹿児島県に多い田の神に化粧させることとの関連をうかがわせる。(34)

(5)その他

エビス神に漂着神的要素の多いことは全国一般の例であるが、屋久島においても吉田・志戸子・宮之浦・栫川等では、エビス神が漂着したとか海中から引き上げたという伝承がある。

エビス神のご神体が盗まれること、または盗まれるのもやむをえないくらいに考えている例は多い。これも南九州をはじめ一般によくあることで、大隅半島の内之浦のように盗まれてエビスは旅することを喜ぶといっている例などから考えて、盗まれて行くことに神の巡遊する姿をだぶらせているのではないかと思われる。(35)

水死体をエビスとする例は吉田にわずかにみとめられるだけで、全島ほとんどこの伝承はない。不具とする伝承も、吉田と志戸子にわずかにあるだけである。

以上のことを総合して

○屋久島の漁の神は、ほとんどエビス神一色になっていること。(36)

○一集落に一体ではなく、二種類以上祀っている所がほとんどで、エビス神が機能別に次々と新たに祀られる傾向のあること。

○漁エビスという職業神としてのもの以外に、村（町）エビスという集落神的性格のエビスの多いこと。

○エビス神に、烏帽子をかぶり魚を抱いた全国一般の福神的イメージをもっているらしいこと。したがって、南九州に多い目隠しした青年が潜って拾った自然石をエビスとして祀ることの少ないこと。また、十日エビスなどといって祭日も中央の影響を受けていること。
○しかし、島外の宗教者や、島外のエビスを祀る神社との直接の交渉は現在では指摘できないこと。
○エビス神の像に化粧して祀ること。
○豊漁の続く所のエビスのご神体がよく盗まれること。
○不具神の伝承が稀薄なこと。
○水死体をエビスとする伝承のほとんどないこと。
などが指摘できるのである。

註

（1）　エビスの表記については、序章註（1）参照。
（2）　喜田貞吉「夷三郎考」（喜田貞吉編著・山田野理夫補編『福神』宝文館出版、一九七六年）。
（3）　長沼賢海『福神研究　恵比須と大黒』（丙午出版社、一九二一年）および、喜田貞吉編著・山田野理夫補編『福神』（宝文館出版、一九七六年）。
（4）　同右。
（5）　大阪市参事会編『大阪市史』第一巻（一九一三年）四〇七～四〇九頁。
（6）　拙稿「エビス信仰の伝播と神去来伝承の複雑化」（『信濃』三一―一、一九七九年。本書第二部第一章所収）。

(7)　桜田勝徳「漁村におけるエビス神の神体」(『漁撈の伝統』岩崎美術社、一九六八年)。
(8)　亀山慶一「流れ仏考」(『日本民俗学』二―三、一九五五年)。
(9)　宮本常一「エビス神」(『海に生きる人々』未来社、一九六四年)。
(10)　川崎晃稔「種子島のえびす神の神体」(『南島民俗』二三、一九七一年)。
(11)　波平恵美子「水死体をエビス神として祀る信仰：その意味と解釈」(『民俗学研究』四二―四、一九七八年)。
(12)　桜田前掲註(7)論文。
(13)　川崎前掲註(10)論文。
(14)　『屋久町誌』(屋久町誌編纂委員会、一九六四年)。また上屋久町の『町勢要覧』(昭和五十四年版)によれば、上屋久町には縄文遺跡が一三か所、弥生遺跡が一四か所発見されているという。
(15)　『屋久町誌』(前掲)。なお天保十四年(一八四三)の序を持つ『三国名勝図会』(南日本出版文化協会、一九六六年)によると、「島中仏寺は、皆法華宗のみにて、他宗なし、云々」という。
(16)　『鹿児島県宗教法人名簿』(鹿児島県学事文書課、一九七五年)による。
(17)　川崎晃稔「屋久島の鰹漁習俗」(『南島民俗』二一、一九七一年)、同「屋久島一湊の漁業習俗」(『南島民俗』三二、一九七三年)。なお、鰹船はどうしても一定数以上の乗り子を必要としたので、船主は船中に男の子が生まれるとその子が一人前になるまで、漁があるといつもミアワセといって半人前ほどを持っていき続け、十五歳に達すると自分の船に乗ってもらうよう配慮したという。
(18)　川崎前掲註(17)論文。
(19)　上屋久町編『上屋久町産業の展開構造』(一九六三年)、木原平四郎「屋久島町栗生」(『南島民俗』二一、一九七一年)。
(20)飛び魚は屋久島や隣島である種子島近海の魚であるらしく、手元の『鹿児島県水産要覧(昭和三十五年版)』(鹿児島県水産商工部)をみると、昭和三十四年一月から十二月までの鹿児島県内の魚市場取扱い高をみると、飛び魚は屋久島と種子島の魚市場以外はどこも扱っていない。そのうち屋久島での扱い高が圧倒的に多いのである。
(21)『屋久町誌』(前掲)六九頁。
(22)『上屋久町産業の展開構造』(前掲)。
(23)川崎前掲註(17)「屋久島一湊の漁業習俗」。
(24)下野敏見によると、その時「岬観音崎鳥が舞う。それもトビウオや、やっとさまよ、見ておやれ、ア、べったい、べったい」と歌うという(鹿児島県教育委員会『鹿児島県民俗資料緊急調査報告書』一九六五年)。
(25)板に書いたマンダラで、それには次のような由来がある。「昔、楠川の浦から出た船が、たびたび遭難したため、えらい人に占ってもらったところ、「浦の地形が、お日様に向かって鶴が羽をひろげたようになっており、その鶴が首をねじっている。故に悪いのだ」とのことで日蓮の弟子(日典上人)を頼んで拝んでもらったところ、それ以後、災難はなくなった」。この時、お経として書いてもらったのが、「いたまんだら」で、現在もお寺にある(牧正人「屋久島の民俗(一)」『鹿児島民俗』六―二、一九六二年)。
(26)宮本常一の『屋久島民俗誌』(未来社、一九七四年)には、「小瀬田には……岬の岩の上や、人の住まぬ浦の岩の上にエビス様を祀る風がある。これらはただ丸い石である。鰹やトビ魚をとる仲間がそのあたりの石を勝手に持って来て祀ったもので、岩のやや窪んだ所へ白砂を敷き、その上に石を祀った。何浦のエビスドン、何岬のエビスドンというように言っていた。祭りとしてはオシオトリと言って、白砂をあげた。それはそのあたりでトビ魚のとれた時であった。

また年に一回酒や御馳走をそなえて祭をした」という興味ある事例が載っているが、筆者は残念ながら確認しえなかった。

(27) 同様の例として、竹島にも鰹漁と飛び魚漁の二つのエビス神が祀られているという。川崎晃稔「三島漁業習俗聞書」(『南島民俗』二七、一九七二年)参照。

(28) 桜田前掲註(7)論文。また川崎註(10)(27)論文のほか、高橋文太郎「大隅国内之浦採訪記」(『民俗学』五―六、一九三三年)などにも類似の報告例がある。

(29) 岳参りについては、石飛一吉「大隅諸島における山岳信仰からみた景観の構造―信仰圏の理解を通して―」(『民俗学評論』一七、一九七九年)などがある。

(30) 『三国名勝図会』の益救神社の項に「円石二ツ有て神躰とす、隅州神社考、本府大磯蛭児宮の条に、屋久島の神社は蛭児を祭り、益救神社と号すと云へり」とあるのは、屋久町最大の益救神社が、あるいはかつてはエビス神を祀ることから始まったかと思わせるものである。ただこの蛭児とは、現在の宮之浦の水尻屋のエビスを指すかとも考えられる。

(31) 川崎前掲註(10)論文。

(32) 川崎前掲註(27)論文。

(33) 吉井貞俊「エビス神信仰の研究―エビス神を祀る神社の問題―」(『国学院大学日本文化研究所紀要』二四、一九六九年)。

(34) 寺師三千夫『薩摩のタノカンサア』(鹿児島放送文化研究会、一九六七年)。

(35) 高橋文太郎「大隅国内之浦採訪記」(『民俗学』五―六、一九三三年)。

(36) 麦生や原のように「リュウゴサマ(竜王様カ)」を、栗生のように「漁の神」をエビス神と共に祀っている所も、わずかながらある。

調査にあたっては、次の方々のお世話になった。記して感謝の意を表します。
永田――大山シオ氏（明22生）、牧繁蔵氏（明31生）
吉田――日高森之助氏（明33生）、日高藤兵衛氏（明35生）、近間正見氏（大14生）
一湊――寺田民次氏（明35生）、真辺時雄氏（明37生）、高橋蓮雄氏
志戸子―竹之内徳清氏（明37生）、早崎文雄氏（大9生）、竹之内留義氏（大9生）
宮之浦―松田義信氏（大2生）、益救神社宮司吉元氏
楠川――河野胤重氏、牧盛雄氏（大4生）、牧弘美氏（昭13生）
椨川――鞆次作氏（明27生）、鞆新蔵氏（大1生）
小瀬田―早崎淳氏
安房――川東義信氏（大5生）、岩川学氏
麦生――大山友助氏（明25生）、郷純氏
原――安藤長右ヱ門氏（明29生）
尾之間―岩川正吉氏（明21生）、岩川勇夫氏（明44生）
小島――岩川武一氏（明29生）、岩川勇吉氏
平内――渡辺比賀次郎氏（明27生）
湯泊――岩川年松氏（明34生）、佐々木光秀氏（明43生）

中間――川崎某氏（明40生）
栗生――日高静雄氏（明27生）、岩川静志氏（明35生）、岡部実志氏（明31生）

終章

多くの人に愛され親しまれる一方で、研究の対象として向きあってみるとなかなか手強いエビス神とその信仰について考えてきた。

神祇の神とはいささか異なることを指摘し、その信仰の分布地域と研究史について概観した序章をうけ、第一部ではエビス神とその信仰の全体像について、全九章に分けて考察した。

第一章から第五章まででは、他にもいくつか発信地があったであろうエビス神信仰のうち、早くから都(京都)や畿内地域の人々に影響を与えてきた摂津国(兵庫県・大阪府)西宮の広田神社のエビス神を中心に考えた。そして第一章では、広田神社の摂末社の一社である西宮神社の主祭神として認められていくことについて考えた。

第二章では、そのエビス神が、室町時代中末期以降七福神の一つに数えられ、大黒天と一対のようにして都周辺で信仰されるようになり、さらにその後全国に広くおよんでいったことを述べた。どのような信仰も宣布し伝播する人がいて広まっていくものであるが、第三章ではそういう伝播者について考えてみた。そこでは早くからエビス神と関わりをもっていたかと思われる、神社周辺地域に集住していた産所と呼ばれていた集団にも触れたのである。

第四章・第五章では、西宮神社が江戸幕府から全国の有力神社の一つとして待遇されていたことを確認したあと、神社の発行するエビス神像の神札が頒布されることによって、西宮神社のエビス神信仰が広布されていったことについて述べた。江戸時代前期に西宮神社が、幕府から、全国に多く存在していたであろうエビス神像札の頒布者を統括する権利、すなわち頒布関係の独占的権利を認められたことは、その後のエビス神信仰史を考えるうえで、画期的な出来事であったと考える。独占的頒布権の認可（神社側からみれば頒布権の獲得）を契機として、それまでそれぞれの地域において独自にエビス神の像札を頒布し歩いていたであろう小社の神主や民間宗教者の多くが、西宮神社の系列に加わることになったのである。その結果、西宮神社のエビス神が全国とくにそれまでほとんど信仰のおよんでいなかったかと思われる東国の各地域に信仰圏を拡大し、都市部から徐々に農山村部にまでエビス神信仰が広まっていくようになったのである。西国においては、それまでも沿海諸地域にはエビス神信仰のおよんでいたであろうものの、農村部では畿内やその周辺にとどまっていたのであろうが、その後西宮神社の傘下に入ることになった多くの頒布者によって、中国・四国など西国農村部にもエビス神信仰が広く浸透することになったのであろうことも述べた。

また、独占的頒布権の認可された当初は、頒布に従事する人は幕府によって神職身分の者ではなく俗人に限られるとされていた。しかしその後、頒布にタッチしていた小社の神主たちの要望を受けた西宮神社の努力によって、江戸時代中期の元文四年（一七三九）にいたって幕府の考えが変更され、地域の小社などの神主も頒布に従事することが可能になったことも述べた。そのことによって、西宮神社に関わる頒布者は、他の民間宗教者とは異なるエビス社人ということになり、その後の頒布に勢いのつくことになったことであろうとも述べたのである。

このようななか神社では、正徳三年・四年（一七一三・一七一四）に「正徳の争論」という事件が起きた。その経緯について述べたあと、それを何とか収束させることによって、それまでの地域社会と癒着しているかのごとき神社内体制、中世社会を引きずっているかのごとき神社内体制が、神主をはじめ神職を中心とする体制に脱皮していったのではないかということを考えた。そしてこの社内体制の確立が、各地で新たに加わることになった多くのエビス社人によるエビス神の像札頒布によって、西宮神社のエビス神信仰をさらに全国に拡大させることになったのであろうことを述べたのである。

第六章から第八章では、漁業神・商業神・農業神というさまざまな側面をもつエビス神信仰の、それぞれの特徴について考えた。そのなかで、漁業神にはこれまでも指摘されてきたように寄り神的性格の強いことを確認し、それがエビスという語のもつ意味に関係するのであろうとも考えた。

また、複雑な姿をもつ農業神エビスの特徴について、とくに考えてみた。そのためには農業神全般の姿がわからないことにはどうにもならないので、第九章において、農耕儀礼として表わされる農業神全般について検討を試みた。さらにアジア稲作地域の農業神とも比較しつつ考えてみたのである。その結果、漁業神エビスや商業神エビスにはほとんどみられず、農業神エビスの特徴である春秋去来の伝承は、日本の農業神にみられる一つの大きな特徴で、エビス神の春秋去来の伝承はわが国農業神の春秋去来の伝承の影響を強くうけたものであることが、確認されたのである。同時に農業神には、稲作を見守り育ててくれる神と、稲種に籠る稲魂とも穀霊とも称される神との二つの性格の神があることを確認した。そして農業神エビスの複雑な側面のうち、空（または山）と田との春秋去来の伝承は前者の神のものであり、夫婦神とか留守神、醜い、吝嗇、足に障害をもつというような伝承は、主として稲魂（穀霊）としての農業神の影響によるものが大きかったであろうと考えたのである。ただ、目・耳に障害をもつという伝承の理由については今後の課題であるともしておいた。かくして複雑な様相をもつわが国農村部のエビス神信仰は、伝播の過程においてそれぞれの地において以前から信仰されていた農業神と習合しつつ、農業神を襲うようなかたちで地域に定着していったものであろうことが確かめられたのである。

以上のように第一部では、エビス神が漁業の神、商売繁昌の神、農業の神というさまざまな顔をもつことを示しながら、その理由を考え、エビス神の発生から各地への伝播と伝播者の検討など、エビス神信仰というものの全体像を考えたのである。

第二部においては、第一部で考えたように伝播していき、全体的には多面的な顔をもつことになったエビス神が、近現代の個別地域においてどのように定着し信仰されるようになったのか、現在どのように信仰されているのかについて、漁業地域・商業地域・農業地域のいくつかについて分析してみた。

とくに第二章・第三章では、エビス神が目・足・耳など身体に障害をもつかのごとき伝承についてまとめて考えてみた。先にも述べたとおり、その確かな理由にまでは言及できなかったものの、この分析は今後の研究の参考になると思うものである。

第四章では、江戸時代中期に伝播していったであろう越後の一地域において、近代にいたっても江戸時代をそのまま継承するように、西宮神社のエビス神の像札が頒布されていた実態を述べた。これは第一部の第四章・第五章において検討したことを実地調査において補うものとなっているはずである。

第五章～第七章では長野県松本市を中心とする比較的広い範域において、近代以降、商業神エビスと農業神エビスがともに多くの人々に迎えられるようになった経緯と、現在も盛んに信仰されている実情を明らかにした。

第八章では、戦前期の「海村調査」と戦後の「離島調査」の資料を用い、それらと比較しつつ、漁村三地域におけるエビス神信仰の平成十年前後の変化について考えた。

第九章では瀬戸内海の比較的小さな島である岡山県の真鍋島における、また第十章では九州南部鹿児島県の比較的大きな島である屋久島における、それぞれ漁業にかかわるエビス神の悉皆調査の報告と分析を試みた。その結果、同じ地域の漁業神エビスであっても、祭祀単位とか豊漁を願う魚の種類によって、多種多様であることが明らかにできたのである。

あとがき

エビス神をめぐる信仰については、前々からまとめてみたいと思い、機会をみつけて調査し発表してきた。しかしこの神は魅力的であるが筆者にとっては困った存在で、少しわかってくるとその先にそれまで以上にわからないことが増えてくるので、なかなかまとめることのできないまま時日だけが過ぎていった。これは何についても言えることであろうが、とくにエビスはそうであるように思われる。親しみやすいのだが、全体像の解明を目ざし研究の対象として向きあってみると、簡単にはとらえきれない相当に手強い神だなと思うようになった。

しかし困惑してばかりでは埒があかないので、コロナ禍によって出歩くことがままならなくなったことをむしろ好機ととらえ、このあたりでひとつまとめ、多くの方のご批正をお願いできればと思い、本書を成すことを決心したのである。したがって本書は、対象をすっかりとらえきったと胸をはり、エビス神とその信仰はこういうものだという高らかな解答というわけではない(高らかな解答にしたかったのではあるが)。追究の足りない点は多々あるが(とにかくここまではわかったので、さらに明らかにしておきたいことが増えてきている)、実はここまでは言えるであろうということであり、筆者自身へのささやかな解答である。未使用の近代資料が手元にたくさん残されているのは心残りではあるものの、今の筆者は、このような視点の研究成果がほとんどみられない現状において、とにかくここまでは到達できたかと正直言ってほっとしている。

筆者は早くから、民俗資料を用いてのわが国の広い範域にわたるごく普通の人々の営む年中行事に関心をもち、研究を進めてきた。年中行事の研究といっても文献資料を用いての平安時代の宮中年中行事とか、五節供の歴史という研究ならばともかく、筆者の対象とする年中行事全体像の理解には、田の神などという農業神の春秋去来伝承の解明が必要になる。そのことを進めているとしばしば農業神の一つとして、エビス神の登場することに気がついた。そしてそのエビス神は、一般的に知られ筆者もそう思っていた釣竿片手に鯛を抱くにこにこ顔の福神エビスとは少し異なるものがあるぞ、と思うようになった。これがエビス神に関心をもち、追究してみなければと思った契機である。

第一部では、エビス神の成りたち、伝播、伝播者、漁業神・商業神・農業神としての側面と信仰の特色など、エビス神信仰の全体像追究を心掛けたが、その過程において、農業神エビスの分析に力を注いだ。また、平成二十年代に入って西宮神社文化研究所から次々に刊行されるようになった江戸時代前中期以降の『西宮神社御社用日記』その他の資料と、同研究所関係の方々の研究に導かれて、エビス神の伝播、とくに江戸時代中期の伝播についても、筆者なりに新たに考えてみた。同日記の刊行は今後もつづいていくであろうから、今後さらに多くの事実の判明していくことが楽しみである。

第二部は、エビスに関心をもちはじめて以降、機会をみて発表してきた論考を土台にしたもので、現地調査に基づく近代における諸地域の現状報告と分析である。他にも数編あり、最初はこれらのみで一書を成そうかとも考え、いくらか進めてみた。しかしそれらだけでは、取りあげた地域のエビス神の詳細はわかるとしても、地域により生業によって異なるさまざまな顔をもつエビス神の全体像の理解には遠くおよばない。ゆえに新たに第一部を書き起こしてエビス神信仰の全体像を考え、その上で第二部において、個別地域において試みてきたこれまでの実態分析を述べることにした次第である。そのなかのとくに第二章・第三章は、多くの人が気づいていたであろうが分析の試みられることのなかった新しい課題だと思っている。第四章は、文献によって述べた第一部の第四章・第五章を、現地調査によって直接補うことのできる内容だと思っている。

これら第二部の諸章は、三十年近くにわたって発表しつづけた旧稿に最少限手を加えたものであるゆえ、部分的に重複がみられる。また、第一部よりも前にまとめたものなので、分析に不充分な点があるかもしれない。ただ、事実・考察に訂正すべき点はないと思っている。

第一部はこのたびの新稿であるが、第二部の初出論考は左のとおりである。

第一章　エビス信仰の伝播と神去来伝承の複雑化
（『信濃』第三一巻第一号　通巻第三四九号　昭和五十四年一月）

第二章　エビス神の一側面――不具神伝承について――
（『日本常民文化紀要』第一〇輯　昭和五十九年十二月）

第三章　橋板製のエビス・大黒像
（『民具マンスリー』第四三巻八号　平成二十二年十一月）

第四章　エビス太夫と地域のエビス信仰
（『比較民俗学のために（小島瓔礼教授退官記念論集）』小島瓔礼教授退官記念論集刊行委員会・比較民俗学会　平成十三年三月）

第五章　信州大町市周辺のエビス信仰
（岩井宏実編『技と形と心の伝承文化』慶友社　平成十四年三月）

第六章　松本平のエビス信仰（上）――西宮恵比寿神社の神札頒布に関わらせて――

第七章　松本平のエビス信仰（下）――松本市商業地域のエビス社を中心に――
（『日本常民文化紀要』第二六輯　平成十九年三月）

第八章　漁民のエビス信仰
（田中宣一・小島孝夫編『海と島のくらし――沿海諸地域の文化変化』雄山閣出版　平成十四年三月）

第九章　真鍋島（岡山県笠岡市）のエビス信仰
（『成城文藝』第一八二号　平成十五年三月）

第十章　屋久島のエビス信仰
（『日本常民文化紀要』第八輯（Ⅰ）　昭和五十七年三月）

こうして旧稿を並べてみると、まだ三十歳代であった昭和五十年代以降四十五年間、いや五十年近くの長いあいだ、折につけ、エビスさんと付き合ってきたのだなあとしみじみ思う。今後もお付き合い願いたいとも思っている。

その間、多くの先学の研究成果と調査報告のお世話になるほか、調査地では地元各位から多くのご教示をいただいた。お名前はそのつど挙げさせていただいたつもりであるが、末筆ながらここに心よりお礼申しあげるものである。

エビス神に関心をもちはじめた頃、西宮神社に参拝し、同神社の権宮司であった吉井貞俊氏にお目にかかり、それ以降多くのご教示をいただくことになった。最初にお訪ねしたのは昭和五十年代の半ばだったかと思うが、そのとき、後に刊行されることになった神主日記の何冊かを見せていただき、これが元禄期から現在まで書き継がれ膨大な量に達していることを知った。驚くとともに素晴らしい資料だと思ったことが、つい昨日のように思い出される（そのとき読み進めたわけではないが）。今は故人となられ、本書をご覧いただくことのできないことはまことに残念であるが、ここに記してお礼申しあげる。

西宮神社の現宮司吉井良昭氏には親しくしていただき、お世話になったことに御礼申しあげる。

第一部の執筆にさいしては、成城大学民俗学研究所および同図書館の職員の方々に、資料の面倒な探索などでたいへんお世話になった。とくに今野大輔・林洋平の両氏には、時に本書の構想や執筆途中の聞き役にまでなってもらった。お礼申しあげるものである。

出版事情のますます厳しくなるなか、岩田書院社長の岩田博氏には、出版について快諾をいただき、我儘な原稿の編集についてお世話になったこと、感謝申しあげる。

令和六年　三月六日

田中　宣一

岩田書院 刊行案内（民俗学関係12）

			本体価	刊行月年
004	**田中　宣一**	**柳田国男・伝承の「発見」**	2600	2017.09
045	佐々木美智子	「俗信」と生活の知恵	9200	2018.06
047	福江　　充	立山曼荼羅の成立と縁起・登山案内図	8600	2018.07
048	神田より子	鳥海山修験	7200	2018.07
053	藤原　　洋	仮親子関係の民俗学的研究	9900	2018.09
056	倉石　忠彦	都市化のなかの民俗学	11000	2018.09
059	鈴木　明子	おんなの身体論	4800	2018.10
060	水谷・渡部	オビシャ文書の世界	3800	2018.10
061	北川　　央	近世金毘羅信仰の展開	2800	2018.10
064	金田　久璋	ニソの杜と若狭の民俗世界	9200	2018.11
072	戸邉　優美	女講中の民俗誌	7400	2019.02
092	坂本　　要	東国の祇園祭礼	11000	2019.12
096	加藤　正春	奄美沖縄の霊魂観	8000	2020.02
982	福原　敏男	仮装と俄の祭礼絵巻	12000	2020.03
099	北川　　央	近世の巡礼と大坂の庶民信仰	3800	2020.04
106	入江　英弥	オトタチバナヒメ伝承	8400	2020.06
115	嶺岡　美見	法道仙人飛鉢伝説と海の道＜御影民俗23＞	8000	2020.12
116	岩井　正浩	高知よさこい祭り	5200	2021.01
121	川嶋　麗華	ノヤキの伝承と変遷	6900	2021.03
128	倉石　忠彦	道祖神伝承論・碑石形態論	16000	2021.08
131	宮家　　準	備前の児島・五流修験	6400	2021.09
132	野村　俊一	空間史学叢書４　聖と俗の界面	5200	2021.11
137	板橋　春夫	産屋の民俗	12000	2022.01
138	外山　　徹	武州高尾山信仰の地域的展開	5000	2022.02
142	笹本　正治	山岳信仰伝承と景観	16800	2022.04
993	小堀　光夫	菅江真澄と伝承文学	2000	2022.08
147	櫻井　弘人	遠山霜月祭の研究	17800	2022.10
994	須川　建美	写真で綴る若狭南川流域の民俗行事＜若狭路18＞	2400	2022.10
149	光田　憲雄	江戸から明治へ	2800	2022.01
154	加藤和夫他	福井県の方言＜ブックレットH31＞	1500	2023.03
997	福原　敏男	風流踊	9000	2023.02
999	おおい町教委	土御門家陰陽道の歴史	1000	2023.03
161	徳永誓子他	論集 修験道の歴史１　修験道とその組織	5800	2023.06
164	川崎・時枝他	論集 修験道の歴史３　修験道の文化史	5600	2023.09
173	伊藤新之輔	卯月八日	7400	2024.02
202	福原　敏男	祭礼と葬送の行列絵巻	12000	2024.03
203	藤原喜美子	川を守る人びと	6900	2024.03
176	長谷川・時枝他	論集 修験道の歴史２　寺院・地域社会と山伏	5700	2024.07

著者紹介

田中　宣一（たなか・せんいち）

昭和14年(1939)　福井市に生まれる
昭和42年　國學院大學大学院文学研究科博士課程単位取得退学
現　在　　成城大学名誉教授　博士(民俗学　國學院大學)

著書
『年中行事の研究』　桜楓社(現・おうふう）　平成４年
『徳山村民俗誌　ダム 水没地域社会の解体と再生』　慶友社　平成12年
『祀りを乞う神々』　吉川弘文館　平成17年
『供養のこころと願掛けのかたち』　小学館　平成18年
『名づけの民俗学』　吉川弘文館　平成26年
『柳田国男・伝承の「発見」』　岩田書院　平成29年
『三省堂年中行事事典』（共編著）　三省堂　平成11年
『海と島のくらし　沿海諸地域の文化変化』（共編著）　慶友社　平成14年
『暮らしの革命――戦後農村の生活改善事業と新生活運動』（編著）　農文協　平成23年
その他

エビス神《カミ》信仰の研究

2024年(令和６年)10月　第１刷　350部発行　　**定価[本体9400円＋税]**

著　者　田中 宣一

発行所　有限会社岩田書院　代表：岩田　博　　http：//www.iwata-shoin.co.jp

〒157-0062 東京都世田谷区南烏山4-25-6-103　電話03-3326-3757 FAX03-3326-6788

組版・印刷・製版：亜細亜印刷

ISBN978-4-86602-175-1 C3039　￥9400E

コピーOK

索　引

事項索引……………2
地名索引……………10

凡例

1：事項索引と地名索引に分けた。

2：事項索引は以下のようにした。

本書の主題にかかわる「エビス」(各種の表現あり)については、採用していない。

配列は50音順とした。

参照項目のうち、「項目　→項目」は「～を見よ」、「項目　頁数　→項目」は「～も見よ」の意である。

3：地名索引は以下のようにした。

配列は都道府県順に自治体コードにしたがって、北から南の順とし、それぞれ50音順とした。

ただし、鹿児島県屋久島(第二部第十章)については、ひとつにまとめ、そのなかを50音順とした。

なお、適宜「広域」地名を入れ、最後に「アジア」をまとめた。

事項索引

【あ】
アエノコト　166, 175, 177, 186, 206, 216
青柴垣　42
浅草観音　106
アジア稲作地域　178
安曇(阿曇)氏　115, 116
安曇磯良　114-116
熱田神宮　62, 65
アバ(浮子)　123, 322　→浮子(うき)　→タンポ
海女　127
尼崎藩　60, 71, 77, 85, 88, 91
雨乞　80, 165, 182
海人族　41, 115
天照大神　29, 41, 71
天磐櫲樟船　39
網仲間　72
飴・飴市　270, 303, 307, 311
天鈿女命　50
【い】
生田神社　29, 113
石津神社　64
出雲信仰　43
出雲大社　270, 304
伊勢神宮　76
伊勢信仰　174
イタカ　102
イダケの祝い　364, 381
イタコ　120, 146
市　133
市神　133, 302
市神祭　270
市杵島姫　133
厳島　59, 71
厳島神社　25-27, 43, 45, 62, 197, 339
一向宗　186
稲荷大社　50
稲三束(稲束三束)　166, 173
稲種　178
稲魂(稲霊・穀霊)　146, 166, 172, 173, 175, 178-181, 403
稲の産屋　171
稲の祭り　160, 161
稲籾　166
亥の神　168, 169, 187, 191, 196
亥ノ子(亥の子・イノコ)　144, 160, 166, 176, 184
亥ノ子神　150, 166
亥の子行事　177
井原西鶴　295
今宮戎神社(今宮神社)　64, 100, 101, 110, 136, 151, 152, 218, 309
斎稲　181
忌籠り　79
石清水八幡(宮)　44, 45, 50, 51, 54, 113, 115
【う】
宇賀神　50, 168
ウカノミタマ　160, 168, 181
倉稲魂　146
宇賀の餅　146
浮子　123, 318, 352　→アバ　→タンポ
ウケモチノカミ　179
宇佐八幡宮　116
丑の日祭り　166
臼井左忠　88, 90, 91
浦　18
浦祭り　387, 388, 390, 393
漆商人　134
【え】
絵像　82, 105
穢多　63, 102, 109, 145
江戸支配所　105, 106, 138
江戸幕府　401

エビスアバ　123
エビス大売出し　134, 138, 256, 301, 307
エビスカキ・夷舁き　36, 37, 59, 99, 124, 134
衣比須加持　146
エビスカヅキ　329-331
えびす神お里帰り祭　228, 291, 293, 295, 297, 311
エビス講・夷講　79, 106, 117, 133-136, 138, 139, 145, 147, 149, 202, 207, 208, 256-258, 260-264, 266, 270, 271, 275, 280, 283, 285, 286, 292, 300, 301, 305, 307, 311
エビス講荒れ　284
エビスゴモリ　322
夷三郎　34, 39
恵美須社(奈良)　133
戎神社(岡山県真鍋島)　342, 343, 345
恵美須神社(京都)　135, 151
恵比寿神社(松本市)　227, 269-272, 290, 298, 299, 304, 305, 309, 311
エビス神像札頒布　136, 137
エビス太夫　239, 242-244, 247, 248
エビス鳥　383, 386
エビスの像札(田の神・神馬の像札)　61
夷(エビス)の年越　145, 152
エビスの年取り　220
夷舞わし　60
戎宮　32
戎宮鳴動　33
エミシ　26
縁起笹　309
延暦寺　50, 52, 53, 226

【お】

オイブツサマ　154
応神天皇　47, 71
往来手形　98
大国主西神社　35, 53
大国主神(命)　42, 43, 52, 53, 205, 270, 290, 294, 304
オオゲツヒメ　179
大坂寺社奉行所　64, 100
大坂商人　137
大坂町奉行所　78
オオダマ　339
オオダマアバ　352
オオダマオコシ　323, 351
オオダマサマ(オオダマサン・網霊)　123, 318, 322
オオダマママツリ　323
大己貴神　52
大日孁貴　41
大物主神　52
オカエビス(岡戎)　146, 347
オカマサマ(竈神)　150　→カマガミ
沖の夷社　72
長田神社　29, 113
お城下町えびす講実行委員会　308　→まつもと城下のえびす講
オスケの祝　364
御田植神事　70
お旅所　88, 89
オダマオコシ　321
オダママツリ　321, 322
オデイシサマ　176
男エビス　330
おみえ(ご神影像)　60
親稲　180
尾張藩　65
女エビス　330
陰陽師　58, 65, 83

【か】

海村調査　316, 318, 321, 325, 327, 334
「海村調査」追跡調査　318
神楽　73, 74, 87, 94
神楽殿　73
神楽料　118
風祭り　165
カツオ(鰹)のエビス　366, 379, 381-383, 386, 387, 390
鰹漁　360, 363, 369, 381, 387-389, 391, 398

桂女　47
門付け芸人　55
カマガミ(竈神)　154, 160, 166, 168
　→オカマサマ
上賀茂神社　50
刈上げ儀礼　165, 166
旱珠　115
勧進　73, 77, 80
巻数　70, 76–78
願人　72–74, 82, 83, 86, 91–93, 135
願人改　103
願人頭　74, 75, 83, 84, 90–92, 97, 100–103, 108
【き】
記紀神話　27, 35, 152, 214
吉祥天　50, 179
忌日　183
キビナゴエビス　→ザコエビス
強請祈願　232
京都町奉行　91
漁業協同組合　122
去来伝承　149, 150, 170, 196, 208, 263, 291, 297, 311, 403
禁忌　183
近代社格制度　15, 77
勤労感謝の日　160
【く】
供犠　182
傀儡子　32, 36, 37, 59, 116
鯨・クジラ　125, 320
クニチ　165
首狩り習俗　182
組頭的下願人　103
鞍馬寺　50
車田　164, 184
【け】
ケガレ　182
削掛け　162
血穢の思想　182
剣珠　71
【こ】
子稲　180
公儀御定法之御修理料　242
公儀御造営之御社　91, 98, 100, 103, 105, 108, 109
庚申　150
荒神　150, 160, 166
弘法大師　176
扱上げ儀礼　166
国学　77, 82
穀母　180
穀母神　181
穀霊　→稲魂
ご神影像　→おみえ
事代主神・事代主命・事代主尊　29, 35, 38, 42, 43, 64, 146, 153, 205, 270, 290, 294, 304
金刀比羅宮　317, 318, 341
護法善神　52
五万越し　368
金比羅　150
【さ】
西国巡礼　80
西国大名　78
西方極楽浄土　51
祭文　120
佐伯部　28
早乙女　163, 182
サオリ　164, 169
作業儀礼　162, 163
作神　144, 160, 166, 184
鮭　125
鮭漁　126
ザコ(キビナゴ)エビス　382, 384, 390
サツキ　167
砂糖仲買人　134
サノボリ　164, 169
鯖漁　369
サビラキ　164
三郎殿　29–31, 34, 35, 44, 54
参勤交代　78

散所　37, 47
産所　37, 47, 58-60, 86, 98, 99
産所村　36, 47
三束の稲　→稲束三束
サンバイ　160, 163, 164
三面大黒　50, 52, 56
【し】
塩　303
ジガミ(地神)　160
市杵島姫　133
寺社奉行　78, 91, 92
下願人　74, 75, 83, 84, 99-105, 107, 108, 118
七福神　19, 28, 49-54, 56, 133, 138, 401
七福神信仰　137
七福神詣　51
四天王寺　136
下鴨神社　50
社家　73, 75, 86, 90, 91
社人　58, 108, 111
社僧　73
社日　165
シャニチ(社日)さん(さま)　160, 166, 168
社納金　98
赦免願　92
邪霊払い　183
収穫儀礼　165, 166, 174, 175
十万越しの祝　368
ジュウロクダンゴ　237
祝福芸人　54
修験　65
寿老人　50
春秋去来の伝承　→去来伝承
巡礼　80, 94
正月行事　160, 167
猩々　50
聖徳太子　135, 136
正徳の争論　75, 85, 87, 97, 100, 102
諸国風俗問状　147, 148
女性的霊性　181
白川家・白川伯家　32, 51, 58, 75, 76, 81, 85, 87-91
神祇信仰　188
神祇伯　88
神功皇后　29, 42, 47, 71, 115
神事舞太夫　54, 83, 94
神社条目　107
神社明細帳　15
神職　72
神饌　73
神像札賦与免許状　103
神体石　330, 332
神道裁許状　106-108
神馬　82
神馬札　242
神馬の絵像　105
神話研究　41
【す】
水死体　155, 368, 372, 395
水神　165
菅江真澄　120, 146
椙森神社　106
素戔嗚尊　71
住吉大社・住吉神社　29, 44, 45, 113, 317, 318
住吉大明神　71
スリコギカクシ　205, 215
諏訪明神　71
【せ】
聖俗論　156
細男の舞い　115, 116
誓文払い　207
殺生戒　182
節分　151
禅僧　49, 50, 52
浅草寺　137
戦闘神　55
洗米　161
【そ】
像札頒布　82　→エビス神像札頒布
祖先神　160, 167, 179

【た】
大黒・大黒天・大黒神　49, 50, 52, 53, 55, 138, 149, 150, 153, 160, 166, 186, 226, 227, 233
大黒像　55, 155
大黒像札　94
大根　176
大根の年取り　169
代参　275, 282-284
大師講　176, 215
大嘗祭　181
太々御神楽講　203
台所隅　154
太陽神　41, 116
大漁祝い　122
大漁旗　124
田植　163, 164
田植歌　163
田植儀礼　162, 174
高倉　180
高床式の囲い　167
宝田恵比寿神社　106, 137
宝船　51, 54, 56
岳参り　364, 365, 376, 380, 391
龍田大社　44
タナテンジンサン　172
種籾　162, 167, 175
種籾囲い　171, 189
種籾俵　165, 166, 170-173, 181
種籾浸け　172
田ノ神・タノカミ　82, 109, 144, 150, 160, 166, 168, 169, 171, 172, 181, 184, 186, 195, 196, 206, 236, 246, 247, 257
田の神行事　170
田の神像　174
田の神(神馬)の絵像　105
田の神札　242
タノカミ祠　174
田の神祭り　246
頼母子講　86, 99
多聞天　50
男女二神　172
旦那場　98
旦那場争い　99
タンポ(浮子)　322　→アバ　→浮子(うき)
【ち】
竹林の七賢　49
地神　150, 184
父稲　180
地方神職　84
地母神　179
厨房の神　52
【つ】
鶴岡八幡宮　45
ツンボエビス　347
【て】
木偶まわし　207
伝奏　76, 85, 87, 91
デンボカクシ　205, 215
【と】
トオカンヤ　165
道祖神　36
東大寺　51, 57
十日エビス　64, 79, 137, 321, 322, 328, 345, 346, 370, 371, 374, 383, 384, 393
十日夜　177
戸隠神社　263, 285
渡御行事　89
徳川家綱　82
徳川家康　76
独占的頒布権　83
年神　150, 160, 163, 167, 169, 170, 173
年の市　61, 106, 137
ドジョウ　156
土地神　179
トビ　172
飛び魚網　369
飛び魚エビス　382
飛び魚まつり　384, 386
飛び魚招き　366
飛び魚漁　361-363, 365-367, 369, 371-

373, 375-377, 379-382, 385, 387, 389, 390, 398
豊臣家 73, 79
豊臣秀頼 81
【な】
苗三把 164, 172, 173
長田神社 29, 113
長野神社 151, 217
流れ仏 126
名古屋支配所 62, 65
苗代田 161, 184
南宮・南宮社 29, 30, 70, 71
納戸 144, 170-174, 181, 182, 184
【に】
新嘗 176
新嘗の祭り 160
二期作地域 161
西宮勤番所 78
西宮講社 274
西宮社人 272-274
西宮神社(大町市) 254-257, 262, 263, 265
西宮(恵比寿)神社(松本市) 269, 272-276, 278, 279, 282
西宮町奉行 78
二十二社 29, 57
二神並祀 233
日本海 51
日本民俗地図 16
鶏 152, 153
人形操り師 36, 51, 59, 99
人形芸・人形操りの芸 37, 38, 59, 60, 99
人形芸能の神 58
人形浄瑠璃 59
【ぬ】
沼名前神社 351
【ね】
年中行事 160
年頭礼 76, 77, 79, 82, 94, 102
【の】
ノウガミ・農神(農神) 160, 166, 168, 169
農業神 163
ノリゾメ 349, 350
【は】
博奕 51
幕府巡見使 78
橋板三枚目 155, 227, 232, 295
播種儀礼 161
恥ずかしがり屋 173, 176
八月十五夜行事 182
八十八夜 362, 364
八幡神 42
八幡信仰 115
初市 270, 302
初丑の日 171
初エビス 274, 321, 322
八朔 165
初漁 122
初漁の祝い 364
花田植 163
母稲 180
浜の夷社 72
浜南宮(浜南宮社) 30-32, 37
春亥の子 186
半夏生 362, 365
藩主姫君 78
【ひ】
日乞い 165
毘沙門・毘沙門天 31, 49, 50, 52
左膳 149, 155
非人 63, 65, 102
氷室の祝い 146
百大夫(百太夫) 30, 31, 34, 36-38, 44, 47, 51, 116
百太夫社 35, 47, 58, 60, 99
漂着神 394
漂着神伝承 114, 212
漂流死体 126, 127, 320, 339
日吉大社 44, 51, 52, 57
ヒルコ(水蛭子・蛭児) 39, 41, 42, 116, 197, 198
日子(ヒルコ) 116

ヒルメ　41
広田御狩神事　45
【ふ】
夫婦神　124, 129, 144, 153, 156, 180, 181, 185, 403
夫婦二神　176
鱶　152, 153
深志神社　227, 269-271, 274, 289-291, 294, 296, 298, 300, 302-304, 311
福ギレ　303
福神　37, 50, 233, 297
不具神　183, 198, 205, 213, 218, 221, 395
福神信仰　72, 133
福の神　154
福原遷都　31, 57
福枡　301
福娘　309
福禄寿　50
武家伝奏　76
不浄　155, 156
二股大根　165, 171, 172, 185, 186, 213, 216
不動明王　31
フナ　156
船祝い　363, 393
船霊　318, 363
舟玉御神楽　118
フレーザー　180
触頭　97, 102
文化庁　15, 121
【へ】
弁才天　50, 52
遍路　80
【ほ】
宝珠　56
宝物　71
祝部　73, 75, 92
穂掛け儀礼　165
干鰯商(商人)　79, 134, 139
干鰯仲間　72, 117
穂高神社　229, 230, 296
ホダレヒキ　181
布袋　50
ホノニニギノミコト　181
穂孕み　183
ホンエビス　217
本地仏　31
ボンボク　102
【ま】
町エビス　→村エビス
マッカ大根　218
まつもと城下町えびす講　308, 310
→お城下町えびす講実行委員会
マン越しの祝い　364
満珠　115
マンナオシ　122, 322, 339, 344, 346, 364, 367
マンノ供養　364
【み】
御神楽　115, 116
神子　72-74, 86, 87, 90, 91, 94
巫女　58, 146
神輿　82
神輿の渡御　88, 89
ミサキ　32
御世渡始　70, 89
御嶽神社　285
三峰神社　263
ミトグチ　318
美保神社　38, 42, 43, 45, 62, 152, 153, 197, 214, 215, 270, 304, 324, 325, 327, 339, 345
三穂津姫命　43
民間宗教者　61, 64, 74, 83, 94, 98, 101, 103, 105, 109, 146
民俗資料緊急調査　15, 121
民俗分布図　16
【む】
無格社　15
虫送り　165
宗像大神　133
宗像大社　317

村(町)エビス 374-376, 390, 391, 394
ムラ休み 365
【め】
和布刈神事 116
和布刈神社 116
免許証文 97, 98
【も】
盲女 120
モノツクリ 167
【や】
焼米 161
役銭 97, 98, 102
役料 101, 107
屋敷神 203
矢州大明神 29, 30
屋代弘賢 147
山カケ 219
大和常楽寺 133
ヤマドッサン 176, 205
山の神 150, 169, 196, 236
【ゆ】
ユイ 163
唯一神道 73
遊女 36
悠紀・主基の田 181
湯立神楽 94
【よ】
ヨイエビス 217
吉井良信 85, 91
吉田家 106, 107
吉田神道 107
予祝儀礼 167, 183
四柱神社 269, 270, 304, 307, 310
【ら】
雷神 165
【り】
離島調査 316, 318, 321, 323, 327, 328, 334
漁エビス 375, 390, 394
両義性 156
漁止め 325, 326
【る】
類感呪術 167
留守神 150, 185, 403
【ろ】
六十六部 80, 94
【わ】
綿津見三神 115

地名索引

【北海道】
佐呂間町　310
【東北】
東北地方　125, 149, 165
出羽　104
陸奥　102
【青森県】
青森　146
深浦(西津軽郡)　120, 146
【岩手県】
岩手県　65
旧中川村　152, 218
紫波町　169
南部地域　65
【秋田県】
秋田　146
秋田県　146
秋田市　104, 120
羽後　104
羽後北部　147
男鹿半島　127
旧土川村(西仙北町)　220
琴浜　120, 146
西仙北町　154
比内町　146
【山形県】
長井市　200, 206
【福島県】
会津　145
会津藩　145
信夫郡伊達郡　147
白川郡　106, 147
【関東】
関東　137, 149, 165
関東海域　120
武蔵　103
【茨城県】
勝田市　149
大子町(旧黒沢村)　169
七会村　195, 219
常陸　103
水戸領　147
【栃木県】
下野　103
【群馬県】
六合村　176
松井田町　216
松井田町峠　151
【埼玉県】
浦和市　219
【千葉県】
安房　103
上総　103
下総　103
房総半島　120
【東京都】
浅草　61
江戸　53, 61, 103, 105, 106, 137
【神奈川県】
三浦市　201
三浦半島　120
【中部・北陸】
中部地方　149, 165
北陸　166
【新潟県】
糸魚川市　309
岩船郡　155
越後　102
加茂市　238
川東村　206, 236
蒲原郡　109
小須戸町鎌倉新田　237
佐渡　184

山北町 320
水原外城村 240, 241
水原町 237, 248
栃尾市 247
長岡領 147
新潟 201
見附市 247
安田町出保 237
【富山県】
宇奈月町 216
宇奈月町下立 185, 186, 206, 215
越中 104
富山 186
【石川県】
石川 186
内浦町 170
能登半島 166, 186
【福井県】
越前 138
越前市 174
小浜領 147
河野浦・山内 133
新庄 219
福井 186
【山梨県】
甲斐 61, 102, 104
【長野県】
安曇野市 229
伊那 145, 202
大岡村 204, 205, 276
大町市 254, 256, 257, 262, 264, 273
大町市八日町 255, 265
小谷村 257, 276
上伊那 276
北安曇郡 273, 276
更級 276
信濃 61, 102, 104, 273
下条村 202
信州新町 257
諏訪 276
辰野町 204
長野 201
長野市 203, 204
楢川村 219
西筑摩 276
白馬村 204, 257
八坂村 257
東筑摩郡 273, 276
本城村 280
松川村 257
松本市 155, 227-229, 269-271, 286, 289, 295, 299, 301, 304, 308, 310
松本平 230, 273
美麻村 257, 263, 265
南安曇郡 276, 296
【岐阜県】
恵那市 154, 220
奥丹生川 220
飛騨 184
【静岡県】
静岡 201
駿河 104
両河内村 213
【愛知県】
尾張国 62
名古屋 106
吉田領(三河国) 147
【三重県】
尾鷲市九鬼 218
志摩地方 127
白子領(伊勢国) 147
山田(伊勢国) 80
【近畿】
畿内 51, 57, 139
近畿 151, 187
【滋賀県】
大津 139
湖西・湖南 171
滋賀県 182
竹生島 50
【京都府】
京都 52, 62, 106, 134, 135, 138

京都市東山区　151
四条京極　135
丹後　62, 100
丹波　62, 97
丹波さゝ山町　98
峯山領(丹後国)　147
【大阪府】
大坂　62, 100, 101, 118, 135-138
大坂地域　117
大阪湾　113, 118, 119
大鳥郡(和泉国)　64
河内　100
河内長野市　151, 217
摂津　44, 59, 100
【兵庫県】
淡路　37, 59, 62, 117, 139, 147
淡路島　205
伊丹　139
但馬　62
灘　139
西宮　57, 58, 137, 139
西宮市　28
播磨　62, 97
兵庫県　205
兵庫湊　117
和田岬　114
【奈良県】
高取領　147
奈良　101, 133
大和　138
【和歌山県】
紀伊　62, 100
紀州　66, 120
竜神　186
【中国】
中国地方　154, 163, 169
山陰　117
山陰地方　182
山陽街道　70
【鳥取県】
岩見町旧小田村　169, 196
【島根県】
出雲　43, 150, 152
出雲地方　305
石見　62
隠岐　127
島根県　153
島根半島　205
竹島　392
【岡山県】
笠岡市　340
吉備高原　152, 214
白石島(笠岡市)　321
備前　62
備前北部　152
備中　62, 98, 152
真鍋島　337, 338, 340, 342, 348-352
美作　62
【広島県】
厳島　59
厳島の七浦　217
鞆の浦(福山市)　351
備後　100
品治郡　148
本庄村　148
【山口県】
長門　100, 118
山口　59
【瀬戸内】
西国沿海地域　69, 119
西国海域　117
瀬戸内地域　43
瀬戸内海　51, 117, 327, 338
瀬戸内海中西部　123
関門海峡　116
【四国】
四国　59, 118, 119, 139, 163
【徳島県】
阿部村　217
阿波　62, 65, 100, 118, 148, 207
【香川県】
讃岐　100, 118

【愛媛県】
伊予　100, 118
宇和島　118
宮窪町　323, 324
【高知県】
土佐　100, 118
本山町　154, 221
【九州】
九州　43, 45, 117
北九州海域　115
北九州地方　166
西北九州　356
西九州　119
九州南部　119
南九州　123, 125, 356, 392, 394
【佐賀県】
富士町畑瀬　171
【長崎県】
対馬　116, 127
【熊本県】
天草牛深　385
天草諸島　119
天草地方　127
【宮崎県】
砂土原町　128
【鹿児島県】
阿久根　63, 118, 119
内之浦　394
奄美大島　181
鹿児島県　174, 181
上甑村　327
上甑村平良　328
黒島　392
甑島　119, 124, 125, 212, 356, 369, 370, 391, 392
薩摩　63, 118
種子島　356, 357, 392
南西諸島　127, 161
屋久島　18, 356-400
　安房　378
　一湊　363, 369, 370, 391
　尾之間　384, 391
　上屋久町　357, 359
　楠川　365, 373, 391
　小島　385
　小瀬田　376
　志戸子　371
　椨川　375, 391
　中間　388
　永田　365
　原　364, 381
　平内　386
　船行　378
　宮之浦　357, 364, 372
　麦生　379
　屋久町　357, 359
　湯泊　387
　吉田　367
山川港　361
【アジア】
アジア　178, 180
アジア諸地域　179, 181, 182
アジア諸稲作地域　181, 188
朝鮮半島　51, 116
韓国　182
東南アジア　116
タイ　180
マレーシア　182
インドネシア　179
インド　180